U0610969

The Development of

New—type

Urbanization

(2012—2022)

新型城镇化的发展之路

（2012—2022）

李苗苗　葛俊忠　舒　波　著

辽宁人民出版社

ⓒ 李苗苗　葛俊忠　舒波　2023

图书在版编目（CIP）数据

新型城镇化的发展之路：2012—2022 / 李苗苗，葛俊忠，舒波著. —沈阳：辽宁人民出版社，2023.7
ISBN 978-7-205-10772-7

Ⅰ. ①新… Ⅱ. ①李… ②葛… ③舒… Ⅲ. ①城市化—研究—中国—2012-2022 Ⅳ. ①F299.21

中国国家版本馆CIP数据核字（2023）第100372号

出版发行：辽宁人民出版社
　　　　　地址：沈阳市和平区十一纬路25号　　邮编：110003
　　　　　电话：024-23284321（邮　购）　024-23284324（发行部）
　　　　　传真：024-23284191（发行部）　024-23284304（办公室）
　　　　　http://www.lnpph.com.cn
印　　刷：辽宁新华印务有限公司
幅面尺寸：170mm×240mm
印　　张：17.75
字　　数：260千字
出版时间：2023年7月第1版
印刷时间：2023年7月第1次印刷
责任编辑：顾　宸
封面设计：杜　江
版式设计：姿　兰
责任校对：刘再升
书　　号：ISBN 978-7-205-10772-7

定　　价：58.00元

序 言

　　2012年以来，世界政治和经济格局发生了深刻的变化。面对复杂外部环境和一系列不确定因素的考验，中国人民在党中央的领导下，深入贯彻新发展理念，着力推进高质量发展，加快构建新发展格局，取得了"非凡十年"的和平发展成就。这十年，我国国内生产总值从54万亿元增长到114万亿元，人均GDP翻了一番。制造业规模稳居世界第一。路网、能网、信息网等新型基础设施建设世界最大。创新型国家建设成果丰硕。新型城镇化水平和质量不断提升。乡村振兴战略稳步推进。目前，我国基本民生保障迈上新台阶，基层社会治理走实走深，经济社会韧性显著增强，综合国力实现历史性跃升，"全面建成小康社会"的第一个百年奋斗目标得以实现。

　　城镇化是推进社会经济发展的重要载体，不仅优化了资源配置的结构，还带动了产业模式的重组、社会分工的深化、科技人才的创新、基础设施的完善、人文思想的碰撞、体制机制的变革等。推动中国特色的新型城镇化建设，是党中央、国务院重要的决策部署；是推进以人为本、引领高质量发展的必然要求；是有力释放内需潜力、构建国内国际双循环的重要引擎；是破解城乡二元结构、促进全社会共同富裕的必由之路。本书以"中国特色新型城镇化建设"为主线，根据党的二十大精神和"国家新型城镇化规划"战略部署，围绕人口、土地、产业、环境、文化等要素资源建章架构，从人口同权同利、产城融合发展、住房制度改革、城乡体制完善、社会创新治理、低碳绿色发展、文化资源再造等方面梳理2012—2022年新型城镇化建设的战略举措与建设成果，通过政策演进、数据整理、案例分析等维度总结坚持中国特色新型城镇化道路的成绩与经验，为其他国家推进城镇化建设探索全新的发展路径，推广示范中国样本。

纵观近十年，推动我国新型城镇化建设的顶层设计不断向纵深发展。2013年，首次中央城镇化工作会议召开，中国城镇化发展之路站上新的起点。为了深入贯彻中央城镇化工作会议、中央城市工作会议精神与重要指示，国务院实施《国家新型城镇化规划（2014—2020年）》战略部署，国家发改委连续5年推进落实新型城镇化和城乡融合发展重点任务，统筹制定《"十四五"新型城镇化实施方案》，住建部、生态环境部、自然资源部、工信部、文化和旅游部、财政部等多部门按照职责分工，出台配套政策举措、推进体制机制改革、布局安排重大项目，加大对新型城镇化的支持保障力度。2022年，党的二十大胜利召开，深入实施区域协调发展战略、区域重大战略、主体功能区战略、新型城镇化战略被写入报告，我国城镇化建设，已经从单纯的城市竞争时代进入了区域协调发展的时代。

回看这十年，我国城镇化水平和质量大幅提升，以人为本、四化同步、优化布局、生态文明、文化传承的新型城镇化道路得到实质性推进。截至2021年末，全国常住人口城镇化率达到64.7%，提高11.6个百分点，户籍人口城镇化率提高到46.7%，1亿农业转移人口和其他常住人口在城镇落户目标顺利实现，推进以人为核心的新型城镇化建设成绩斐然。城市可持续发展能力显著增强，中心城市和城市群成为带动全国高质量发展的动力源，城市规模结构进一步优化。城市发展方式加快转变，基础设施和公共服务明显改善，生态环境质量不断提升，住房改革深入推进，建设宜居、韧性、创新、智慧、绿色、人文的新型城市步伐加快。同时，以县城为重要载体的城镇化建设提质增效，城乡融合发展体制机制和政策体系基本确立，城乡要素自由流动、平等交换和公共资源合理配置稳步推进，城乡居民收入比不断缩小。

当然这十年，中国在快速城镇化的进程中也积累了一些问题。如"土地城镇化"与"人的城镇化"不同步，盲目的"造城运动"导致有城无人、有城无产、有城无配套。"人的城镇化"工作没有做实，农业转移人口在融入城市的条件尚不成熟时"被落户""被上楼"，造成这些人虽进得来，却落不住。城市群一体化发展水平与整体竞争力不足，超大城市规模扩张过快，部分中小城市及小城镇经济和人口规模逐渐减少。还有一些地方政府粗放扩张、大拆大建，破坏城市的自然肌理，使资源环境承载能力下降，城市古迹和历史记忆被破坏。另外，一些城市建设"重面子轻里子""重地上轻地下""重硬件轻软件"，使得城市发展韧性和抗风险能力欠缺，城市的治理能力、治理水平与城镇化的发展速度不相匹配。

针对上述问题，推动中国特色的新型城镇化高质量发展就更为适时、迫切。推进新型城镇化高质量发展，要推进以人为核心的新型城镇化建设。"优化人口发展战略"是党的二十大精神的重要部署，是"推进健康中国建设"的现实举措，也是决定城市规模形态与发展方式的动力源。要牢固树立以人为核心的发展理念，推动农业转移人口自主、自愿、自觉地融入城市社会。要推进户籍制度改革，有序放开城市落户限制，稳步推动城镇基本公共服务常住人口均等化、全覆盖。要积极应对人口老龄化，面对新时期婚育双降的现实问题，构建"现实举措"与"远景规划"并行的"一老一小"服务体系。推进建立生育支持政策，降低生育、养育、教育成本。发展养老事业和养老产业，从供给端补齐产品与服务的短板，从需求端拉动"银发经济"的发展。

推进新型城镇化高质量发展，要推动产、城、人深度融合。深入贯彻实施区域协调发展战略，提升城市群一体化、都市圈同城化发展水平，促进大中小城市和小城镇协调发展，形成疏密有致、分工协作、功能完善的城镇化空间格局。要落实城镇化、产业化"双轮驱动"，充分考量城市功能定位和区域间产业分工，发挥产业对城镇化建设的人口吸附能力、配套服务能力、经济支撑能力。对超大特大城市，要加快转变发展方式，有序将中心城区的成熟产业和非核心功能疏解转移到要素洼地；对大中城市，要夯实实体经济发展基础，承接符合自身功能定位、发展方向的产业转移和功能疏解；对小城市，要增强发展活力，依托资源禀赋发展特色优势产业，形成以产促城、以城养人、以人兴产的新格局。

推进新型城镇化高质量发展，要深化土地与住房制度改革。在坚决守住土地公有制性质不改变、耕地红线不突破、农民利益不受损三条底线的基础上，盘活土地资源，畅通生产要素在城乡间顺利流动。促进城镇建设用地集约高效利用，推动低效用地再开发。要建立租购并举的住房制度，推动更加精准的住房保障。对城镇住房和收入"双困"家庭，解决公租房做到"应保尽保"；对人口净流入的重点城市、主要是大中城市的新市民和青年人，抓紧推进保障性租赁住房；对有一定经济实力、买不起房子的居民，实施共有产权住房，改善居住条件。要推动落实租购同权制度，逐步实现承租人可以同等享有医疗卫生、社会保险、养老服务、社会救助等国家规定的基本公共服务。

推进新型城镇化高质量发展，要构建城乡融合发展的新格局。城市与乡村是统一的有机体，城乡关系始终是贯穿于经济社会发展过程中的重要关系。坚持以工补农、以城带乡，推动形成工农互促、城乡互补、协调发展、共同富裕的新型工农城乡关系，进一步缩小城乡发展差距。践行"城乡一盘棋"的发展理念，构建功能互补、统一同框的规划体系，实现"城乡一张图"。促进城乡要素自由流动和公共资源合理配置，推动城乡产业协同发展、城乡基础设施统建统管、城乡公共服务均等同权，打造城乡深度融合的经济共同体、社会共同体。积极发展特色小镇，推动农村产业、人才、文化、生态、组织全面振兴，促进农业农村现代化。

推进新型城镇化高质量发展，要推进城市建设与治理现代化。"提高城市规划、建设、治理水平……打造宜居、韧性、智慧城市"是党的二十大报告对"新型城镇化战略"提出的指导思想，也是《"十四五"新型城镇化实施方案》的重要内容。打造宜居城市，要推动城市的有机更新，提升老旧小区、老旧厂区、老旧街区和城中村等存量片区功能；要构建全龄友好型社区、完整居住社区等新型社区，增加普惠便捷的公共服务。打造韧性城市，要加快补好城市短板，聚焦影响城市安全、制约经济发展的突出问题，完善防洪排涝体系、增强防灾减灾能力、提高公共卫生安全，"建设更高水平的平安中国"。打造智慧城市，要提升城市的科技含量，增强城市的创业创新能力，提高城市科学化、精细化、智能化管理水平，"加快建设数字中国"。另外，要树立全周期管理理念，聚焦空间治理、社会治理、行政管理、投融资等领域，转变城市发展方式，推进城市治理现代化。

推进新型城镇化高质量发展，要加强生态保护、推动绿色发展。正如党的二十大报告提出的"推进美丽中国建设"，城市发展要秉承生态优先、集约节约、绿色低碳的发展理念，兼顾经济目标、生态目标、人与自然和谐目标。要加强生态环境的保护与修复，实施最严格的生态保护制度，持续开展污染防治工作，坚持"山水林田湖草沙"一体化保护，提升生态系统的多样性、稳定性、持续性。要推进"绿色空间"有机嵌入城市生态环境，促进城市生产、生活、生态布局蓝绿交织、灰绿相融。要稳步有序推进"双碳"目标，从绿色能源、绿色建筑、绿色交通等领域着手，构建低碳循环的生产体系，开展绿色生活创建行动，推广普及低碳生活方式与消费模式。

推进新型城镇化高质量发展，要推动历史遗产的保护传承与城市文化的多元再生。历史文化遗产是一座城市的一张金名片，是记忆，也是乡愁。要转变城市开发建设方式，保持老城区及街巷的尺度格局，加强历史文化名城（镇、村）的保护与活态传承，推进历史建筑、工业遗产的活化利用。要提高城市文化服务质量，实施文化惠民工程，推进公共文化资源标准化建设、均等化覆盖。要推动城市现代文化与传统产业耦合发展，探索以文塑旅、以旅彰文新思路。要促进城市文化与信息技术、新媒体平台深度融合，推进数字文化发展。要鼓励社会力量参与公共文化服务供给和设施建设运营，满足人民群众多元的文化需求。

当前，我国城镇化发展已经进入由量变到质变的深水区，城镇化发展速度逐步放缓，城镇化高质量发展却更为迫切。推进中国特色的新型城镇化建设，要贯彻"以人为核心"的发展理念，同时兼顾我党"中国式现代化"第二个百年奋斗目标的深刻意蕴，推进新型城镇化走向以人为核心的"中国式现代化"道路。

辽宁社会科学院城市发展研究所　李苗苗

目　录

第一章　以人为核心的新型城镇化建设

　　城市是人类文明发展的结晶，城镇化建设的宗旨是以人为核心，最终目的是推动农业转移人口市民化，实现人的城镇化。城市同农村相比一般具有较强的区位优势和基础设施优势，大量的农业人口向城市集聚能够大幅提高城市的辐射带动能力，推动城市第二、第三产业快速发展，提高城市公共服务和社会保障水平，使农业转移人口"进得来，住得下"并全面融入城市社会，成为真正的城市市民，进而加快地区以人为核心城镇化的建设进程，形成城镇化建设良性循环。以人为核心的城镇化是新时代新阶段我国城镇化发展必然要经历的过程，也是我国社会结构变革中的一个重要线索，只有经过城镇化的洗礼，我国才能实现既定的现代化发展目标，最终迈向更为辉煌的新时代。

第一节　树立"以人为本"发展理念

　　"以人为本"理念是新型城镇化建设的核心价值理念，城镇化起源于人的自然聚集，出发点、立足点和落脚点都应当以人为本，在城镇化建设过程中要做好顶层设计，系统总结国内外以人为核心城镇化的研究理论，确定我国城镇化的发展路径与发展方向，为我国新型城镇化建设提供理论支撑。

一、强化理论支撑

（一）以人为核心的城镇化国内研究综述

人口城镇化是一种"浅的城镇化"或者是"未完成的人的城镇化"。人口城镇化以常住人口城镇化率为考评指标，关注的是农村人口向城镇的转移和聚集程度。以人为核心的城镇化不仅关注人的转移和聚集，还关注转移到城镇之后的人的社会融入、公平正义、社会权益和幸福生活，是作为人的生产生活方式、思想价值观念与行为习惯等由"乡"到"城"的转变及城乡文明程度提升的重要表征。2012年以来，党中央提出了城镇化要突出"以人为核心""以人为本"的发展目标，国内关于以人为核心的城镇化的研究逐渐涌现，主要从内涵界定、指标量化、实现路径等方面进行研究。

毛远超等（2017）认为城镇化需要立足"人"的视角，阐明了以人为核心城镇化的发展内涵，提出了要确立以人为核心的城镇化发展理念、产业结构转型升级、提高城镇综合承载能力、打造绿色生态宜居城镇等政策建议。彭荣胜、卢俊阳（2021）认为，人的现代化是城镇化发展的最终目的，也是衡量城镇化质量的核心指标，在界定"人的现代化"与"高质量城镇化"内涵及互动关系基础上，系统分析了我国城镇化高质量发展存在的问题。李具恒、张美玲（2017）认为，城镇化发于人口数量城镇化，现于地域空间城镇化，归于人的城镇化，追求人本精神。以人为核心的城镇化过程遵循从身份城镇化、心理城镇化、城镇化权利到城镇化能力的演进逻辑，实现身、心、权、能合一，最终落实到以人为本的新型城镇化行动。周健、邓晶晶（2020）对以人为核心的新型城镇化做出界定，构建了一个系统、全面的以人为核心的新型城镇化评价指标体系，并探索了以人为核心的新型城镇化的实现机制。杨萍、徐鹏杰（2021）对我国31个省（自治区、直辖市）2008—2019年以人为核心的新型城镇化发展水平进行了量化测度，从省际和省内两个角度出发，构建动态空间自回归模型和面板门限模型，实证检验了以人为核心的新型城镇化对我国地区收入差距的影响。

（二）以人为核心的城镇化国外研究综述

由于国外各国经济状况、工农业比重、农村人口数量等与中国大有不同，国外学者在城镇化研究的侧重点上与国内存在差异，国外学者已着手对全球范围的城市化展开研究，但从今后研究的大方向看，国外与中国的"以人为核心的城镇化"理念基本一致。国外一些学者在研究城镇化过程中，也融入了对"人的城市化"的思考。

美国新版的《世界城市》曾在论述"都市化"时提到，"都市化"应包括价值观、态度和行为等方面内容。美国著名社会学家沃思表示支持这种观点，他指出，城市化其实是一种"质变"，是一个乡村生活方式向都市生活方式转变的过程。古雷特（1971）则认为，城市的发展其实是人发展的过程，它主要是从人的发展角度来认识城市化。舒尔曼（1994）认为，应该多从城市发展对居民生活质量影响的角度来看待城市化。这些研究均透露了国外"人的城市化"思想。埃比尼泽·霍华德（2006）曾在田园城市的构想中提到，摒除城乡对立的旧社会结构形态，用城乡一体的新社会结构形态来取代，城市和乡村各有利弊，而城市与乡村一体化则可有效化解利弊矛盾，实现优势互补，人的城镇化正是要消除城乡二元结构，形成城乡一体化格局。其所说的城乡一体正是"以人为核心的城镇化"发展的必要条件。

二、创新发展思维

（一）以人为核心城镇化的发展原则

人的城镇化的本质是农业转移人口市民化，城镇通过多种宏观调控政策，不断提高农业转移人口的收入水平和社会保障水平，促使进城农民在城镇扎根，成为真正的城镇市民。党中央、国务院对人的城镇化问题高度重视，制定出台了多项政策文件，为推动农业转移人口市民化指明了方向。推进农业转移人口市民化要充分尊重农民意愿，让他们自己选择，不能采取强迫的做法，不能强取豪夺，不顾条件拆除农房，逼农民进城，让农民工"被落户""被上楼"。2014年3月，中共中央、国务院印发了《国家新型城镇化规划（2014—2020年）》，确立了"以人为核心"的新型城镇化发展理念，提出推进农业转移人口市民化要按照尊重意愿、自主选择，因地制宜、分步推进，存量优先、带动增量的原则，逐步使符合条件的农业转移人口落户城镇。

推进有能力在城镇稳定就业生活的农业转移人口市民化，是全面小康社会惠及更多人口的内在要求，是新型城镇化建设的首要任务，是扩大内需、改善民生的重要举措，是发挥市场配置资源决定性作用、顺应人口就业选择、促进劳动力在城乡间有序流动、提高全员劳动生产率的有力保障。国家发展改革委在《关于实施2018年推进新型城镇化建设重点任务的通知》和《2019年新型城镇化建设重点任务》中强调要以人为本，加快实施以促进人的城镇化为核心、提高质量为导向的新型城镇化战略，坚持"创新、协调、绿色、开放、共享"五大发展理念，推进新型城镇化建设。2022年6月，国家发展改革委为推动落实中国共产党第十九届中央委员会第五次全体会议精神和《中华人民共和国国民经济和社会发展第十四个五年规划和2035年远景目标纲要》（以下简称"十四五"规划《纲要》）提出的新型城镇化的战略目标要求，印发了《"十四五"新型城镇化实施方案》，强调了农业转移人口市民化的重要意义，加快农业转移人口市民化，不仅是提升城镇化质量、促进社会公平正义与和谐稳定、不断增强人民群众获得感幸福感安全感的客观要求，也是稳定城市产业工人队伍、扩大中等收入群体规模、支撑我国经济保持中高速增长的现实需要，还是破解城乡二元结构、畅通城乡循环、构建新发展格局的必然选择。

推动农业转移人口市民化首先要坚持积极稳妥、规范有序的原则。要立足基本国情，积极稳妥推进，优先解决进城时间长、就业能力强、能够适应城市产业转型升级和市场竞争环境的非户籍人口落户，形成示范效应，逐步带动新增非户籍人口在城市落户，合理引导农业转移人口落户城镇的预期和选择；其次要坚持以人为本、尊重群众意愿的原则。要尊重城乡居民自主定居意愿，依法保障农业转移人口及其他常住人口合法权益，不得采取强迫做法办理落户，坚决打破"玻璃门"，严格防止"被落户"；再次要坚持因地制宜、区别对待的原则。要充分考虑当地经济社会发展水平、城市综合承载能力和提供基本公共服务的能力，实施差别化落户政策；最后要坚持统筹配套、确保基本保障的原则。要统筹推进户籍制度改革和基本公共服务均等化，统筹户籍制度改革与相关配套制度改革创新，优化政策组合，形成工作合力，不断扩大教育、就业、医疗、养老、住房保障等城镇基本公共服务覆盖面，确保城市新老居民同城同待遇。

（二）以人为核心城镇化的发展方向

近年来，我国人口发展出现了一些显著变化，既面临人口众多的压力，又面临人口结构转变带来的挑战，推进农业转移人口市民化，解决好人的问题是关键，城镇化最基本的趋势是农村富余劳动力和农村人口向城镇转移，从目前我国城镇化发展要求来看，主要任务是解决已经转移到城镇就业的农业转移人口落户问题，努力提高农民工融入城镇的素质和能力，提高高校毕业生、技工、职业技术院校毕业生等常住人口的城镇落户率，而不是人为大幅吸引新的人口进城，要注重解决消化不良问题，胃里的积食还没消化，就不要再大口进食，否则就会出现脘腹痞胀、宿食不化的现象。现在，已经有二亿多农民工和其他人员在城镇常住，但他们处于"半市民化"状态、"两栖"状态，这些人比还在农村的人口更具备条件在城镇定居，应该尽量把他们稳定下来。如果几亿城镇常住人口长期处于不稳定状态，不仅他们潜在的消费需求难以释放、城乡双重占地问题很难解决，而且还会带来大量社会矛盾和风险。城镇化的本质是人的城镇化，真正使农民变为市民并不断提高素质，需要长期努力，不可能一蹴而就。一部分农村劳动力在城镇和农村流动，是我国现阶段乃至相当长历史时期都会存在的现象，对这种"两栖人"、候鸟现象不要大惊小怪，也不要恶意炒作，对那些已经在城镇就业但就业不稳定、难以适应城镇要求或不愿落户的人口，要逐步提高基本公共服务水平，努力解决好他们的子女教育、医疗卫生、社会保障等需求，使他们在经济周期扩张、城镇对简单劳动需求扩大时可以在城市就业，而在经济周期收缩、城镇对劳动力需求减少时可以有序回流农村。

人要在城市落得住，关键是要根据城市资源禀赋，培育发展各具特色的城市产业体系，强化城市间专业化分工协作，增强中小城市产业承接能力，特别是要着力提高服务业比重，增强城市创新能力，营造良好就业和生活环境。城镇规模扩大了，但产业空心化是不行的，发展产业是一个过程，不能以安排就业为名盲目上马大工业项目，饭要一口一口吃，路要一步一步走，城市吸纳就业能力也是有弹性的，要选准路径，结合城镇实际情况，有序解决好农业转移人口的就业和权益保障问题，积极稳慎做好农业转移人口落户工作。

《"十四五"新型城镇化实施方案》中提出到2025年，全国常住人口城镇化率稳步提高，户籍人口城镇化率明显提高，户籍人口城镇化率与常住人口城镇化率差距明显缩小，农业转移人口市民化质量显著提升，城镇基本公共服务覆盖全部未落户常住人口的发展目标。目标的确立为我国的城镇化发展指明了方向，"十四五"期间，我国坚持把推进农业转移人口市民化作为新型城镇化的首要任务，以存量优先、带动增量为基本原则，通过稳妥有序推进户籍制度改革、推动城镇基本公共服务均等化、健全配套政策体系等途径，提高农业转移人口市民化质量。

（三）以人为核心城镇化的发展成效

1950年以来我国总人口和城镇人口均呈增长趋势。1950—2020年我国总人口增长了1.56倍，城镇人口增长了13.56倍。总人口年增长率在1970年之后（1990年除外）呈逐年下降趋势，特别是2000年以后，降到了1%以下。1950年以来我国城镇人口年增长率始终保持在2%以上（1960—1965年除外），见表1-1。我国城镇化起步较晚，新中国成立之初我国还是个农业大国，城镇化率仅为11.18%。改革开放前，由于人口就业压力巨大、大城市基础设施建设严重不足以及城乡二元结构等方面的现实国情，城镇化进程较为缓慢，到1980年城镇化率也仅为19.39%。1965—1980年间城镇化率不升反降，城镇化率增长速度为负。20世纪80年代后期，我国城镇化开始稳步发展，城镇化率逐年增加，城镇化速度也有所上升。从本世纪初开始，我国城镇化进程进入加速期，城镇化增长速度在1%以上，2020年我国城镇化率达到了63.89%。

表1-1　全国总人口和城镇人口数量及年均增长率

年份	总人口（万人）	城镇人口（万人）	城镇化率（%）	总人口年增长率（%）	城镇人口年增长率（%）	城镇化率增长速度（%）
1950	55196	6169	11.18	—	—	—
1955	61465	8285	13.48	2.17	6.08	0.46
1960	66207	13073	19.75	1.5	9.55	1.25
1965	72538	13045	17.98	1.84	-0.04	-0.35
1970	82992	14424	17.38	2.73	2.03	-0.12
1975	92420	16030	17.34	2.18	2.13	-0.01
1980	98705	19140	19.39	1.32	3.61	0.41
1985	105851	25094	23.71	1.41	5.57	0.86
1990	114333	30195	26.41	1.55	3.77	0.54
1995	121121	35174	29.04	1.16	3.1	0.53
2000	126743	45906	36.22	0.91	5.47	1.44
2005	130756	56212	42.99	0.63	4.13	1.35
2010	134091	66978	49.95	0.5	3.57	1.39
2015	138326	79302	57.33	0.62	3.44	1.48
2020	141212	90220	63.89	0.41	2.61	1.31

数据来源：《中国统计年鉴2021》，中国统计出版社

　　我国城镇化进程起步较晚，虽然进入本世纪以来发展速度加快，但与世界发达国家相比，城镇化率依然较低。2019年新加坡、以色列、阿根廷、荷兰、日本城镇化率均在90%以上，美国、英国、加拿大和西班牙均在80%以上。我国目前城镇化水平相当于发达国家20世纪60或70年代的

水平。

从全国各地区城镇人口变化情况看，地区间差异较大，发展极为不均衡。2020年上海、北京、天津城镇化率均达到了80%以上，一些发达地区如广东、江苏、浙江也在70%以上，而甘肃、云南、西藏等10个省份在60%以下，有17个省份在全国平均水平之下，也就是说有一多半的地区城镇化水平低于全国平均水平。

从我国农村人口转移趋势看，尽管2011年以来，常住人口城镇化率年均增速较快，但新增农民工数从1055万人降至400万人以下，2018、2019年下降到200万人左右，2020年受疫情影响出现了明显的负增长，2021年得以反弹。与城镇化增速直接相关的进城农民工及其随迁家属规模自2018年以来持续减少，其中2020年受疫情影响人数同比减少683万、下降3.8%，2021年人数虽同比小幅增加，但仍比2019年减少了614万、下降3.5%，为1.69亿人左右。未来进城农民工及其随迁家属将进一步减少，这将带来常住人口城镇化率增速逐步减缓。

表1-2　2012—2022年以人为核心的城镇化的相关论述

时间	文件/会议	主要观点
2013.12	中央城镇化工作会议	农业转移人口市民化，要坚持自愿、分类、有序，主要任务是解决已经转移到城镇就业的农业转移人口落户问题。
2014.3	国家新型城镇化规划（2014—2020年）	农业转移人口市民化，要按照尊重意愿、自主选择，因地制宜、分步推进，存量优先、带动增量的原则。
2016.12	中央经济工作会议	扎实推进以人为核心的新型城镇化，促进农民工市民化。
2019.3	2019年新型城镇化建设重点任务	加大非户籍人口在城市落户推进力度，推动未落户城镇的常住人口平等享有基本公共服务。
2020.4	2020年新型城镇化建设和城乡融合发展重点任务	提高农业转移人口市民化质量，打破阻碍劳动力自由流动的不合理壁垒，促进人力资源优化配置。

时间	文件/会议	主要观点
2020.11	第七次全国人口普查登记工作	强调要通过这次人口普查查清我国人口数量、结构、分布等方面情况，把握人口变化趋势性特征，为完善人口发展战略和政策体系、制定经济社会发展规划、推动经济高质量发展提供准确统计信息支持。
2022.6	"十四五"新型城镇化实施方案	把推进农业转移人口市民化作为新型城镇化的首要任务，提高农业转移人口市民化质量。

资料来源：历年相关政策文件整理所得

第二节　推进户籍制度改革

党的十八届五中全会把户籍人口城镇化率加快提高作为全面建成小康社会的重要目标，推进人的城镇化要加快户籍制度改革，把促进有能力在城镇稳定就业和生活的常住人口有序实现市民化作为首要任务，城市工作要紧紧围绕这个首要任务开展。

一、有序放开城市落户限制

（一）人口规模与落户制度

推进人的城镇化，一个重要的环节在户籍制度，加快户籍制度改革，是涉及亿万农业转移人口的一项重大举措。国际经验表明，城市具有一定规模时对经济发展、城市交通、居民生活、节约资源等多个方面有利，但过犹不及。按原有城市规模标准，五十万人口以上是大城市，一百万人口以上是特大城市，这已经不符合我国现阶段国情和城镇化发展需要，难以作为实施人口分类管理的依据，特大城市的定义也需要进一步细化。推进户籍制度改革要根据城镇综合承载能力和发展潜力，以就业年限、居住年限、城镇社会保险参保年限等为基准条件，对不同人口规模城市的落户条件进行有序区分，引导农业转移人口在城镇落户的预期和选择。

2014年7月，国务院印发了《关于进一步推进户籍制度改革的意见》，提出要全面放开建制镇和小城市落户限制，有序放开中等城市落户限制，合理确定大城市落户条件，严格控制特大城市人口规模。国家发展改革委结合我国城镇化发展实际情况和城市人口规模，不断调整城市落户条件，首先是全面取消城区常住人口300万以下城市的落户限制，在城区人口300万以下的城市有合法稳定就业并有合法稳定住所（含租赁）的人员，本人及其共同居住生活的配偶、未成年子女、父母等，可以在当地申请登记常住户口；其次是鼓励城区人口300万至500万的城市全面取消落户限制，城区常住人口300万至500万的Ⅰ型大城市要结合自身条件，力争全面取消落户限制；第三是合理控制超大特大城市人口规模，城区人口500万以上的超大特大城市要根据城市综合承载能力和经济社会发展需要，不断完善积分落户制度，全面取消郊区新区落户限制。

（二）重点人群落户制度

推进农业转移人口市民化要优先解决好进城时间长、就业能力强、可以适应城镇产业转型升级和市场竞争环境的重点人群落户问题，使他们及其家庭在城镇扎根落户，并与城镇居民享有同等权利、履行同等义务。城市应制定公开透明的落户标准和切实可行的落户目标，不断提高高校毕业生、技术工人、职业院校毕业生、留学回国人员等重点人群的城镇落户率，实行农村籍高校学生来去自由的落户政策，高校录取的农村籍学生可根据本人意愿，将户口迁至高校所在地，毕业后可根据本人意愿，将户口迁回原籍地或迁入就（创）业地，有序引导重点人群流向。

国家发展改革委多次对重点人群落户问题进行安排部署，提出有序放开放宽城市落户限制，除个别超大城市外的其他超大特大城市和Ⅰ型大城市坚持存量优先原则，取消进城就业生活5年以上和举家迁徙的农业转移人口、在城镇稳定就业生活的新生代农民工、农村学生升学和参军进城的人口等重点人群落户限制。

2012年以来，以习近平同志为核心的党中央明确提出实施新型城镇化战略，提出走以人为本、四化同步、优化布局、生态文明、文化传承的中国特色新型城镇化道路，近十年来，在各方的共同努力下，我国新型城镇化建设取得一系列重大历史性成就，1.3亿农业转移人口和其他常住人口在城镇落户，2021年末户籍人口城镇化率提高到46.7%，农业转移人口市民化成效显著，城乡居民收入比降至2.5，城镇化水平和质量大幅提升，为全面建成小康社会、全面建设社会主义现代化国家提供了强大动力和坚实支撑。

二、提高人口信息管理力度

户籍制度改革涉及多方面利益调整，当前，农民工新增数量大幅下降，很难再靠增加数量获得比较优势，在这种情况下，必须提高存量效率，加大人口信息管理力度，统筹推进土地、财政、教育、就业、医疗、养老、住房保障等领域配套改革，使城市现有农民工在城市落户，加快农业转移人口市民化进程。

（一）居住证管理制度

居住证是我国一些发达城市借鉴发达国家"绿卡"制度进行的尝试，是持证人在居住地居住、作为常住人口享受基本公共服务和便利、申请登记常住户口的证明。《国家新型城镇化规划（2014—2020年）》中提出全面推行流动人口居住证制度，以居住证为载体，建立健全与居住年限等条件相挂钩的基本公共服务提供机制，并作为申请登记居住地常住户口的重要依据。

《关于进一步推进户籍制度改革的意见》和《关于深入推进新型城镇化建设的若干意见》中对居住证制度进行了详细说明，推进居住证制度覆盖全部未落户城镇常住人口，公民离开常住户口所在地到其他设区的市级以上城市居住半年以上的，在居住地申领居住证，符合条件的居住证持有人，可以在居住地申请登记常住户口。城市应积极创造条件，不断扩大向居住证持有人提供公共服务的范围并提高服务标准，缩小与户籍人口基本公共服务的差距，居住证持有人应享有与当地户籍人口同等的劳动就业、基本公共教育、基本医疗卫生服务、计划生育服务、公共文化服务、证照办理服务、住房保障、养老服务、社会福利、社会救助等权利，同时，按照权责对等的原则，居住证持有人应当履行服兵役和参加民兵组织等国家和地方规定的公民义务，确保居住证与基本公共服务有效衔接。

（二）人口信息管理制度

人口信息管理是推动政府服务精细化、人性化的重要途径，完善人口信息管理制度首先要建立健全实际居住人口登记制度，加强和完善人口统计调查制度，改进人口普查方法和人口变动调查机制，全面、准确掌握人口规模、人员结构、地区分布等情况；其次要建立覆盖全国人口、以公民身份号码为唯一标识、以人口基础信息为基准的国家人口基础信息库，分类完善劳动就业、教育、收入、社保、房产、信用、卫生计生、税务、婚姻、民族等信息系统，逐步实现跨部门、跨地区信息整合和共享，在此基础上建设覆盖全国、安全可靠的国家人口综合信息库和信息交换平台，依法记录、查询和评估人口相关信息制度，为制定人口发展战略和政策提供信息支持，为人口服务和管理提供支撑。

依法登记户口是法律赋予公民的一项基本权利，是公民参与社会事务、行使各项权利义务的前提。要完善户口登记政策，建立城乡统一的户口登记制度，体现户籍制度的人口登记管理功能，建立与统一城乡户口登记制度相适应的教育、卫生计生、就业、社保、住房、土地及人口统计制度，把计划生育等政策与户口登记脱钩，加强户口登记管理，全面解决无户口人员登记户口问题，摸清无户口人员数量、分布及产生原因等，分类实施无户口人员登记政策，维护每个公民依法登记常住户口的权益，将解决无户口人员登记户口问题与健全完善计划生育、收养登记、流浪救助、国籍管理等相关领域政策统筹考虑、协同推进。

党的十九届五中全会明确提出实施以人为核心的新型城镇化建设，制定了一系列改革措施，人口管理向自愿落户和自由流动迈出了一大步。包括全面实行居住证制度并推进城镇基本公共服务常住人口全覆盖、全面放宽农业转移人口落户条件、进一步放宽特大城市外来人口积分落户指标控制、试行以经常居住地登记户口制度等。2014年以来，全国累计向未落户常住人口发放1亿多张居住证，基本公共服务覆盖范围和均等化水平显著提高，截至2020年底，已经顺利实现了1亿非户籍人口在城镇落户的目标，基本建立与全面建成小康社会相适应，有效支撑社会管理和公共服务，依法保障公民权利，以人为本、科学高效、规范有序的新型户籍制度。

表1-3　2012—2022年户籍制度改革的相关论述

时间	文件/会议	主要观点
2013.12	中央城镇化工作会议	采取积分制等办法，成熟一批，落户一批。
2014.3	国家新型城镇化规划（2014—2020年）	不仅要放开小城镇落户限制，也要放宽大中城市落户条件，创新和完善人口服务和管理制度，逐步消除城乡区域间户籍壁垒，还原户籍的人口登记管理功能，促进人口有序流动、合理分布和社会融合。
2014.7	关于进一步推进户籍制度改革的意见	建设和完善覆盖全国人口、以公民身份号码为唯一标识、以人口基础信息为基准的国家人口基础信息库。
2015.12	中央全面深化改革领导小组第十九次会议	把计划生育等政策与户口登记脱钩，加强户口登记管理，全面解决无户口人员登记户口问题。
2016.2	关于深入推进新型城镇化建设的若干意见	全面实行居住证制度，推进居住证制度覆盖全部未落户城镇常住人口，保障居住证持有人在居住地享有基本公共服务。
2021.4	2021年新型城镇化和城乡融合发展重点任务	有序放开放宽城市落户限制，根据城市资源环境承载能力和经济社会发展实际需求，合理确定落户条件。
2022.6	"十四五"新型城镇化实施方案	放开放宽除个别超大城市外的落户限制，试行以经常居住地登记户口制度，促进在城镇稳定就业和生活的农业转移人口举家进城落户，并与城镇居民享有同等权利、履行同等义务。

资料来源：历年相关政策文件整理所得

第三节　完善社会保障体系

建立基本公共服务同常住人口挂钩、由常住地供给的机制，稳步提高非户籍常住人口在流入地享有的基本公共服务项目的数量和水平是推进人的城镇化的必然选择。城市应提高农业转移人口市民化政策保障水平，推动城镇基本公共服务常住人口全覆盖。

一、加快公共服务体系建设

（一）公共教育体系建设

教育公平是社会公平的重要基础，中国自古就有尊师重教、崇智尚学的价值取向，不过，时至今日，义务教育领域仍有短板，其中之一便是进城务工人员随迁子女的教育问题"入学不易，升学更难"。教育体系建设的宗旨是努力让每个孩子都能享有公平而有质量的教育，为进城就业的农业转移人口随迁子女提供良好的就学环境是城市实现教育均等化的重要保障，随着农业转移人口家庭化迁移趋势的日益明显，进城务工人员随迁子女的总量也呈加快增长的趋势，2020年，义务教育阶段随迁子女人数达到1429.7万人，随迁子女就地入学的需求大幅增长，流入地基础教育设施不足与入学需求增加的矛盾日渐突出。扩大基本公共教育覆盖面，保障农业转移人口及其他常住人口随迁子女平等享有受教育权利，将随迁子女义务教育纳入地方教育发展规划和财政保障范畴，完善并落实随迁子女在流入地接受中等职业教育免学费和普惠性学前教育的政策以及接受义务教育后参加升学考试的实施办法已经成为推动农业转移人口市民化的重要抓手，对实现人的城镇化具有重要意义。

2016年8月和10月，国务院先后印发《关于实施支持农业转移人口市民化若干财政政策的通知》和《关于印发推动1亿非户籍人口在城市落户方案的通知》，提出要确保进城落户农民子女受教育与城镇居民同城同待遇，加快完善全国中小学生学籍信息管理系统，为进城落户居民子女转学升学提供便利，按照在校学生人数及相关标准核定义务教育和职业教育中涉及学生政策的财政转移支付，统一城乡义务教育经费保障机制，实现"两免一补"资金和生均公用经费基准定额资金随学生流动可携带，落实好中等职业教育国家助学政策。

《"十四五"新型城镇化实施方案》中再次强调要确保随迁子女基本公共教育保障。保障随迁子女在流入地受教育权利，以公办学校为主将随迁子女纳入流入地义务教育保障范围，根据人口流动实际调整人口流入流出地区教师编制定额，加大人口集中流入城市义务教育阶段学位供给，逐步将农业转移人口纳入流入地中等职业教育、普通高中教育、普惠性学前教育保障范围。

本世纪初，国家提出"以流入地区政府管理为主，以全日制公办中小学为主"的"两为主"政策。2014年，《国家新型城镇化规划（2014—2020年）》中提出，"将农民工随迁子女义务教育纳入各级政府教育发展规划和财政保障范畴"，即"两纳入"政策。2018年召开的全国教育大会提出，"加快实现随迁子女入学待遇同城化"。三次政策变迁，使"以人为本"的理念越来越充分和凸显，数以千万计的随迁子女及其家庭受益，并且是受益终身。

（二）医疗卫生体系建设

长期以来，提升居民医疗卫生服务水平都是各国施政的一个主要目标。2017年，党的十九大做出实施健康中国战略的重大决策部署，2019年，经党中央同意，国务院印发《关于实施健康中国行动的意见》，国务院办公厅印发《关于印发健康中国行动组织实施和考核方案的通知》，国家层面成立健康中国行动推进委员会并印发《健康中国行动（2019—2030年）》。健康中国是包括占全国人口18%的流动人口在内的全体国民健康，流动人口医疗卫生服务对健康中国战略的实现具有重要意义，直接决定了健康中国战略的成败。

农业转移人口的医疗卫生服务质量关系着我国整体劳动力质量和生产

效率的提升，农业转移人口市民化程度的提高对改善农业转移人口健康状况具有重要作用，农业转移人口在城市大多从事脏、苦、累、险的工作，工作环境差劳动强度高，有一部分农业转移人口身体健康状况不容乐观。然而，由于农业转移人口不具有城市户籍，因此并不能享受城市的公共医疗卫生服务，看病难看病贵的问题在农业转移人口群体中表现得尤为突出。

我国已建立覆盖全民的基本医疗保险制度，包含新型农村合作医疗、城镇居民基本医疗保险、城镇职工基本医疗保险以及正在整合的城乡居民基本医疗保险，农业转移人口流动的特殊性决定了他们可能参加各种类型的医疗保险，提高农业转移人口医疗卫生服务水平首先要落实好进城农民参加城镇基本医疗保险的政策，对于居住证持有人选择参加城镇居民医疗保险的，个人按城镇居民相同标准缴费，各级财政按照参保城镇居民相同标准给予补助，避免重复参保、重复补助；其次要加强医疗保险关系转移接续管理服务，创新城乡基本医疗保险管理制度，将农业转移人口及其他常住人口纳入社区医疗卫生服务体系，提供基本医疗卫生服务，妥善处理医疗保险关系转移中的有关权益，将农村参加的医疗保险规范接入城镇社会保障体系，完善并落实异地就医结算办法，加快实现基本医疗保险参保人跨制度、跨地区转移接续。

（三）住房、养老体系建设

住房和养老问题是农业转移人口处于城市边缘状态或"半城市化"状态的两个重要原因，有研究表明，影响农业转移人口参加养老保险的主要原因在于制度性障碍，具体包括缴费基数较大、缴费年限过长、关系转移接续困难等，加之农业转移人口参加养老保险的意愿相对较弱，对制度的信任不够和对政策的了解不足等因素也造成当前农业转移人口养老保险参保率普遍不高。此外，我国城市住房保障制度还将大部分农业转移人口排除在外，农业转移人口的城市住房问题成为社会关注的焦点，农业转移人口城市住房普遍存在人均面积小、配套设施不齐全、居住环境较差、容易形成家庭成员居住隔离甚至住房贫困等问题，严重影响了农业转移人口的居住品质，降低了农业转移人口的市民化意愿。

《关于进一步推进户籍制度改革的意见》和《"十四五"新型城镇化实施方案》中提出稳步推进基本养老保险全国统筹，实现基础养老金全国统筹，加快实施统一的城乡居民基本养老保险制度，落实城镇职工基本养老保险关系转移接续政策。建立覆盖城乡的社会养老服务体系，促进基本养老服务均等化，全面落实企业为农民工缴纳职工养老保险费用的责任。完善以低保制度为核心的社会救助体系，有序推进居住证持有人在常住地申办最低生活保障，实现城乡社会救助统筹发展。把进城落户农民完全纳入城镇住房保障体系，采取多种方式保障农业转移人口基本住房需求。

2015年12月，中央经济工作会议提出了加快提高户籍人口城镇化率和深化住房制度改革的发展要求，通过加快农民工市民化进程，扩大有效需求，打通供需通道，消化库存，稳定房地产市场。以落实户籍制度改革方案为基础，推动农业转移人口等非户籍人口在就业地落户，使他们形成在就业地买房或长期租房的预期和需求。

完善农业转移人口养老、住房体系首先要落实进城落户农民参加城镇养老保险等政策，推动符合条件的进城落户农民参加当地城乡居民养老保险或城镇职工养老保险，按规定享有养老保险待遇。其次要确保进城落户农民与当地城镇居民同等享有政府提供基本住房保障的权利，住房保障逐步实行实物保障与租赁补贴并举，通过市场提供房源、政府发放租赁补贴方式，支持符合条件的进城落户农民承租市场住房，扩大住房公积金缴存面，将农业转移人口纳入覆盖范围，鼓励个体工商户和自由职业者缴存，放宽住房公积金提取条件，建立全国住房公积金转移接续平台，支持缴存人异地使用。

（四）就业、培训体系建设

农业人口转移是以就业机会为主要驱动力，其流向与产业布局和结构调整高度契合。农民工最早从农村转移到乡镇，再逐步转移到城市，特别是伴随着东南沿海城市工业化快速推进，推动农民工从中西部地区向东部地区大规模转移。而后，随着产业向中西部地区梯次转移，农民工又出现回流趋势。另外，农民工就业的产业分布也与产业结构变化趋势相一致，随着我国服务业成为主导产业，第三产业吸纳农民工规模逐渐增加，并成为就业容量最大的产业。加大创业扶持力度，促进农村转移劳动力就业已经成为推动农业转移人口市民化的重要途径。

完善农业转移人口就业体系首先要强化农民工劳动权益保障，建立劳动者平等参与市场竞争的就业机制，逐步消除性别、户籍、身份等各类影响平等就业的不合理限制或就业歧视，增强劳动力市场包容性；其次要强化劳务派遣用工监管，加强对劳动密集型企业和中小微企业的劳动用工指导，建立新就业形态劳动者劳动权益保障机制；第三要完善欠薪治理长效机制，持续推进根治拖欠农民工工资工作，引导法律援助机构为农民工提供支付劳动报酬、给予社保待遇、工伤赔偿等法律援助服务。

《国务院关于实施支持农业转移人口市民化若干财政政策的通知》中提出加大对农业转移人口就业的支持力度。中央和省级财政部门在安排就业专项资金时，要充分考虑农业转移人口就业问题，将城镇常住人口和城镇新增就业人数作为分配因素，并赋予适当权重。县级财政部门要统筹上级转移支付和自有财力，支持进城落户农业转移人口中的失业人员进行失业登记，并享受职业指导、介绍、培训及技能鉴定等公共就业服务和扶持政策。

随着传统产业转型升级，战略性新兴产业、先进制造业、现代服务业等新业态快速发展，对劳动者知识技能提出更高要求。目前，我国农民工技能人才无论数量还是质量，都与实际需要存在较大差距，农民工参加过职业技能培训的约占40%，高技能人才占比仅20%。随着产业发展对从业者技能要求进一步提升，招工难问题日益突出，低技能农民工转岗再就业压力加大，技能水平亟须提高。

提高农业转移人口劳动技能素质需要持续大规模开展面向农业转移人口的职业技能培训服务，聚焦智能制造、信息技术、医疗照护、家政、养老托育等用工矛盾突出的行业和网约配送、直播销售等新业态。推动公共实训基地共建共享，开展职业技能培训线上平台建设，通过社保卡为符合条件的农民工发放电子培训券，扩大职业院校面向农业转移人口的招生规模，提高职业院校课程设置与市场需求的契合度。

二、提升人口市民化政策保障水平

（一）财政扶持政策

财政资金支持是提高农业转移人口社会保障水平，提升农业转移人口市民化质量的最有效途径，加快农业转移人口市民化进程要建立统一规范的城乡社会保障制度，将持有居住证人口纳入城镇社会保障体系，加大对农业转移人口市民化的财政支持力度，并建立动态调整机制，根据不同时期农业转移人口数量规模、不同地区和城乡之间农业转移人口流动变化、大中小城市农业转移人口市民化成本差异等，对转移支付规模和结构进行动态调整。建立财政转移支付同农业转移人口市民化挂钩机制，完善促进基本公共服务均等化的公共财政体系，理顺事权关系，建立事权和支出责任相适应的制度，中央和地方按照事权划分相应承担和分担支出责任。同时，还需要继续深化税收制度改革，完善地方税体系和转移支付制度，加大财力均衡力度，保障地方政府提供基本公共服务的财力。

城市基础设施是保障公共服务水平的重要基础，要将财政支持的重点放在城市基础设施建设上，完善城市基础设施项目融资制度，将农业转移人口市民化工作纳入本地区经济社会发展规划和城市基础设施建设规划，建立规范的地方政府举债融资机制，多渠道筹集建设资金，支持城市基础设施建设，推进城市基础设施建设采用政府和社会资本合作（PPP）模式融资，吸引社会资本参与城市基础设施建设和运营。农业转移人口保障性住房是基础设施建设的重点，要按照市场配置资源和政府保障相结合的原则，推动农业转移人口通过市场购买或租赁住房，采取多种方式解决农业转移人口居住问题，建立城镇建设用地增加规模与吸纳农业转移人口落户数量挂钩机制，按照以人定地、人地和谐的原则，完善土地利用计划指标分配机制，保障农业转移人口在城镇落户的合理用地需求，政府公共财政在安排城市基础设施建设和运行维护、保障性住房等相关专项资金时，对吸纳农业转移人口较多的地区给予适当支持。

各级财政在推进农业转移人口市民化进程中要明确分工，中央财政建立农业转移人口市民化奖励机制，奖励资金根据农业转移人口实际进城落户以及地方提供基本公共服务情况，并适当考虑农业转移人口流动、城市规模等因素进行测算分配，向吸纳跨省（区、市）流动农业转移人口较多地区和中西部中小城镇倾斜，省级财政要安排资金，建立省（区、市）对下农业转移人口市民化奖励机制，县级财政要将上级奖励资金统筹用于提供基本公共服务。中央财政在根据户籍人口测算分配均衡性转移支付的基础上，还应充分考虑各地区向持有居住证人口提供基本公共服务的支出需求，并根据基本公共服务水平提高和规模增长情况进行动态调整，省级财政要参照中央做法，在对下分配均衡性转移支付资金时考虑为持有居住证人口提供基本公共服务等增支因素，县级财政要统筹用好资金，切实将农业转移人口纳入基本公共服务保障范围，使农业转移人口与当地户籍人口享受同等基本公共服务。

（二）"三权"保障政策

"三权"是指农业转移人口在农村享有的农村土地承包经营权、集体收益分配权、宅基地使用权及其地上房屋所有权，以及派生的征地补偿权和惠农补贴享有权，在农业转移人口市民化过程中，一些农民担心将户口迁入城镇后会失去在农村的相应权益，影响农民将户口迁入城镇的意愿。为解决一部分农民的后顾之忧，国家先后制定出台了多项文件政策，深化农村产权制度改革，维护好进城落户农民在农村的土地承包经营权、宅基地使用权、集体收益分配权等权益，将农民的户口变动与"三权"脱钩，以调动广大农业转移人口进城落户的积极性，加快农业转移人口市民化进程。

"三权"保障对农村居民至关重要，土地承包经营权和宅基地使用权是法律赋予农民的用益物权，集体收益分配权是农民作为集体经济组织成员应当享有的合法财产权利。推动农业转移人口市民化必须要保障进城农民的"三权"权益，加快农村土地确权、登记、颁证进程，依法保障农民的土地承包经营权、宅基地使用权，大力开展农村集体经济组织产权制度改革，推进农村集体资产确权到户和股份合作制改革，探索集体经济组织成员资格认定办法和集体经济有效实现形式，保护成员的集体财产权和收益分配权。建立进城落户农民"三权"维护和自愿有偿退出机制，完善农村产权流转交易市场体系，引导进城落户农民依法自愿有偿在本集体经济组织内部转让相关权益，不得强行要求进城落户农民转让其在农村的土地承包权、宅基地使用权、集体收益分配权，或将其作为进城落户条件。通过产权制度改革确保进城落户农民利益不受损，进而提高进城农民落户的积极性，推动以人为核心的新型城镇化高质量发展。

（三）社会保障体系建设成效

农业转移人口不同于"农村流动人口"和"农民工"等概念，强调了转移主体演化为具有城镇居民身份的过程和结果，界定为从农村向城镇转移的农业人口。党的十八大报告首次提出"有序推进农业转移人口市民化，努力实现城镇基本公共服务常住人口全覆盖"，将农业转移人口市民化问题提升至国家战略高度。近十年来伴随着我国城镇化快速发展，我国农村劳动力转移也是有史以来最快的时期。第七次全国人口普查数据显示，2020年全国流动人口为3.76亿人，比2010年增加1.54亿人，增长69.37%。其中跨省流动人口为1.25亿人，省内流动人口为2.51亿人。这些流动人口多是由农村流向城镇，导致农村劳动人口数量减少，比重降低。2020年全国乡村人口5.10亿人，比2010年减少了1.53亿人，减少了23%，而全国乡村劳动力人口为3.21亿，比2010年减少了1.48亿人，减少了31.56%。

根据2016—2020年国家统计局发布的《农民工监测调查报告》，从农业转移人口基本特征、受教育程度、就业与收入、公共服务和社会融合等方面分析农业转移人口社会保障体系建设，见表1-4。

表1-4 2016—2020年我国农业转移人口社会保障情况

	指标	2016	2017	2018	2019	2020
基本特征	数量（万人）	28171	28652	28836	29077	28560
	平均年龄（岁）	39	39.7	40.2	40.8	41.4
	40岁及以下农民工（%）	53.9	52.4	52.1	50.6	49.4
受教育程度	未上过学（%）	1	1	1.2	1	1
	小学（%）	13.2	13	15.5	15.3	14.7
	初中（%）	59.4	58.6	55.8	56	55.4
	高中（%）	17	17.1	16.6	16.6	16.7
	大专及以上（%）	9.4	10.3	10.9	11.1	12.2
就业及收入	第一产业（%）	0.4	0.5	0.4	0.4	0.4
	第二产业（%）	52.9	51.5	49.1	48.6	48.1
	第三产业（%）	46.7	48	50.5	51	51.5
	人均月收入（元）	3275	3485	3721	3962	4072
	人均居住面积（平方米）	19.4	19.8	20.2	20.4	21.5
公共服务	随迁儿童入园率（%）	—	83.3	83.5	85.8	86.1
	义务教育年龄段随迁儿童的在校率（%）	—	98.7	98.9	99.5	99.4
	随迁儿童上学升学难、费用高等问题突出（%）	58.2	53.5	50.8	50.9	47.5
社会融合	认为自己是所居住城市"本地人"（%）	35.6	38	38	40	41.4
	对本地生活非常适应和比较适应（%）	—	80.4	81.1	80.6	83.3

数据来源：2016—2020年《农民工监测调查报告》，国家统计局

2016—2019年我国农业转移人口数量持续增加，2020年为28560万人，较2019年有小幅下降，下降了1.8%。农业转移人口平均年龄不断提

高，2020年为41.4岁，比2016年提高了2.4岁；而且40岁及以下比重从53.9%下降到49.4%，下降了4.5个百分点。农业转移人口的受教育程度和整体素质均在稳步提升，大专及以上学历的农业转移人口比重由2016年的9.4%上升到2020年的12.2%。从农业转移人口的就业领域看，从事第一产业、第二产业的比重呈下降趋势，从事第三产业的比重从2016年的46.7%上升到2020年的51.5%。农业转移人口的月均收入稳定增长，2020年为4072元，比2016年增加了797元。农业转移人口的生活状况不断得到改善，2020年人均居住面积21.5平方米，比2016年增加2.1平方米。

农业转移人口随迁子女受教育情况的满意度不断提升。2016年以来随迁儿童入园率和义务教育阶段的在校率均保持在较高水平，且呈逐年上升趋势，2020年分别达到了86.1%和99.4%，但升学难（入园难）、费用高等问题仍然较为突出。农业转移人口与城镇社会的融合度不断增强，对生活状况的满意度逐步提升，对城镇的归属感稳中有升。2020年对本地生活非常适应和比较适应的比重为83.3%，认为自己是所居住城市"本地人"的比重为41.4%。

2012年以来，我国农业转移人口社会保障体系建设取得了显著的成就，但也存在一定的问题，居住地户籍利益二元化问题仍然突出。我国常住人口城镇化率从2012年的52.57%提高到2020年的63.89%，提高了11.32个百分点，常住人口和户籍人口城镇化率差距扩大了1.25个百分点。一方面原因是在部分特大城市和超大城市，对落户人员的选择有明显的学历、购房、缴纳社会保险等歧视性政策，户籍利益的差异在就业准入、子女教育等方面表现得也较为明显，控制超大城市人口规模的政策要求甚至呈现愈发严格的倾向。而另一方面原因是部分农业转移人口在城镇落户的意愿下降，主要是由于农业转移人口在城镇落户需要放弃其在农村的土地权益导致的。虽然党中央和国务院相关政策文件强调"各地不得以放弃农村土地权益作为农户进城落户的前提条件"，但许多城市仍然以放弃土地权益作为允许落户的前提条件，一定程度上阻碍了农业转移人口在城镇落户的进程。这种居住地和户籍利益二元化导致的差异，缓解以至消除可能还需要一个较长的过程。

表1-5　2012—2022年农业转移人口社会保障体系建设的相关论述

时间	文件/会议	主要观点
2013.12	中央城镇化工作会议	逐步提高基本公共服务水平，努力解决好农业转移人口的子女教育、医疗卫生、社会保障等需求。
2014.3	国家新型城镇化规划（2014—2020年）	以农业转移人口为重点，兼顾高校和职业技术院校毕业生、城镇间异地就业人员和城区城郊农业人口，推进基本公共服务均等化。
2014.6	中央全面深化改革领导小组第三次会议	搞好基本公共服务，维护好农民的土地承包经营权、宅基地使用权、集体收益分配权。
2014.7	关于进一步推进户籍制度改革的意见	加强基本公共服务财力保障，建立财政转移支付同农业转移人口市民化挂钩机制，完善促进基本公共服务均等化的公共财政体系。
2016.8	国务院关于实施支持农业转移人口市民化若干财政政策的通知	建立健全支持农业转移人口市民化的财政政策体系，将持有居住证人口纳入基本公共服务保障范围，创造条件加快实现基本公共服务常住人口全覆盖。
2016.1	国务院办公厅关于印发推动1亿非户籍人口在城市落户方案的通知	建立进城落户农民"三权"维护和自愿有偿退出机制，将进城落户农民完全纳入城镇住房保障体系，落实进城落户农民参加城镇基本医疗保险政策，保障进城落户农民子女平等享有受教育权利。
2022.6	"十四五"新型城镇化实施方案	建立基本公共服务同常住人口挂钩、由常住地供给的机制，稳步提高非户籍常住人口在流入地享有的基本公共服务项目数量和水平。

资料来源：历年相关政策文件整理所得

第四节　积极应对人口老龄化

积极应对人口老龄化是坚持以人民为中心的发展理念、维护国家人口安全和社会和谐稳定、构建新发展格局的重要举措，也是新型城镇化建设的关键环节，要结合我国人口老龄化现状及未来发展趋势，构建人口老龄化理论体系，完善人口老龄化政策体系，有效化解人口老龄化带来的不利影响，确保经济社会持续健康发展。

一、推动人口老龄化理论体系建设

（一）人口老龄化与城镇化国内研究综述

从国内现有研究来看，专门研究人口老龄化与城镇化之间关系的文献很少，在个别相关研究中可以推论出一些二者之间的关系。本世纪以来，我国人口年龄结构和空间结构正经历着有史以来最为剧烈的变动，即人口老龄化和城镇化进程同时快速发展，在世界其他国家很少有这种现象。我国学者多是从实证出发，研究两者之间相互影响关系。黄晓梅和黄新明认为，人口老龄化通过影响人口自然增长和降低劳动力供给等方面影响了城镇化的发展速度与发展质量。乔谷阳通过问卷调查研究发现，城镇化能显著促进人口老龄化，但并未详述其影响机制。杜鹏、王武林（2010）的研究注意到在人口老龄化过程中，许多国家普遍表现出农村人口老龄化程度高于城市的特点，即老龄人口城乡倒置现象，以此推论，许多国家老年人口城镇化水平低于总人口城镇化水平是一种普遍现象。林宝（2018）利用联合国发布的1980—2015年各国或地区分城乡、年龄、性别数据分析发现，老年人口城镇化滞后于总人口城镇化是世界大部分国家或地区、不同收入阶段和不同城镇化阶段普遍存在的现象，且老年人口城镇化与总人口城镇化之间具有较明显的线性关系。中国老年人口城镇化滞后现象更为严重。朱健，徐雷，王辉（2018）基于2005—2016年的中国省级面板数据，在对人口城镇化和城乡人口老龄化现状进行时空比较分析的基础上，实证考察人口城镇化与城乡人口老龄化的动态关系、影响机制以及区域异质性特征，结果表明城乡人口老龄化对人口城镇化的影响大于人口城镇化对城乡人口老龄化的影响。孟向京、姜凯迪（2018）研究结果表明，未来城乡会面临比较剧烈的人口年龄结构变化，农村总人口抚养比将大幅度上升，老龄化程度和速度都远高于城镇地区。受未来农村人口年龄结构的影响，中国城乡人口转移的速度将趋缓。范建双、高骞、周琳（2020）基于1997—2017年中国省级面板数据和城镇、农村老年人口的分组数据，采用双边随机前沿模型检验二者对城镇化的影响，研究结果显示，农村人口老龄化对城镇化产生负向影响，城镇人口老龄化对城镇化产生正向作用，整体而言，人口老龄化降低了城镇化水平，从而解释了中国人口老龄化存在的"城乡倒置"现象。

（二）人口老龄化与城镇化国外研究综述

人口老龄化与城镇化同时快速发展这种现象在国外很少发生，所以国外这方面研究理论很少。但国外学者们（Samuel H.Preston，etc，1989）研究发现，人口迁移造成了人口结构的变化，影响了人口老龄化。通过对人口迁移、国际移民和国际劳动力流动关系的分析得出，合理水平的国际劳动力资源流动，一定程度上可以缓解人口老龄化问题（Alin M. Ceobanu，etc，2013；Jakub Bijak，etc，2008）。

（三）人口老龄化与城镇化的内在关系

城镇化与人口老龄化是一个动态演变过程，城镇化影响着人口老龄化进程，加剧了城乡人口年龄结构差异。但反过来，人口老龄化同样也决定着未来城镇化的发展潜力和发展质量。本世纪以来伴随着我国城镇化进程的加速，我国人口老龄化程度也日益加深。2020年我国65岁及以上人口占总人口比重达到了13.5%，在15%以上的省份达到了9个，而辽宁和重庆达到17%以上，成为全国人口老龄化程度最深的省份。全国除西藏以外，65岁及以上老年人口比重均达到了10%以上，我国全面进入人口老龄化社会。

城镇化的飞速发展推动了人口老龄化进程。随着城镇化水平的不断提高，人们的生育观念也悄然发生了改变，更加注重自身和家庭成员生活质量和生活水平，对子女的培养要求也不断提高，改变了我国居民以前"养儿防老"和"多子多福"的生育观念，生育意愿降低，使得生育水平不断下降。生育水平的下降始于城市，进而发展到农村，2020年我国育龄妇女的总和生育率为1.3，处于较低的水平，为世界上生育率较低的国家。而另一方面，随着医疗水平和医疗条件的不断提高，人们的生活水平也不断提高，人口预期寿命也不断增加，2020年我国人口预期寿命达到77.9岁，比2010年提高了3.07岁。

城镇化进程改变了城乡人口老龄化差异程度。城镇人口的生育率和死亡率均低于农村人口，在人口自然增长的情况下，城镇人口老龄化程度正常是高于农村的。2010年我国乡村65岁及以上老年人口比重为6.63%，城镇为7.80%，城镇比农村高出1.17个百分点。但到了2020年，我国城乡人口老龄化程度却出现了倒置，2020年我国乡村65岁及以上老年人口比重为17.72%，城镇为11.14%，农村比城镇高出了6.58个百分点。这十年来我国的城镇化进程，是伴随着农村人口向城镇地区大规模流动和迁移，而农村人口向城镇地区的流动具有年龄选择的特征。农村劳动年龄人口流动或迁移到城镇，老年人由于城镇生活成本高、生活方式的改变、就业困难、对农村土地的依赖等原因，多是选择"留守"，从而造成了农村老年人口比重高于城镇和全国平均水平。因此，人口城镇化的过程不仅带来城镇人口数量的增加和比例的提升，同样也伴随着由于迁移和流动的年龄选择性所带来的城乡人口年龄结构的改变。

二、健全应对人口老龄化政策体系

（一）我国人口老龄化的发展现状

中华人民共和国成立以来，我国人口发展先是经历了一段时期的年轻化过程，从1953年的第一次全国人口普查到1964年的第二次全国人口普查，老年人口比重呈下降趋势，从1964年开始，老年人口比重逐步上升，到2000年我国正式进入老龄化社会，之后的20年老年人口比重增速明显加快，人口老龄化程度持续加深。根据第七次全国人口普查数据，近10年间，中国已跨过了第一个快速人口老龄化期，2020年，60岁及以上的老年人口占总人口的比重达到18.7%，自2000年步入老龄化社会以来的20年间，老年人口比例增长了8.4个百分点，其中，从2010年第六次全国人口普查到2020年第七次全国人口普查的10年间升高了5.4个百分点，后一个10年老年人口增速明显超过前一个10年，这主要与20世纪50年代第一次出生高峰所形成的人口队列相继进入老年期紧密相关。2021年末，全国60岁及以上人口和65岁及以上人口比重分别比2020年上升0.2个和0.7个百分点，老龄化程度进一步加深。"十四五"时期，20世纪60年代第二次出生高峰所形成的更大规模人口队列则会相继跨入老年期，使得中国的人口老龄化水平从最近几年短暂的相对缓速的演进状态扭转至增长的"快车道"，老年人口年净增量几乎是由21世纪的最低值直接冲上最高值。

根据第七次全国人口普查数据，我国65岁及以上人口比重达到13.5%，人口老龄化程度已高于世界平均水平（65岁及以上人口占比9.3%），但低于发达国家平均水平（65岁及以上人口占比19.3%）。我国人口老龄化主要呈现出以下几个方面的特点：一是老年人口规模庞大。我国60岁及以上人口有2.6亿人，其中，65岁及以上人口1.9亿人，全国31个省份中，有16个省份的65岁及以上人口超过了500万人，其中有6个省份的老年人口超过了1000万人；二是老龄化进程明显加快。2010—2020年，60岁及以上人口比重上升了5.44个百分点，65岁及以上人口比重上升了4.63个百分点。与上个10年相比，上升幅度分别提高了2.51个和2.72个百分点；三是老龄化水平城乡差异明显。从全国看，乡村60岁及以上老人的比重为23.81%，比城镇高出7.99个百分点。老龄化水平的城乡差异，除了经济社会原因外，与人口流动也是有密切关系的；四是老年人口质量不断提高。60岁及以上人口中，拥有高中及以上文化程度的有3669万人，比2010年增加了2085万人，高中及以上文化程度的人口比重为13.90%，比

10年前提高了4.98个百分点。10年来，我国人口预期寿命也在持续提高，2020年，80岁及以上人口有3580万人，占总人口的比重为2.54%，比2010年增加了1485万人，比重提高了0.98个百分点。

人口老龄化是一个不以人们意志为转移的客观规律，是社会进步的表现。促使人口老龄化的直接原因是生育率和死亡率的降低，二者从相对高的水平降到相对低的过程称为人口转变，人口转变的结果既可以表现为人口年轻化，也可表现为人口老龄化。但在人类历史的发展中，人口年轻化只是很短的一个阶段，而人口老龄化则是一个漫长的发展过程。当今世界，发达国家都已经进入老龄化社会，有些国家的老龄化程度还很高，没有进入老龄化社会的都是发展中国家。

人口老龄化是社会发展的重要趋势，也是今后较长一段时期我国的基本国情。人口老龄化既是挑战也存在机遇，人口老龄化从挑战方面来看，将减少劳动力的供给数量、增加家庭养老负担和基本公共服务供给的压力。同时也要看到，人口老龄化促进了"银发经济"发展，扩大了老年产品和服务消费，还有利于推动技术进步，这些都给经济发展带来了新的机遇。

截至2020年底，我国老龄事业发展取得了显著成效，全国各类养老服务机构（包括养老机构、社区养老服务机构）数量为32.9万个，床位数达到821万张，全国设有1个国家老年医学中心和6个国家老年疾病临床医学研究中心，2642家二级及以上综合性医院设有老年医学科，510家医院设有安宁疗护科，全国安宁疗护试点扩大到91个市（区），两证齐全（具备医疗卫生机构资质，并进行养老机构备案）的医养结合机构达到5857家，床位数达158万张，65岁及以上老年人免费在基层医疗卫生机构获得健康管理服务。

（二）应对人口老龄化的政策保障

人口老龄化是我国实现高质量发展所面临的一大挑战，将对经济和社会运行产生深刻的影响，积极应对人口老龄化的现实迫切性空前凸显，如何有效加以应对是国家制定各种经济与社会政策时必须认真考虑的重要因素。党的十九届五中全会应势而为地将人口老龄化上升至国家战略的高度，未来直至21世纪中叶后，中国老年人口数量增长的步伐尽管时快时慢，但不会停止，通过劳动供给、财富储备、科技创新及产品服务供给等多方面的持续发力，人口老龄化给高质量发展带来的压力有望得到有效化解，甚至转变为经济社会发展的动力。

1. 应对人口老龄化的远景规划与战略部署

积极应对人口老龄化是党中央、国务院正确把握人口发展大趋势和老龄化规律作出的立足当下、着眼长远的重大战略部署，事关实现"两个一百年"奋斗目标，事关实现中华民族伟大复兴的中国梦，对于坚持以人民为中心的发展思想、实现经济高质量发展、维护国家安全和社会和谐稳定具有重大意义。伴随着人口年龄结构老化，社会与家庭负担加重，社会保障支出压力加大，养老和健康服务供需矛盾更加突出，积极应对人口老龄化，健全可持续的多层次社会保障体系，完善养老服务体系和健康服务体系，构建养老、孝老、敬老的政策体系和社会环境，有利于满足人民日益增长的美好生活需要；在人口老龄化过程中，劳动年龄人口数量持续下降，青壮年劳动力供给逐步减少，对潜在经济增长率造成不利影响，积极应对人口老龄化，加快积累人力资本，加快提高全要素生产率，加快建设创新型国家，可以化被动为主动，对冲人口老龄化带来的不利影响；人口结构持续老龄化，既不利于保持代际和谐与社会活力，也不利于维护国家人口安全和增强国际竞争力，积极应对人口老龄化，能够有效防范和化解人口老龄化带来的社会稳定风险和国家安全风险，确保中华民族世代永续发展、始终屹立于世界民族之林。

应对人口老龄化是一项长期规划，需要从多个方面来进行安排部署。一是夯实应对人口老龄化的社会财富储备。通过扩大总量、优化结构、提高效益，实现经济发展与人口老龄化相适应。通过完善国民收入分配体系，优化政府、企业、居民之间的分配格局，稳步增加养老财富储备。健全更加公平更可持续的社会保障制度，持续增进全体人民的福祉水平；二是改善人口老龄化背景下的劳动力有效供给。通过提高出生人口素质、提升新增劳动力质量、构建老有所学的终身学习体系，提高我国人力资源整体素质。推进人力资源开发利用，实现更高质量和更加充分就业，确保积极应对人口老龄化的人力资源总量足、素质高；三是打造高质量的为老服务和产品供给体系。积极推进健康中国建设，建立和完善包括健康教育、预防保健、疾病诊治、康复护理、长期照护、安宁疗护的综合、连续的老年健康服务体系。健全以居家为基础、社区为依托、机构充分发展、医养有机结合的多层次养老服务体系，多渠道、多领域扩大适老产品和服务供给，提升产品和服务质量；四是强化应对人口老龄化的科技创新能力。深入实施创新驱动发展战略，把技术创新作为积极应对人口老龄化的第一动力和战略支撑，全面提升国民经济产业体系智能化水平。提高老年服务科技化、信息化水平，加大老年健康科技支撑力度，加强老年辅助技术研发和应用；五是构建养老、孝老、敬老的社会环境。强化应对人口老龄化的法治环境，保障老年人合法权益。构建家庭支持体系，建设老年友好型社会，形成老年人、家庭、社会、政府共同参与的良好氛围。

2. "十四五"期间应对人口老龄化的现实举措

"十四五"期间，我国人口老龄化形势将更加严峻，党中央、国务院为缓解和消除人口老龄化带来的不利影响从多个方面对"十四五"时期应对人口老龄化作出详尽的安排部署，确保"十四五"时期经济社会发展目标顺利实现。

一是织牢社会保障和兜底性养老服务网。在现有基础上进一步健全社会保障制度，完善基本养老保险和基本医疗保险体系，稳步建立长期护理保险制度，完善社会救助和社会福利制度。建立基本养老服务清单制度，通过对老年人能力进行综合评估，针对不同老年人群体分类提供服务。强化公办养老机构兜底保障作用，坚持公办养老机构公益属性，提升公办养老机构服务水平。加快补齐农村养老服务短板，加强农村养老服务和管理人才队伍建设，提高职业化、专业化水平，因地制宜实现农村有意愿的特困老年人集中供养。

二是扩大普惠型养老服务覆盖面。建设普惠型养老服务网络，支持普惠型养老服务发展，大力发展社区养老服务机构，完善社区养老服务设施配套，积极推进公办养老机构改革，充分调动社会力量参与积极性，加大国有经济对普惠型养老的支持力度，推动养老服务机构专业化发展，符合老年人需求。

三是强化居家社区养老服务能力。构建城乡老年助餐服务体系，建立老年人助餐服务网络，为老年人提供高质量多元化饮食。开展助浴助洁和巡访关爱服务，积极发展老年人助浴服务，引导助洁服务覆盖更多老年人，满足老年人的清洁需求，加强居家老年人巡访关爱，及时了解老年人生活情况。加快发展生活性为老服务业，提高老年人生活服务时效性和可及性，培育老年人生活服务新业态。

四是完善老年健康支撑体系。加大老年健康教育和预防保健宣传力度，完善健康教育和健康管理，实施老年健康促进工程。大力发展老年医疗、康复护理和安宁疗护服务，增强医疗卫生机构为老服务能力，推动医疗服务向居家社区延伸。深入推进医养结合体系建设，增加医养结合服务供给，提升医养结合服务质量。强化老年人疫情防控，制定老年人突发公共卫生事件应急处置预案和指南，分类完善居家、社区和入住养老机构的老年人疫情防控措施。

五是大力发展银发经济。发展壮大老年用品产业体系，加强老年用品研发力度，促进优质产品应用推广，积极推进老年用品产业集群建设。提高老年用品科技化、智能化水平，强化老年用品的科技支撑，加大老年科技方面的成果转化力度，优先发展健康促进类康复辅助器具产业，推广智慧健康养老产品应用。有序发展老年人普惠金融服务，促进和规范发展第三支柱养老保险，开发符合老年人特点的支付、储蓄、理财、信托、保险、公募基金等养老金融产品，完善金融等配套支持政策。

六是践行积极老龄观。完善老年教育体系，加快发展城乡社区老年教育，开展养教结合创新实践，充分发挥社区教育办学网络的作用，搭建全国老年教育资源共享和公共服务平台。充分发挥老年人的经验优势和引导带头作用，加强老年人就业服务，提高老年人的社会参与度。丰富老年人文体休闲生活，持续增加老年文化服务供给，推动老年人积极参与体育健身，促进养老和旅游有效融合。

七是营造老年友好型社会环境。传承弘扬家庭孝亲敬老传统美德，巩固和增强家庭养老功能，完善家庭养老政策扶持体系。推进公共环境无障碍和适老化改造，针对老年人行动不便的实际情况，加大公共场所无障碍化改造力度，提升社区和家庭适老化水平。建设兼顾老年人需求的智慧社会，完善传统服务保障措施，推进智能化服务适应老年人需求，长效解决老年人"数字鸿沟"难题。加大宣传力度，充分发挥多方合力，培育敬老爱老助老社会风尚，营造良好社会氛围。

八是增强发展要素支撑体系。推动培训疗养机构转型发展养老服务业，加大改革力度，强化行业示范引领。完善养老服务业用地用房支持政策，科学规划布局新增用地，优化存量设施利用机制。强化支持老龄事业发展和养老服务的资金保障，推动税费优惠举措落地，拓宽金融支持养老服务渠道。加大老龄事业人才队伍建设力度，完善人才激励政策，拓宽人才培养途径，为老龄事业发展提供人才保障。

九是维护老年人合法权益。加强对市场主体行为的监管，严格落实市场主体信用承诺，维护老龄事业发展的市场秩序。健全养老服务综合监管制度，优化养老服务营商环境，推进养老服务标准化建设，带动养老服务业规范健康发展。加大对老年人消费权益的保护力度，切实防范各类侵权风险，加强涉老矛盾纠纷化解和法律援助，维护老年人合法权益，坚持以服务为本的功能定位，规范中高端养老机构的发展方向，严禁以养老之名"跑马圈地"。

表1-6　2012—2022年人口老龄化的相关论述

时间	文件/会议	主要观点
2016.5	中共中央政治局第三十二次集体学习	增强全社会积极应对人口老龄化的思想观念，完善老龄政策制度，发展养老服务业和老龄产业，发挥老年人积极作用，健全老龄工作体制机制。

续表

时间	文件/会议	主要观点
2016.12	关于全面放开养老服务市场提升养老服务质量的若干意见	加快推进养老服务业供给侧结构性改革，保障基本需求，繁荣养老市场，提升服务质量，让广大老年群体享受优质养老服务。
2019.4	关于推进养老服务发展的意见	深化"放管服"改革，拓宽养老服务投融资渠道，扩大养老服务就业创业，扩大养老服务消费，促进养老服务高质量发展，促进养老服务基础设施建设。
2019.11	国家积极应对人口老龄化中长期规划	夯实应对人口老龄化的社会财富储备，改善人口老龄化背景下的劳动力有效供给，打造高质量的为老服务和产品供给体系，强化应对人口老龄化的科技创新能力，构建养老、孝老、敬老的社会环境。
2021.5	中共中央政治局会议	实施渐进式延迟法定退休年龄，推进职工基本养老保险全国统筹，完善多层次养老保障体系，建立长期护理保险制度框架，加快建设居家社区机构相协调、医养康养相结合的养老服务体系和健康支撑体系。
2022.2	关于印发"十四五"国家老龄事业发展和养老服务体系规划的通知	实施积极应对人口老龄化国家战略，以加快完善社会保障、养老服务、健康支撑体系为重点，把积极老龄观、健康老龄化理念融入经济社会发展全过程，加大制度创新、政策供给、财政投入力度，推动老龄事业和产业协同发展。

资料来源：历年相关政策文件整理所得

第二章　推进产城融合高质量发展

随着新型城镇化建设步伐的不断加快，产业与城市融合发展的产城融合模式已成为推动经济结构调整优化、促进区域协同高质量发展的重要举措。近年来，按照统筹规划、合理布局、分工协作、以大带小的原则，立足资源环境承载能力，发挥各地区比较优势，通过优化城镇化空间布局形态、强化交通运输网络支撑和提升城市可持续发展能力，全国形成以城市群、都市圈为依托促进大中小城市和小城镇协调发展的格局，为"十四五"期间都市圈引领城市群、城市群带动区域高质量发展奠定良好基础。

第一节　优化城镇化空间布局和形态

2013年12月14日，党中央、国务院第一次中央城镇化工作会议指出推进城镇化的主要任务之一即是要优化城镇化布局和形态，全国主体功能区规划对城镇化总体布局做了安排，提出了"两横三纵"①城镇化战略格局。《国家新型城镇化规划（2014—2020年）》在"优化城镇化布局和形态"中提出发展目标为城镇化格局更加优化，即以"两横三纵"为主体的

---

① 所谓"两横三纵"城镇化战略格局，是指以陆桥通道、沿长江通道为两条横轴，以沿海、京哈京广、包昆和西部陆海新通道为三条纵轴，以轴线上城市群和节点城市为依托、其他城镇化地区为重要组成部分，大中小城市和小城镇协调发展的城镇化战略格局。

城镇化战略格局基本形成，城市群集聚经济、人口能力明显增强，东部地区城市群一体化水平和国际竞争力明显提高，中西部地区城市群成为推动区域协调发展的新的重要增长极。城市规模结构更加完善，中心城市辐射带动作用更加突出，中小城市数量增加，小城镇服务功能增强。2012年以来，我国新型城镇化建设取得重大进展，"19+2"城市群主体形态更加定型，"两横三纵"城镇化战略格局基本形成，城镇化空间布局持续优化。

一、城市群发展深入推进

（一）提升城市群作为国家新型城镇化主体的战略引领地位

城市群是新型城镇化主体形态，在推动形成优势互补高质量发展的区域经济布局进程中，现代化城市群发挥着重要作用。作为一个国家经济社会综合实力在空间形式上的集中呈现，城市群日益成为参与国际分工和体现国家竞争能力的重要标志。2012年11月，党的十八大报告指出"科学规划城市群规模和布局，增强中小城市和小城镇产业发展、公共服务、吸纳就业、人口集聚功能"；2016年3月，《中华人民共和国国民经济和社会发展"十三五"规划纲要》（以下简称"十三五"规划《纲要》）提出"坚持以人的城镇化为核心、以城市群为主体形态、以城市综合承载能力为支撑、以体制机制创新为保障，加快新型城镇化步伐。加快城市群建设发展，优化提升东部地区城市群，培育中西部地区城市群"；2017年10月，党的十九大报告指出"以城市群为主体构建大中小城市和小城镇协调发展的城镇格局"；2018年11月，中共中央、国务院发布的《关于建立更加有效的区域协调发展新机制的意见》中指出"建立以中心城市引领城市群发展、城市群带动区域发展新模式，推动区域板块之间融合互动发展"；2019年8月，中央财经委员会第五次会议提出"中心城市和城市群正在成为承载发展要素的主要空间形式"；2019年10月，中国共产党第十九届中央委员会第四次全体会议指出"优化行政区划设置，提高中心城市和城市群综合承载和资源优化配置能力，实行扁平化管理，形成高效率组织体系"。2019年12月，中共中央总书记习近平发表在《求是》第24期的重要文章《推动形成优势互补高质量发展的区域经济布局》指出"中心城市和城市群正在成为承载发展要素的主要空间形式。加快构建高质量发展的动力系统，增强中心城市和城市群等经济发展优势区域的经济和人口承载能力。提高城市群承载能力。建设用地资源向中心城市和重点城市群倾斜"；2020年4月，国家发展改革委发布的《2020年新型城镇化建设和城乡融合发展重点任务》中进一步提出"增强中心城市和城市群综合承载、资源优化配置能力，加快发展重点城市群"。2021年3月，"十四五"规划《纲要》的第十一章"建设现代化基础设施体系"中提出"推进城市群都市圈交通一体化"，第二十八章"完善城镇化空间布局"中提出"发展壮大城市群和都市圈，分类引导大中小城市发展方向和建设重点，形成疏密有致、分工协作、功能完善的城镇化空间格局""以促进城市群发展为抓手，全面形成'两横三纵'城镇化战略格局"；2021年4月，国家发展改革委发布的《2021年新型城镇化和城乡融合发展重点任务》的第三条就是"提升城市群和都市圈承载能力""培育发展现代化都市圈，增强城市群人口经济承载能力，形成都市圈引领城市群、城市群带动区域高质量发展的空间动力系统。健全城市群一体化发展机制"。党和国家发布的一系列重要文件表明，城市群作为国家新型城镇化主体的战略引领地位被提升到了前所未有的战略高度。

（二）总体形成以城市群为主体的城镇化空间格局

城市群是支撑全国经济增长、促进区域协调发展、参与国际竞争合作的重要平台。2012年以来，城市群规划编制实施，一体化发展机制不断完善，城市群内向集聚与外向带动的双重作用持续增强，全国已形成京津冀、长三角、珠三角三大城市群为引领，山东半岛、海峡西岸、辽中南、哈长、中原地区、长江中游、成渝地区、关中平原、北部湾、山西中部、呼包鄂榆、黔中、滇中、兰州—西宁、宁夏沿黄、天山北坡城市群竞相发展的格局。2021年，全国19大城市群以25%的土地集聚了75%的人口，创造了88%的国内生产总值，成为参与国际竞争合作、体现国家竞争力、支撑和带动全国经济发展的重要区域。

受地理区位、资源环境禀赋、经济社会发展基础等客观条件影响，不同地区城市群整体实力和一体化水平仍存在显著差距。深入推进京津冀协同发展、长三角一体化发展、粤港澳大湾区多中心建设，京津冀、长三角、粤港澳大湾区三大城市群高端要素持续集聚，现已成为提升中国全球资源配置力的主要载体，是亚太地区乃至全球经济社会发展最具活力和国际竞争力的地区，正向世界核心城市群迈进。截至2021年，京津冀、长三角、粤港澳大湾区内地9市地区生产总值分别达9.6万亿元、27.6万亿元、10.1万亿元，总量超过了全国的40%①，发挥了全国经济压舱石、高质量发展动力源、改革试验田的重要作用。三大地区规模经济效益明显，创新要素快速集聚，高水平人才密集，对外开放走在前列，成为我国科技创新的主要策源地和制度型开放的先行引领者。成渝打造为双"明星"网红城市，长江中游不断释放经济和地域优势，中原地区、哈长等城市群快速发展，日趋成为带动中西部和东北地区发展的重要增长极。此外，随着东部地区的山东半岛城市群、海峡西岸城市群、中部地区的中原城市群、西部地区的关中城市群、北部湾城市群等协同融合程度不断提高，进一步推动了全国新型城镇化进程，以城市群为主体的城镇化空间格局总体形成。

"两横三纵"的城市化战略格局，推动了全国国土空间开发更加均衡，充分发挥了城镇化对经济社会发展的重要支撑和引领作用。

（三）发挥城市群高质量发展动力源作用

城市群推动区域协同发展，培育形成了带动全国高质量发展的动力源。例如，京津冀以北京、天津为核心城市，紧紧抓住北京非首都功能疏解这个"牛鼻子"，推进雄安新区高标准高质量建设，推动河北省及周边省区邻市区域协同发展，成为我国北方经济规模最大、最具有活力的经济圈。长三角以上海为核心，带动南京、杭州、合肥、苏锡常、宁波五大都市圈共同发展，创新发展活力持续增强，生态绿色一体化发展示范区、上

---

① 肖超伟. 推动区域协调发展 实现中国式城市群现代化［EB/OL］. 2022-10-27. https://finance.eastmoney.com/a/202210272541438431.html.

海自由贸易试验区新片区建设再结硕果。粤港澳大湾区以香港、澳门、广州、深圳四大中心城市为引擎，辐射周边区域，2021年粤港澳大湾区内地9市地区生产总值超过10万亿元，深化合作迈出新步伐。成渝地区发展驶入快车道，长江中游、北部湾、关中平原等城市群集聚能力稳步增强，省际协商协调机制不断建立健全，一体化发展水平持续提高。

二、现代化都市圈培育发展

（一）明确都市圈作为城市群高质量发展的战略支撑地位

都市圈是以超大城市、特大城市或者辐射带动能力强的大城市为核心，以1小时通行圈为基本范围形成的高度同城化地区，是城市群的核心区，也是城市群内高端、高新、高精尖、高品质产业集聚区，是一个浓缩的城市群。在"十三五"期间，全国陆续编制并实施了19个国家级、区域级和地区级城市群发展规划，在规划实施过程中发现，部分城市群建设超越了都市圈发育这一不可逾越的发展阶段，导致城市群发育缺少都市圈的鼎力支撑，城市群建设"空心化"现象较为突出，无法发挥有效的辐射带动作用。针对这一问题，国家发展改革委于2019年2月19日发布了《关于培育发展现代化都市圈的指导意见》（发改规划〔2019〕328号），首次明确了"都市圈是城市群内部以超大特大城市或辐射带动功能强的大城市为中心、以1小时通勤圈为基本范围的城镇化空间形态"的地位，并提出了都市圈建设存在的交通一体化水平不高、分工协作不够、低水平同质化竞争严重、协同发展体制机制不健全等突出问题。国家"十四五"规划《纲要》也明确提出"发展壮大城市群和都市圈"。都市圈作为城市群形成发育的必经阶段，其在城市群高质量发展中的战略支撑地位得到明确。

（二）加快都市圈同城化建设步伐

全国城镇化已经进入"下半场"，处于城镇化快速发展中后期向成熟期过渡的关键阶段。在这一时期，依托超大特大城市辐射带动周边市县共同发展、培育形成现代化都市圈，是加快转变超大特大城市发展方式、破解"大城市病"的有效途径，也是促进城市群一体化发展的重要支撑。

2019年2月19日，国家发展改革委出台了《关于培育发展现代化都市圈的指导意见》（〔2019〕328号），明确提出培育发展一批现代化都市圈，形成区域竞争新优势，为城市群高质量发展、经济转型升级提供重要支撑。国家发展改革委《关于培育发展现代化都市圈的指导意见》出台以来，2021年4月南京、2021年5月福州、2021年11月成都、2022年5月西安、2022年6月长株潭、2022年8月重庆6个国家级都市圈规划相继印发实施，同城化建设任务扎实推进并取得积极成效，对遏制部分城市延续虹吸大于辐射路径发挥了积极作用。其中，南京都市圈的经济总量最大，人均GDP也最高，例如南京市统计局数据显示，2019年人均GDP达到11.3万元，接近高收入国家水平；2021年，南京都市圈10个地区共实现地区生产总值46665.68亿元，经济总量较上年扩大4915亿元。成都都市圈和重庆都市圈的经济总量都超过2万亿元，四川统计局数据显示，2021年成都都市圈实现地区生产总值约2.5万亿元，占成渝地区双城经济圈的比重达33.8%，比上年提高0.1个百分点，人均GDP迈上8万元台阶，达1.3万美元，达到全球中等收入地区水平。长株潭、福州、西安都市圈则属于万亿级别的都市圈，长株潭都市圈2021年经济总量为1.79万亿元，福州都市圈2020年地区生产总值约1.5万亿元，西安都市圈2020地区生产总值约1.3万亿元。多个都市圈建立城市间党政领导联席会议等协商推进机制，推动都市圈同城化水平稳步提升，重点都市圈内城际铁路、市域（郊）铁路等加快建设，便捷通勤网络逐渐形成，研发在中心、制造在周边的产业分工协作逐步深化，教育、医疗等公共服务共建共享水平日益提高，政务服务跨城通办、跨界治理协作取得明显突破。"十三五"时期，都市圈培育有序开展，基础设施、公共服务、产业发展的同城化水平持续提高。中心城市辐射带动能力增强，中小城市功能稳步提升，特大镇设市取得突破，城市数量增加至685个。

三、中心城市功能全面提升

2014年，《国家新型城镇化规划（2014—2020年）》提出"推动特大城市中心城区部分功能向卫星城疏散，强化大中城市中心城区高端服务、现代商贸、信息中介、创意创新等功能。完善中心城区功能组合，统筹规划地上地下空间开发，推动商业、办公、居住、生态空间与交通站点的合理布局与综合利用开发。制定城市市辖区设置标准，优化市辖区规模和结构。按照改造更新与保护修复并重的要求，健全旧城改造机制，优化提升旧城功能。加快城区老工业区搬迁改造，大力推进棚户区改造，稳步实施城中村改造，有序推进旧住宅小区综合整治、危旧住房和非成套住房改造，全面改善人居环境"。

（一）城镇居民居住条件得到改善

2012—2021年全国城镇棚户区改造3961万套，惠及9000多万居民[①]。老旧小区改造全面推进，住房和城乡建设部统计数据显示2019—2021年，全国累计新开工改造城镇老旧小区11.5万个，惠及居民2000多万户，越来越多的居民实现"以小换大、以旧换新、以矮换高、以危换安"的安居梦，城镇居民居住条件得到改善。2021年，城镇居民居住在钢筋混凝土或砖混材料结构住房的户比重为96.2%，比2013年提高4.4个百分点；城镇居民人均住房建筑面积由2012年的32.9平方米，增加至2021年的41平方米。

（二）市政公用设施提档升级

我国建成全球规模最大、技术领先的网络基础设施，地级市全面建成光网城市；2021年，4G基站规模占全球总量的一半以上，建成5G基站达到161.5万个，初步覆盖地级以上城市[②]；网络提速降费深入实施，互联网应用适老化改造和信息无障碍工程加快推进；城市综合管廊累计开工建设5800多公里、形成廊体3800多公里；城市公共供水普及率和污水处理率均

① 王彩娜，侯永志. 十年跃升 以人为核心的城镇化成果全民共享 [EB/OL]. 2022-07-07. https://www.drc.gov.cn/DocView.aspx？Chnid=379&leafid=1338&docid=2905771.

② 张辛欣. 制造业实力进一步壮大，信息通信实现迭代跨越——"中国这十年"系列主题新闻发布会聚焦工业和信息化发展成就 [EB/OL]. 2022-06-14. http://www.gov.cn/xinwen/2022-06/14/content_5695620.html.

超过97%，生活垃圾无害化处理率超过99%；地级以上城市空气质量优良天数已达87%，这类城市黑臭水体已基本消除。

（三）基本公共服务供给提标扩面

城镇居民获得的教育服务水平不断提高。2021年，城镇地区有99.0%的户所在社区可以便利地上幼儿园或学前班，比2013年提高2.3个百分点；有99.2%的户所在社区可以便利地上小学，比2013年提高2.4个百分点。城镇居民能够享有的医疗公共服务水平逐步提高。2021年，城镇地区有87.5%的户所在社区有卫生站，社区卫生服务中心（站）增至3.5万个，比2013年提高7.8个百分点，基本实现所有街道全覆盖。体育设施建设不断加强，推进体育公园建设，群众身边的体育健身场地设施逐步增加，人均体育场地面积达2.41平方米。老年人居家适老化改造工程加快实施，加快推进老龄事业和老龄产业协同发展，居家社区机构相协调、医养康养相结合的养老服务体系初步建立，全国各类养老服务机构和设施36万个，床位812.6万张，床位数是2012年的近2倍，其中全国社区养老服务机构和设施32万个，占全国养老服务机构和设施总数的88.9%[①]。养老一系列优惠扶持政策出台，养老服务市场全面放开，多层次、多样化养老服务供给格局逐渐形成，家庭养老床位、关爱巡访、时间银行、老年餐桌等新的居家和社区养老服务模式不断涌现。城市建设品质不断提高，居民居住和生活环境持续改善。

第二节　大中小城市和小城镇协调发展

全国推进新型城镇化面临的现实国情是人口众多和资源环境约束趋紧，因此，需要合理规划、科学布局，不断优化城镇体系，坚持大中小城

---

① 高蕾，董博婷. 做好社会建设的兜底性、基础性工作——"中国这十年"系列主题新闻发布会聚焦新时代民政工作有关情况 [EB/OL]. 2022-09-09. http://www.gov.cn/xinwen/2022-09/09/content_5709090.html.

市和小城镇协调发展。一方面，中小城市和小城镇需要立足所处城镇体系或城市群，找准定位，优化产业结构、拓展发展空间、提升发展水平；另一方面，大城市和特大城市需要充分发挥区域中心城市的辐射带动作用，加快转变发展方式，努力提升城市综合承载能力，更好带动城市群发展，走出一条符合中国国情的大中小城市和小城镇协调发展的新型城镇化道路。

一、总体战略定位

早在国家"十一五"规划中提出要"坚持大中小城市和小城镇协调发展，积极稳妥地推进城镇化"；国家"十二五"规划提出"促进大中小城市和小城镇协调发展"；2014年，《国家新型城镇化规划（2014—2020年）》提出"促进各类城市协调发展，优化城镇规模结构，增强中心城市辐射带动功能，加快发展中小城市，有重点地发展小城镇，促进大中小城市和小城镇协调发展"；党的十九大报告指出"以城市群为主体构建大中小城市和小城镇协调发展的城镇格局"；2021年3月，"十四五"规划《纲要》提出"以城市群、都市圈为依托促进大中小城市和小城镇协调联动、特色化发展"。

二、促进城镇化规模结构持续优化

2012年以来，中心城市辐射带动能力逐步增强，县城补短板强弱项工作稳步推进，新生中小城市加快培育，大中小城市和小城镇协调发展，城镇化规模结构持续优化。

（一）增强中心城市辐射带动能力

直辖市、省会城市、计划单列市和重要节点城市等中心城市辐射带动能力逐步增强，北京、上海、广州、深圳等城市龙头作用进一步发挥，不仅在区域范围内的经济协作程度高，与外围城市之间人口流动频繁、人口联系强度高、交通联系强、辐射带动能力强，而且具有跨区域辐射带动能力，主导了全国人口、资本、创新的网络化联系格局，积极融入全球网络，国际竞争力明显提升；重庆、成都、武汉、郑州、西安等城市发展较快，成为带动区域经济增长的重要引擎。

（二）推进县城补短板强弱项

县城补短板强弱项工作稳步推进，"1+N+X"政策性文件体系落实落地，120个县城建设示范工作稳步开展。随着农村住房、饮用水、垃圾、厕所革命深入推进，补上农村居民人居环境短板。2021年，农村居民居住在钢筋混凝土或砖混材料结构住房的户比重为77.6%，比2013年提高21.9个百分点；农村居民有安全饮用水的户比重为97%，比2013年提高22.3个百分点；农村居民有管道供水入户的户比重为92.7%，比2013年提高29.4个百分点；农村地区有80.4%的户所在自然村饮用水经过集中净化处理，比2013年提高34.8个百分点；农村地区有95.2%的户所在自然村垃圾能够做到集中处理，比2013年提高46.5个百分点；农村居民使用卫生厕所的户比重为82.6%，比2013年提高47个百分点；农村居民使用水冲式卫生厕所的户比重为67.1%，比2013年提高44.9个百分点。随着教育、医保并轨政策的深入推进，补上农村居民基本公共服务供给短板。2021年，农村地区有90.1%的户所在自然村可以便利地上幼儿园或学前班，比2013年提高14.4个百分点；有91.3%的户所在自然村可以便利地上小学，比2013年提高10.5个百分点；农村地区有94.8%的户所在自然村有卫生站，比2013年提高13.2个百分点。农村基础设施覆盖更广，截至2020年建成村镇供水管道259万公里，比2012年增加72.1万公里；加强乡村污水治理，截至2020年，全国乡镇排水管道长度22.2万公里，比2012年增加7.5万公里；农村信息基础设施建设也取得新进展，行政村通光纤、通4G比例超过99%，村村通宽带全面实现，农村地区互联网普及率也提升至57.6%。

（三）加快培育新生中小城市

新生中小城市加快培育，有序推进撤县设市和具备条件的特大镇改市，探索大部门制、扁平化等行政成本低的设市模式。以下放事权、扩大财权、改革人事权及强化用地指标保障为重点，推进经济发达镇行政管理体制改革。新设立7个地级市、47个县级市，城市数量由2014年的653个增至2020年的685个，93个设区市市辖区规模结构调整优化。浙江省苍南县龙港镇撤镇设市，实现了扁平化、大部门制的城市行政管理体制创新突破。

三、改善中小城市和小城镇交通条件

（一）改善中小城市和小城镇交通条件的总体目标

2014年，《国家新型城镇化规划（2014—2020年）》提出"加强中小城市和小城镇与交通干线、交通枢纽城市的连接，加快国省干线公路升级改造，提高中小城市和小城镇公路技术等级、通行能力和铁路覆盖率，改善交通条件，提升服务水平"。2016年2月6日，中共中央国务院印发《关于进一步加强城市规划建设管理工作的若干意见》（国务院公报2016年第7号）提出"优先发展公共交通。以提高公共交通分担率为突破口，缓解城市交通压力。统筹公共汽车、轻轨、地铁等多种类型公共交通协调发展，到2020年，超大、特大城市公共交通分担率达到40%以上，大城市达到30%以上，中小城市达到20%以上。加强城市综合交通枢纽建设，促进不同运输方式和城市内外交通之间的顺畅衔接、便捷换乘。扩大公共交通专用道的覆盖范围，实现中心城区公交站点500米内全覆盖。引入市场竞争机制，改革公交公司管理体制，鼓励社会资本参与公共交通设施建设和运营，增强公共交通运力"。

（二）增加铁路公路网络密度延伸至中小城市和小城镇

增加铁路公路网络密度延伸至中小城市和小城镇，2016年5月，中国铁路新的列车运行图实施，新图增开普速旅客列车逾100对，增开的始发终到普速旅客列车覆盖了更多的中小城市，这次调图充分考虑中等地级市民众出行需求，突破以直辖市、省会城市为主要节点的普速旅客列车开行模式，进一步加强普速铁路网的联通性，改善中小城市间的交通条件。《2021年交通运输行业发展统计公报》显示2021年末，全国铁路路网密度156.7公里/万平方公里；全国公路密度55.01公里/百平方公里，增加0.86公里/百平方公里；全国四级及以上等级公路里程506.19万公里，比上年末增加11.74万公里，占公路总里程比重为95.9%，提高0.7个百分点。

（三）提升农村交通网络通达通畅水平

一是农村公路网络基本形成。农村公路总里程从2011年底的356.4万公里增加到2021年底的446.6万公里，十年净增90多万公里。二是农村公路的路况水平不断提高。建立了覆盖县乡村三级的"路长制"，到2021年底，全国农村公路路面的铺装率、列养率、优良中等路率分别增加到89.8%、99.5%和87.4%，与国家干线公路的服务能力水平基本相当。三是运输服务水平大幅提升。新增了5万多个建制村通客车，具备条件的建制村百分之百通了客车，农民朋友"抬脚上客车"已经从愿景变为现实。农村客货邮融合发展的水平也明显提升，基本实现了"运有所达"。农村快递服务营业网点数量占比提高至30%以上，快递服务乡镇网点覆盖率达到98%，服务满意度进一步提高。

第三节　提升城市可持续发展能力

2014年，《国家新型城镇化规划（2014—2020年）》提出"加快转变城市发展方式，优化城市空间结构，增强城市经济、基础设施、公共服务和资源环境对人口的承载能力，有效预防和治理'城市病'，建设和谐宜居、富有特色、充满活力的现代城市"。2012年以来，通过调整优化城市产业结构，增强经济活力；通过强化交通运输网络支撑，增强城市群综合交通运输网络支撑作用，凸显城市综合交通枢纽作用；通过不断提高城市基本公共服务水平，增强对人口集聚和服务的支撑能力；通过城市发展方式加快转变，城市可持续发展能力不断提升。

一、城市产业结构持续优化

2014年，《国家新型城镇化规划（2014—2020年）》提出"根据城市资源环境承载能力、要素禀赋和比较优势，培育发展各具特色的城市产业体系。改造提升传统产业，淘汰落后产能，壮大先进制造业和节能环保、新一代信息技术、生物、新能源、新材料、新能源汽车等战略性新兴产业。适应制造业转型升级要求，推动生产性服务业专业化、市场化、社会化发展，引导生产性服务业在中心城市、制造业密集区域集聚；适应居民消费需求多样化，提升生活性服务业水平，扩大服务供给，提高服务质量，推动特大城市和大城市形成以服务经济为主的产业结构。强化城市间专业化分工协作，增强中小城市产业承接能力，构建大中小城市和小城镇特色鲜明、优势互补的产业发展格局。推进城市污染企业治理改造和环保搬迁。支持资源枯竭城市发展接续替代产业"。

（一）壮大战略性新兴产业

《2019年全球创新指数》显示我国排在第14位，位居中等收入经济体第一名。2019年全国高技术产业增加值同比增长8.8%，长三角、珠三角、京津冀等地区初步形成人工智能发展核心区，创新驱动发展战略实施成效显著，对城市产业转型升级提供了有力支撑。以北京、上海、深圳、广州为代表的创新型城市跻身全球顶尖竞争力的城市行列，成都、南京、杭州、武汉、天津、重庆、苏州、宁波、青岛等一大批创新型城市成为全国参与国际竞争的重要门户城市。2012年以来，高技术发展领域取得巨大成就。一是高技术产业体量更大。我国高技术产业营业收入从2012年的9.95万亿元，增长到2021年的19.91万亿元，规模翻了一番。高技术制造业占规模以上工业增加值比重从2012年的9.4%，提高到2021年的15.1%，规模以上高技术制造业工业企业数从2012年的2.46万家，增长到2021年的4.14万家，一大批具有国际竞争力的创新型领军企业茁壮成长。新能源汽车产销量连续7年世界第一。二是高技术产品质量更优。高技术产业研发投入强度从2012年的1.68%，提升到2021年的2.67%。中国高铁、第三代核电、载人航天、北斗导航等大国重器成为国家新名片。三是高技术产业基础更牢。我国始终把基础研究和前沿技术开发摆在突出位置，布局建设了上海光源等40多个重大科技基础设施，全力打造北京、上海、粤港澳大湾区国际科技创新中心和怀柔、张江、合肥、大湾区综合性国家科学中心。基础研究经费提高3倍，国内发明专利、PCT国际申请量跃居全球第一。四是创新创业创造活力更强。大力深化体制机制改革、营造良好创新环境，我国成为全球高度活跃的创新创业沃土。日新增市场主体数量的纪录不断被刷新，2013年以来新增的涉税主体纳税额已达4.76万亿元[1]。我国数字经济规模已位居全球第二。人工智能、区块链、量子通信、智能驾驶等新技术开发应用走在全球前列，快递外卖、互联网医疗等新业态创造了数以亿计的灵活就业岗位。

（二）改造升级传统产业

城市经济转型升级，传统产业改造提速，服务业占比提升，产业结构更加优化。2013年，地级以上城市第三产业增加值所占比重首次超过第二产业，2014年占比超过50%，2020年达到60.5%，三次产业比重由2014年的9.2∶42.6∶48.2，调整到2020年的7.7∶37.8∶54.5；城镇就业比重由2014年的50.9%，上升到2020年的61.6%，城镇新增就业年均超过1300万人。先进制造业发展良好，工业迈向高质量发展。2021年，高技术制造业增加值同比增长18.2%，增速快于规模以上工业8.6个百分点，占规模以上工业增加值的比重为15.1%；与2012年相比，高技术制造业比重上升了5.7个百分点。

（三）释放城市科技创新活力

城市发展为科技创新提供丰厚土壤。2020年，地级以上城市科学技术支出3848亿元，占一般公共预算支出的4.1%，而2012年仅有1418亿元，占比3.2%；专利授权全市[2]342万项，而2012年仅为113万项。世界知识

---

① 陆娅楠. 中国这十年：中国式现代化建设取得新的历史性成就［EB/OL］. 2022-06-29. http://www.gov.cn/xinwen/2022/06/29/content_5698321.htm.

② 全市指城市的全部行政区域，包括城区和所辖县（市）。

产权组织（WIPO）数据显示，我国专利申请量连续11年居于全球第一。以北京市、上海市、深圳市等为代表的中心城市成为科技创新的主要策源地，78个创新型城市汇聚了全国3/4的研发经费投入，培育产出了全国4/5的高新技术企业。

二、强化交通运输网络支撑

综合交通网是城镇化发展的重要支撑，是城镇化空间形态的重要引导。为适应城镇化发展需求，2014年，《国家新型城镇化规划（2014—2020年）》提出"完善综合运输通道和区际交通骨干网络，强化城市群之间交通联系，加快城市群交通一体化规划建设，改善中小城市和小城镇对外交通，发挥综合交通运输网络对城镇化格局的支撑和引导作用。到2020年，普通铁路网覆盖20万以上人口城市，快速铁路网基本覆盖50万以上人口城市；普通国道基本覆盖县城，国家高速公路基本覆盖20万以上人口城市；民用航空网络不断扩展，航空服务覆盖全国90%左右的人口"。2012年以来，我国综合交通运输通道和区际交通骨干网络加快建设与发展，取得了"城市群综合交通运输网络支撑作用不断增强、城市综合交通枢纽作用凸显、中小城市和小城镇交通条件得到改善"的显著成效，为优化城镇化空间格局发挥了重要支撑和引导作用。

（一）城市群综合交通运输网络支撑作用增强

2014年，《国家新型城镇化规划（2014—2020年）》提出"依托国家'五纵五横'综合运输大通道，加强东中部城市群对外交通骨干网络薄弱环节建设，加快西部城市群对外交通骨干网络建设，形成以铁路、高速公路为骨干，以普通国省道为基础，与民航、水路和管道共同组成的连接东西、纵贯南北的综合交通运输网络，支撑国家'两横三纵'城镇化战略格局"。2015年，国家发展改革委、交通运输部制定《城镇化地区综合交通网规划》（发改基础〔2015〕2706号）提出"为满足城镇化地区交通运输呈现的'货运高强度、多频次，客运多样化、强时效'需求特征，对'城镇化地区间综合运输通道'进行分类布局规划，即在城镇化地区之间，依托'五纵五横'综合运输大通道，有效支撑国家'两横三纵'城镇化空间布局，加密骨干通道，优化通道布局，强化西北与华东华南、西南与东北华北地区之间的连接，高效连通城镇化地区以及省会城市、大中城市和重要口岸"。2021年，是交通运输发展史上具有里程碑意义的重要一年。这一年，习近平总书记出席第二届联合国全球可持续交通大会并发表主旨讲话，中共中央、国务院印发《国家综合立体交通网规划纲要》，为行业发展指明了前进方向、提供了根本遵循。

2012年以来，综合交通运输网络建设取得了历史性成就。2013—2021年全国交通运输业累计投资超过27万亿元，运输基础设施网络日趋完善，"十纵十横"综合运输大通道基本贯通。2021年末，我国铁路营业里程、公路里程、内河航道通航里程、民航定期航班航线里程、输油（气）管道里程分别达到15.1万公里、528万公里、12.8万公里、690万公里和13.1万公里，比2012年分别增长54.4%、24.6%、2.1%、110.3%和43.2%。邮路总长度达到1193万公里，是2012年的2倍。以高速铁路、高速公路、民用航空等为主体的快速交通网络加快成型。2021年，我国高速铁路营业里程达到4万公里，是2012年的4.3倍，对百万人口以上城市覆盖率超过95%；高速公路通车里程16.9万公里，是2012年的1.8倍，对20万人口以上城市覆盖率超过98%；定期航班通航机场248个，比2012年增加68个，覆盖92%左右的地级市。

2012年以来，我国统筹推进交通通信基础设施建设，不断强优势、补短板，加强区域间基础设施互联互通，为构建高质量发展的区域经济布局提供重要支撑。围绕长江经济带、京津冀、粤港澳大湾区等区域重大战略，充分发挥重点城市群"枢纽+通道"的综合效应，促进经济要素高效流转。以长江黄金水道为依托的长江经济带综合立体交通走廊持续完善；一体化交通网络连接起京津冀城市群，核心区1小时交通圈、相邻城市间1.5小时交通圈基本形成；广深港高铁、港珠澳大桥、虎门二桥等工程建成通车，粤港澳大湾区对内主城市1小时通达，对外连接华东、中南、西南等地区的放射型通道格局初步形成。中西部地区高速铁路、公路和新建机场设施发展不断提速，宝兰高铁、川藏铁路成雅段、京新高速、汕昆高速等交通项目相继投入运营，进一步补足西部地区交通短板，提高中部地区贯通南北、连接东西的通道能力。2013—2021年，中西部地区[①]新增高速公路里程5.3万公里，占全国新增高速公路里程的73%；新增高铁里程1.9万公里，占全国新增高铁里程的60.5%；新建、迁建运输机场57个，占全部新建、迁建机场的72.2%。

（二）城市综合交通枢纽作用凸显

2014年，《国家新型城镇化规划（2014—2020年）》提出"建设以铁路、公路客运站和机场等为主的综合客运枢纽，以铁路和公路货运场站、港口和机场等为主的综合货运枢纽，优化布局，提升功能。依托综合交通枢纽，加强铁路、公路、民航、水运与城市轨道交通、地面公共交通等多种交通方式的衔接，完善集疏运系统与配送系统，实现客运'零距离'换乘和货运无缝衔接"。2015年，国家发展改革委、交通运输部制定《城镇化地区综合交通网规划》（发改基础〔2015〕2706号）提出"为满足城镇化地区交通运输呈现的'货运高强度、多频次，客运多样化、强时效'需求特征，对城镇化地区内部综合交通网进行分类布局规划，即在城镇化地区内部，以综合运输大通道为主骨架，重点建设城镇化地区城际铁路网；完善国家高速公路网，实施繁忙路段改扩建工程，适度建设地方高速公路，强化国省干线公路，畅通、衔接干线公路与城市道路；实施港口和航道工程；推进机场建设；优先发展城市公共交通，建设城市轨道交通和市域（郊）铁路；鼓励采取开放式、立体化方式建设铁路、公路、机场、城市交通于一体的综合交通枢纽；打造城镇化地区网络化、智能化的综合交通运输体系，提升运输服务质量和水平"。

综合立体交通网络加快完善，城市综合交通枢纽作用凸显。一是加大交通固定资产投资。全年完成交通固定资产投资3.6万亿元，比上年增长

---

① 中西部地区包括山西、河南、安徽、湖北、江西、湖南、内蒙古、广西、重庆、四川、贵州、云南、西藏、陕西、甘肃、青海、宁夏和新疆。

4.1%，两年平均增长5.6%，发挥了重要的稳增长作用。从结构看，铁路完成投资7489亿元，规模继续保持在较高水平；公路完成投资25995亿元，比上年增长6%，其中西部地区公路投资占比为45.3%、全国832个脱贫县公路投资占为29.2%；水路完成投资1513亿元，增长11.4%；民航完成投资1222亿元，增长13%。在投资的支撑带动下，交通基础设施建设稳步推进，综合立体交通网络加快完善。二是持续扩大高效率交通基础设施覆盖范围。2019年底，全国轨道交通运营里程约14万公里，其中，高速铁路3.5万公里，普速铁路9.5万公里，城际铁路约3000公里，市域（郊）铁路约1100公里，城市轨道交通约5400公里。2021年，全国高铁营业里程达到4万公里，占铁路营业里程比重超过1/4。高速公路里程16.9万公里，比上年末增加8090公里，占公路总里程比重为3.2%，呈现稳步提高态势。全国港口万吨级及以上泊位2659个、增加67个，占全国港口泊位比重为12.7%、提高1个百分点。定期航班通航机场、通航城市（或地区）分别提高至248个和244个。三是不断完善普通干线交通网结构。2021年，全国铁路营业里程达到15万公里，比上年末增加超过3600公里，路网密度156.7公里/万平方公里、增加4.4公里/万平方公里，复线率接近六成。二级及以上等级公路里程72.4万公里、增加2.1万公里，占公路总里程比重为13.7%、提高0.2个百分点。三级及以上航道通航里程1.45万公里、增加140公里，占航道总里程比重为11.4%。四是西部地区路网规模不断提升、结构持续优化。2021年，西部地区公路总里程占全国公路总里程比重达42.9%、比上年末提高0.5个百分点，高速公路里程占全国比重达41.3%、提高1.7个百分点，路网规模和质量与东部、中部地区差距进一步缩小。五是全国货运物流供应链保障能力进一步提升。全年完成营业性货运量521.6亿吨，比上年增长12.3%，两年平均增长5.7%。其中，铁路货运量比上年增长4.9%，全国港口集装箱铁水联运量比上年增长9.8%；公路货运量比上年增长14.2%，高速公路货车流量比上年增长6.0%；水路货运量比上年增长8.2%，全国港口完成货物吞吐量155.5亿吨、比上年增长6.8%；民航货运量比上年增长8.2%，民用运输机场货邮吞吐量比上年增长

10.9%。快递业务量完成 1083 亿件，比上年增长 29.9%。六是公众出行结构持续变化。在城际间营业性客运方面，选择高铁、民航等方式出行比重进一步提高。全年铁路、民航客运量实现恢复性增长，比上年分别增长 18.5% 和 5.5%，而公路客运量规模进一步收缩，比上年下降 26.2%。受此影响，铁路、民航客运量占营业性客运量比重进一步提高至 36.8%，较 2020 年、2019 年分别提高 9.6 个和 12.2 个百分点。在城市内出行方面，各运输方式客运规模逐步恢复，轨道交通占比持续提升。全年公共汽电车、巡游出租汽车、城市轨道交通和客运轮渡客运量比上年分别增长 10.6%、5.4%、34.9% 和 30.5%，其中城市轨道交通客运量增长更快，占城市客运量比重为 23.9%，较 2020 年、2019 年分别提高 3.7 个和 5.2 个百分点。

三、提高城市基本公共服务水平

2014 年，《国家新型城镇化规划（2014—2020 年）》提出"加强市政公用设施和公共服务设施建设，增加基本公共服务供给，增强对人口集聚和服务的支撑能力"。

（一）增加公共服务供给

国家基本公共服务标准出台实施，国家区域医疗中心启动建设，优质公共服务资源惠及更多群众。例如 2020 年，地级以上城市医疗卫生支出 8503 亿元，比 2012 年增长 2.2 倍；地级以上城市医疗卫生机构床位 476 万张，医生 233 万人，分别比 2012 年增加 79.8% 和 75.4%；城市千人卫生技术人员，从 2012 年的 8.54 人/千人，提高到 2020 年的超过 11 人/千人；社区卫生服务中心（站）增至 3.5 万个，基本实现所有街道全覆盖，医疗资源配置进一步优化，医疗服务质量不断提升。

（二）提高安全韧性水平

省、市、县三级疾控中心建设稳步推进，各城市逐步建立起源头减排、管网排放、蓄排并举、超标应急的排水防涝工程体系。2020 年，地级以上城市节能环保支出 2830 亿元，比 2012 年增长 134%。主要污染物减排效果明显，2020 年，地级以上城市工业废水排放量（全市）、工业二氧化硫排放量（全市）分别比2012年下降48%和87.9%。空气质量、水质量持续改善，2021年，地级以上城市空气质量优良天数比率为87.5%，比上年上升0.5个百分点，PM2.5平均浓度为30微克/立方米，比上年下降9.1%；3641个国家地表水考核断面中，水质优良（Ⅰ～Ⅲ类）断面比例为84.9%，比上年上升1.5个百分点。

（三）增强社会治理能力

基层社会治理走深走实。2012年以来，我国持续创新城乡社区治理，增强社区服务功能。一是不断完善社区工作者保障激励制度，健全社区工作者职业体系，建立岗位薪酬制度并完善动态调整机制，提升社区工作者能力，健全社区工作者培训体系，不断提高社区工作者专业化水平。2022年，我国村（居）委会主任大专以上学历占比达到46.4%和82.6%。二是街道社区治理基础得以夯实，街道（乡镇）社会工作站超过1.5万个，社会治安防控逐步完善。三是社区服务功能得到增强，城市和农村社区综合服务设施覆盖率在2022年已分别达到100%和79.5%，抽样调查显示，群众满意度达87.6%[①]。

第四节　产城融合高质量发展的主要实践

2012年以来，各地区、各有关部门认真落实党中央、国务院在推进产城融合高质量发展方面的决策部署，着力在"优化城镇化空间布局和形态""大中小城市和小城镇协调发展"和"提升城市可持续发展能力"方面开展广泛而深入的工作，取得了可推广实施的实践经验。

---

① 高蕾，董博婷. 做好社会建设的兜底性、基础性工作——"中国这十年"系列主题新闻发布会聚焦新时代民政工作有关情况［EB/OL］. 2022-09-09. http://www.gov.cn/xinwen/2022-09/09/content_5709090.html.

一、优化城镇化空间布局形态的主要实践

（一）城市群发展深入推进的主要实践

2021年，巨量引擎城市研究院依托抖音、今日头条等线上数据以及统计局等公开数据①，立足于全国19个城市群之间的发展水平及城市化进程上存在较大差异的现实情况，重点从经济、人口、线上热度、线上繁荣度等方面考察将全国19个城市群划分为三大层级的城市群，即优化提升第一层级城市群，包括长三角城市群、京津冀城市群、粤港澳大湾区城市群、成渝城市群和长江中游城市群；发展壮大第二层级城市群，包括粤闽浙沿海城市群、北部湾城市群、关中平原城市群、中原城市群、山东半岛城市群；培育发展第三层级城市群，包括呼包鄂榆城市群、兰州—西宁城市群、哈长城市群、辽中南城市群、山西中部城市群，宁夏沿黄城市群、黔中城市群、天山北坡城市群，滇中城市群。以优化发展第一层级城市群为例，呈现城市群发展深入推进方面的主要实践。京津冀城市群、长三角城市群、粤港澳大湾区城市群、成渝城市群、长江中游城市群五大城市群作为优化提升的第一层级，是中国经济最为活跃的五大城市群，同时也是人口吸引力最强，未来很长一段时间都将是全国经济增长的重要支撑；从发育程度来看，这五大城市群内部又可以分为两类，长三角、京津冀、粤港澳大湾区以提升其世界地位为目标，成渝、长江中游则以提升其国内战略地位为目标。

1. 提升世界级定位核心城市群

（1）以上海为中心的长三角城市群是名副其实的原生世界级城市群，一骑绝尘，向着卓越进发。上海是国务院批复确定的中国国际经济、金融、贸易、航运和科技创新中心。2021年第一季度，上海GDP超过9400亿元，较去年同期增长17.6%，依旧牢牢把握着中国GDP第一城的位

---

① 数据局.《2021年中国19大城市群数鉴》巨量引擎［EB/OL］. 2022-01-02. https：//www.163.com/dy /article/GSNN05RJ0511B3 FV.html.

置。经济发展冠绝全国的同时，上海线上环境也在源源不断地发散着自身的巨大影响力。根据巨量算数联合中国城市规划设计研究院发布的《2021美好城市指数白皮书》，基于抖音数据构建的线上繁荣度指数模型（SIRFA），上海在2021年一季度的线上繁荣程度同样排名榜首，上海这座国际大都市的魅力也正在通过抖音平台传递到千家万户。

（2）以首都北京为中心的京津冀城市群以政治文化双重引领、经济协同发展为优势，向世界级城市群迈进。具体表现为一是首都的文化产业快速增长。据天猫联合第一财经商业数据中心（CBNData）发布的《2020新国货之城》报告显示，北京新国货文创消费全国第一，仅2020年半年北京文化产业收入就超过6400亿元。借助地域深厚的古都文化底蕴和文创艺术吸引力，带动旅游、非遗、民间艺术、文创及周边的吃喝玩乐相关消费增长。抖音平台数据也显示，京津一些文化相关特色话题受到极大关注。应对消费升级，故宫、书画院等一些文化产业机构近两年也不断借助官微、公众号和抖音等新媒体平台加大宣传力度，同时推出众多文创周边产品，提升消费。以上文旅消费持续升温为京津冀带来新增长点。二是以雄安新区疏解北京促进发展，培育河北新经济增长极。京津冀相继出台了《京津冀产业转移指南》等系列政策，推动"建立以2+4+N为核心的产业疏解空间载体和平台支点，引导区域内产业疏解转移"。北京累计退出制造业企业、疏解提升区域性批发市场和物流中心上千家；天津、河北不断引进北京项目、承接转移单位、引入高新技术企业和资金。北京持续产业疏解，天津、河北不断优化产业结构，第三产业比重有所加大。2021年产业协作成果初显，京津冀地区智能手机、机器人、新能源汽车等新产品产量已实现较快增长。未来产业衔接和协作不断加强。基于首都北京的知识型研发优势，天津的加工型制造业基础、河北的资源型空间和劳动力优势，京津冀在新一代信息技术，汽车、轨道交通装备等产业里可以寻求更大突破，在生物医药、食品和健康等领域也将探索创新。同时，《京津冀协同发展报告（2021）》指出，"要以雄安新区为依托，培育京津冀高质量新增长点，打造高质量发展的核心引擎"。"十三五"时期，雄安新区、临空经济区、冬奥会等协同发展核心载体得以建立，改变了长期以来河北在京津冀协同发展中缺乏高端承接平台和产业发展载体的局面。"未来将以数字化、智能化的商业基础设施和产业基础设施的构建，支撑雄安新区高质量发展；推动雄安新区与沿海地区互动融合，重塑河北对内对外双向开放大格局，引领带动经济发展质量提升。"

（3）粤港澳大湾区城市群不断提升高新技术与文旅双优力量，多中心优势突出，是亚太地区最具活力的经济区之一。具体表现为一方面粤港澳大湾区是对外开放的先驱，高新技术产业是其重要名片。据国家统计局数据显示，2019年广东省专利申请数达27万，远超同期的北京、上海、浙江、江苏等经济发达省市。持续的研发投入，为粤港澳大湾区的商业创新注入了更多的活力，也为产业经济的可持续发展提供了基础。2019年，广东省以2315亿元的研发经费投入领先于其他省市，预计未来几年，这些早期的研发陆续转化为经济产出，给大湾区的科技腾飞带来新动力。另一方面粤港澳大湾区互联网经济发达，线上繁荣度排名居19大城市群榜首。据《2021美好城市指数白皮书》显示，2020年，19大城市群线上繁荣度得分排名，粤港澳大湾区排名第一。这表明，粤港澳大湾区是全国线上繁荣度最高的城市群。

2. 提升国内战略地位的中心城市群

（1）成渝城市群提升网红力量加速崛起，是最耀眼的双"明星"城市群。具体表现为一是核心城市线上繁荣度率先迈入超一线。随着城市数字化加快发展，线上表现映射着城市线下发展水平。相互间构成了数字孪生模式，线下发展水平一定程度上决定线上表现，而线上表现卓越会带动城市整体品牌的提升，促进吸引力增长，反哺线下发展。2020年，成渝双子星在抖音热度持续高涨，众多的视频创作者围绕两座城市的各个元素进行创作，向更多的用户展示成渝城市的方方面面，其影响力也得到不断提升。2020年，据《2021美好城市指数白皮书》显示，成都与重庆在2020年美好城市指数（SIRFA）得分上分别为10026与8148分，双双入围全国TOP10，分别位列全国第一名与第五名，尤其是成都作为成渝城市群核心之一，更是在线上繁荣度上一举超越北上广深，荣登线上繁荣超一线城市。线上线下孪生的时代，成渝双城线上的高度繁荣，对未来线下发展亦将起到反哺作用。二是GDP快速增长，成长为磁场强大的网红城市群。成渝GDP快速增长，纵然是经历了特殊时期的2020年，成都与重庆GDP增速依然分别达到4%和3.9%，位列GDP十强城市第二、三位。近年来，短视频等新媒体形式的发展，短视频的加持使得成渝两座拥有独特气质的城市更是爆红网络。一段段记录成都、重庆城市独特风景与生活方式的短视频在抖音等短视频平台风靡，受到广大网民的追捧，全年各个节点吸引众多的网友前来打卡，成渝两座城市也因此晋升抖音网红城市。

（2）长江中游城市群提升区域多重优势加速发展，发展潜力不断增强，是中国经济新增长级的城市群。具体表现为一是地处正中，战略地位突出。随着全国城镇化步入新阶段，区域一体化正在高质量推进，城市群代替省域经济的飞速发展也在逐渐成熟，成为区域经济的代名词。根据2021年3月"十四五"规划《纲要》在全国范围内已经完成的规划编制的19个城市群中，长三角城市群、珠三角城市群、京津冀城市群、长江中游城市群和成渝城市群被称为"能撑起中国未来城市群框架"的五大城市群。长江中游城市群地处中部地区，承东启西，连南接北由"京津冀、长三角、粤港澳大湾区和成渝地区双城经济圈四个地区作为极"环绕，是构建中部崛起的重要战略支撑带，在全国区域发展格局中占有举足轻重的地位。二是武汉与长沙在区域内持续领先，为其中心城市辐射带动作用打下良好基础。2019年，长江中游城市群31个城市共实现地区经济生产总值约9.38万亿元，平均经济增速比长江经济带高0.6个百分点，比全国高1.7个百分点。2021年上半年，三大中心城市表现依旧突出，武汉以8251.5亿元占据长江中游城市群榜首，并位居GDP全国十强第9位；长沙以6365.76亿元排名城市群内第二，全国第15位。而南昌在2021年上半年也以3155.75亿元的成绩紧随其后。武汉与长沙以持续领先的GDP在区域经济中有着极大的贡献，其常住人口数量更是达到1121.20万与839.45万，为其中心城市辐射带动作用打下良好的发展基础。武汉城市圈在中部区位的经济优势也渐渐确立，映射武汉城市群将处在长江中游城市群的中心位置。

（二）现代化都市圈培育发展的主要实践

现代化都市圈培育发展主要呈现以北京和上海为典型代表的特大超大城市功能疏解与瘦身健体、积极培育都市圈和城市群内的次中心城市、产业协作促进都市圈发展三个方面的主要实践。

1. 特大超大城市的功能疏解与瘦身健体

为进一步优化提升城市功能，解决大城市病，特大超大城市开展了一系列以功能疏解与瘦身健体为目标的相关工作。首先，针对疏解目标制定详细负面清单，明确疏解对象，推动为全球服务的功能进一步向中心城区集聚，保障和服务相关中心功能，实现城市的功能重组。其次，优化空间结构，加强区域联动，综合运用行政和市场手段推动中心城区非核心功能向周边转移，在都市圈、城市群内引导形成卫星城、副中心。此外，以城市群、都市圈为重点，加快城际交通基础设施建设，推动形成以轨道交通、高速公路为骨架的多层次快速交通网，为中心城区功能疏解提供必要基础保障。通过中心城区优质医疗教育等公共服务资源共享，缩小都市圈、城市群内各城镇的公共服务水平差距。

北京功能疏解与瘦身健体的相关经验。其一，高规格规划引领，明确非首都功能和三大率先突破领域。2015年4月，中央政治局审议通过的《京津冀协同发展规划纲要》（简称《纲要》），明确将一般性制造业、区域性物流基地和批发市场、部分教育医疗等公共服务功能以及部分行政性、事务性服务机构作为非首都功能，提出要加快疏解非首都功能，并明确了要在京津冀交通一体化、生态环境保护、产业升级转移等重点领域率先取得突破。《北京城市总体规划（2016—2035年）》进一步明确了疏解非首都功能的空间安排。其二，以禁限目录为依据，加强中心城区管控，以"疏解整治促提升"专项行动加速"腾笼换鸟"，北京市制定了史上最严格的新增产业禁限目录，禁限目录在严控非首都功能增量、调整优化产业结构等方面发挥了积极作用，引导了新增市场主体向城市发展新区集聚。2017年，北京开展"疏解整治促提升"专项行动（2017—2020年），明确疏解一般制造业和"散乱污"企业治理、疏解区域性专业市场和部分公共服务功能等十大重点任务。三年多来，实现了功能、产业和人口的疏解。疏解非首都功能，为推动更高水平发展置换出了宝贵空间，疏解腾退空间主要用于服务保障首都核心功能、改善老百姓的生活条件、加强生态环境建设，增加公共服务设施以及适量置换成"高精尖"业态，目前已经取得初步成效。其三，加强三省市区域协调，建设"一体两翼"和重大疏解承接平台。高水平规划建设北京城市副中心和雄安新区两个新城，形成北京新的"两翼"。一方面，有序推动市属行政事业单位整体或部分向城市副中心转移，疏解中心城区压力；另一方面，以雄安新区为重点承接北京疏解出的行政事业单位、总部企业、金融机构、高等院校、科研院所等。截至2019年6月，雄安新区新成立3069家企业，大多来自北京。京津优质资源对接了雄安新区55所学校和48家医疗机构。河北省按照"三区一基地"功能定位，建设雄安新区北京非首都功能疏解集中承载地，精心培育京冀曹妃甸协同发展示范区、津冀芦台·汉沽协同发展示范区等43个重点承接平台，全省共承接京津转入基本单位9773个，"4+N"产业合作平台加速形成聚集效应。

上海功能疏解与瘦身健体的相关经验。其一，明确非核心功能疏解策略，制定"三个一批"实施路径。上海市按照"研发在上海，生产在外面；头脑在上海，身体在外面；关键制造在上海，一般产业链在周边"的策略，逐步将不符合上海城市的部分功能和产业向周边地区及内地有机疏解，减少经济增长对重化工业、房地产业、劳动加工密集型产业和投资的依赖。推动非核心功能疏解具体路径是推进"三个一批"："强化一批"，主要是强化支撑城市核心功能的相关产业，重点强化金融服务、航运服务、科技服务、会计咨询等专业服务，文化创意等生产性服务业，国际医疗、国际教育、国际旅游等生活性服务业，以及生物医药、海洋科技、新能源新材料、智能制造等高端制造产业；"淘汰一批"，主要是淘汰不符合控制"四条底线"要求的"四高两低"产业，低端批发市场和一般加工贸易;"控制一批",主要是控制暂时还不能疏解的非核心功能产业,重点是控制集装箱吞吐量、大卖场和购物中心、物流配送中心、普通医疗和教育机构。其二,坚持底线思维,明确正负面调整清单,优化调整产业结构向价值链高端位移。按照城市发展的目标,上海市制定支撑全球城市发展的鼓励产业目录(正面清单),地区性产业能耗和污染排放标准及限制性产业目录(负面清单),强化产业规划引导,并通过"禁、关、控、转、调、提"等措施,推动城市产业向价值链高端位移。《上海产业结构调整负面清单(2018版)》涉及电力、化工、电子、钢铁、有色、建材、医药、机械、轻工、纺织、印刷、船舶、电信等15个行业,共541项内容(淘汰类337项、限制类204项),作为相关单位开展结构调整、提升能源利用效率、实施差别电价政策、淘汰落后产能的主要依据。其三,拓展城市腹地分层疏解,实现大城市与小城镇共赢。推动中心城区非核心功能向市域疏解,上海城市非核心功能向长三角区域疏解。在上海都市圈范围内,重点促进苏州、嘉兴、无锡、南通、宁波、舟山等周边城市同城化发展,将以服务长三角、服务全国为重点的教育、医疗功能,中高端制造功能的生产环节、区域性商贸市场、仓储物流功能等转移到这些地区。在长三角城市群其他范围内,以上海为核心,依托区域交通运输网络,分层次疏解上海城市非核心功能,如在长三角地区建立和完善上海的农产品、专业市场、健康养老、旅游、社会服务等方面的功能补给,疏解部分劳动密集型的一般制造业等。

2. 积极培育都市圈和城市群内的次中心城市

都市圈和城市群的崛起,除了中心城市的核心引领之外,也需要若干次中心作为特色功能支撑。在尊重人口、经济等要素持续向优势地区集聚的战略判断基础上,采取中心城市与周边地区协同合作的战术路径至关重要。包括杭州、南京、郑州、成都在内的都市圈,均在其发展规划中明确提出积极培育次中心(副中心)城市,在破解中心城市"一家独大""大城市病"的同时,促进城市功能互补和产业分工协调,推动大中小城市的协调发展和区域竞争新优势的形成。如杭州都市圈规划提出构建"一主五副"格局，以杭州为主核，培育湖州、嘉兴、绍兴、衢州、黄山5个副中心城市，分别在高新制造、产业承接和文化旅游方面进一步强化特色，抱团发展。成都都市圈明确提出成德眉资同城化发展，围绕成德临港经济、成资临空经济、成眉高新技术等构建重点产业生态圈，加强错位耦合和区域协同，打造有机融合的区域经济共同体。

3. 产业协作促进都市圈发展

政府引导共建产业集群，促进产业链分工协作。在优化都市圈产业结构、协同布局产业生态圈方面，越来越多的都市圈，在共建产业集群、中心城市企业引入、产业链分工协作等方面有所实践，产业协同共建实现更多项目落地。坚持政府引导协调，诸多都市圈就重点产业发展及产业链构建编制出台重点产业链协作发展的推进方案及政策意见。如武汉都市圈、深圳都市圈、南京都市圈等将中心城市产业有序向周边市镇转移，形成协同化产业布局；厦门都市圈、郑州都市圈、西安都市圈在共建产业园区、共建创新走廊方面有了更成熟的建设方案和管理机制；广佛同城在共建合作示范园区、共建融合试验区方面积累了较多先行先试的经验，为更高层面的产业协同作出示范。

（1）深圳都市圈。2019年8月，《中共中央 国务院关于支持深圳建设中国特色社会主义先行示范区的意见》出台，强调推进深莞惠联动发展，促进珠江口东西两岸融合互动。东莞地处广深两大中心城市之间，得益于良好的产业结构及经济基础，人流、资金流、物流互通有无，与深圳形成了明显的产业分工与协调，深圳市与东莞市联动形成具有全球竞争力的电子信息和互联网产业集群，以"深圳创新+东莞制造"推进产业协作进入良性循环。同时，作为深圳产业互联的选择地之一，东莞的人口吸引力持续攀升，人口素质和人才规模伴随着东莞的产业结构调整发生积极变化。

（2）西安都市圈。西安市与咸阳市产业合作是西安都市圈建设重点内容，对于促进西安、西咸新区产业同构、错位互补格局形成具有重要意义。两市共同编制完成《西安市汽车产业链发展推进方案》《关于推进汽车产业发展若干政策意见》，为咸阳市下游配套企业提供政策支持。两市多次召集西电集团、隆基绿能、陕鼓集团等30余家单位召开座谈会，加强都市圈范围内配套。两市签订《西安咸阳旅游产业战略联盟合作协议》，实现旅游优势互补、提档升级。

（3）珠三角都市连绵区。珠三角都市连绵区充分发挥中心城市在产业、资金、人才等方面的辐射带动作用，促进多地共建产业园区，至2018年年末，基本实现沿海经济带东西两翼、北部生态发展区和珠三角地区江门、肇庆、惠州等地市产业园全覆盖，推动珠三角区域产业一体化发展。至2018年年末，累计吸引375个超亿元工业项目落户共建园区。珠三角区域以广佛高质量发展融合试验区、广清经济特别合作区、广佛肇（怀集）经济合作区为三足鼎立的园区共建格局，为产业协同发展提供承载空间。共建园区间产业合作由产业功能疏解正向产业转型升级、生产优化布局转变。以广清经济特别合作区为例，园区开始注重引进优质企业，对企业的投资规模、环保成效提出更高要求，同时重点引进与园区相配套的产业，与已入驻企业形成配套。广清产业园清城园区产业发展向现代智能家居、汽车零配件、新材料、高新现代农业生物技术和食品美妆等5个方向集聚，佛冈园区则重点发展高端装备制造业、新能源及生物制药等。

（4）长三角地区。长三角地区市场主导，多方力量参与，建立多层沟通协调机制。以产业协同发展为目标，在市场机制的引导下，更多的企业参与产业一体化构建进程，通过成立联盟、协会、商会等形式，共同建立合作园区、合作平台，促进都市圈产业协作。在市场主导下，更多社会力量的参与，在城市间建立了多渠道的沟通协调机制，各自优势得以发挥，发展收益得以共享，一定程度上消除了制度障碍和壁垒。2020年6月，长三角各城市共同成立了长三角企业家联盟，并建立长三角企业参与一体化战略的服务平台。联盟由长三角地区重点产业、支柱产业的龙头企业和相关行业商会协会的主要负责人组成，突出市场化运作，探索成立产业委员会，围绕长三角地区鼓励发展的重点产业，把"一市三省"相同或相近的行业协会商会、行业龙头企业等联合起来，共同推动长三角产业协同发展，实现跨地域、跨所有制联合①。

二、大中小城市和小城镇协调发展的主要实践

（一）城市规模结构持续改善

2012年以来，城镇数量不断增加，城市规模结构持续改善。2021年末，全国城市数量达691个，比2012年末增加34个。其中，地级以上城市297个，增加8个；县级市394个，增加26个。建制镇21322个，比2012年末增加1441个。城市人口规模不断扩大，按2020年末户籍人口规模划分，100万—200万、200万—400万、400万以上人口的地级以上城市分别有96个、46个和22个，分别比2012年末增加14个、15个和8个；50万以下、50万—100万人口的城市分别有47个和86个，分别减少7个和22个。

（二）中小城市高质量发展指数提高

2021年，中国中小城市高质量发展指数为70.8，与2019年相比提高了0.3。分区域来看，东部地区先发优势明显，高质量发展指数仍然处于领先位置。东部地区为77.1，提高了0.3；中部地区为70.8，提高了0.2；西部地区提高了0.4，达到65.6；东北地区为65.6，提高0.2。

（三）综合交通基础设施网络日益完善

全国交通基础设施建设取得举世瞩目的成就，综合交通运输网络的总里程超过600万公里。2012年到2021年底，铁路、公路增加里程约110万公里，相当于绕行地球赤道27圈半，高速铁路、高速公路对20万以上人口城市的覆盖率均超过95%。主要实践：一是推动"四好农村路"高质量发展。中央在农村公路领域累计投入车购税资金7433亿元，其中用于贫困地区的投资达5068亿元，累计新建改建农村公路约253万公里，解决了1040个乡镇、10.5万个建制村通硬化路的难题。二是提升运输服务品质。到2021年底，全国有51个城市开通运营了城市轨道交通，运营总里程比

---

① 清华大学中国新型城镇化研究院. 中国都市圈发展报告2021［M］. 北京：清华大学出版社，2021：58—59.

2012年增长了4.2倍。网约车目前已经覆盖了全国300多个地级以上的城市，日均订单量约2100万单。27个省份开展了定制客运服务，人民群众"门到门"的出行服务得到了有效满足。三是铁路网规模质量大幅提升。铁路固定资产投资累计超过7万亿元，增产里程5.2万公里。到2021年底，全国铁路营业里程达15万公里，其中高铁4万公里。铁路已经覆盖了全国81%的县，高铁通达93%的50万人口以上城市。四是持续加大民航基础设施建设力度，民航运输规模快速增长。民航累计固定资产投资达到8000亿元，共新建运输机场67个，迁建15个，运输机场的总数量达到250个，新增跑道84条，航站楼800万平方米，机位3000个，航线总数达到5581条，全国机场总设计容量超过14亿人次。五是已经建成世界上具有重要影响力的水运大国。到2021年底，全国内河航道的通航里程有12.8万公里，其中高等级航道超过1.6万公里，拥有生产用码头泊位20867个，万吨级及以上的泊位2659个；拥有运输船舶12.6万艘，净载重量2.84亿吨，集装箱箱位288.4万标箱，载客量85.8万个客位。六是邮政公共服务不断优化。"十二五"时期完成了8840个空白乡镇邮政局所补建任务，"十三五"末期，全国建制村全部实现了直接通邮，快递网点目前基本实现乡镇全覆盖，建制村快递服务覆盖率已经超过80%，年人均快递量近77件；邮政快递业作用日益凸显，邮政业业务收入从1980.9亿元增长至12642.3亿元，年均增幅达到22.9%，与全国GDP的比值，从0.37%提升到2021年的1.11%，快递业务量从57亿件增长到1083亿件，是原来的19倍；邮政快递网络广泛覆盖，全国邮路的总长度（单程）超过1000万公里，快递服务网络的总长度（单程）超过4000万公里，拥有邮政快递营业网点41.3万处。

三、提升城市可持续发展能力的主要实践

各城市根据自身科技基础、资源禀赋、比较优势和发展水平等条件，探索适合自身产业特征的创新驱动发展模式，培育发展各具特色的城市产业体系，初步形成差异化竞争优势，提升城市可持续发展能力。北京、上海、南京、广州、武汉、西安、合肥等城市，充分发挥科教资源富集优

势，积极承接国家重大科技改革和发展任务，不断强化基础研究和关键核心技术突破，积极谋划发展量子通信、人工智能、区块链、3D打印、物联网、基因测序（精准医疗）、高端机器人等一批未来产业，走供给推动型创新发展道路。深圳、杭州、苏州、无锡、常州、宁波等城市，充分发挥市场活跃度较高、产业基础较好的优势，积极对接科教资源富集地区的科技成果，不断强化产学研深度融合和产业技术创新，大力培育高新技术企业和战略性新兴产业，走需求拉动型创新发展道路。大连、沈阳、太原、湖州、马鞍山、徐州、洛阳等城市，充分发挥能源矿产资源丰富、工业基础雄厚的优势，不断优化营商环境，加大科技成果转移转化力度，发展新技术、新业态、新模式，促进传统制造业升级改造，加快发展现代农业，走科技支撑产业升级型创新发展道路。贵阳、乌鲁木齐、银川、西宁、拉萨等城市，充分利用区域联动和对口支援等机制增加科技创新力量，加快科技成果在生态保护、特色产业发展、人民健康福祉方面的推广应用，走东西科技合作型创新发展道路。

（一）北京市大力发展"高精尖"产业

北京市以"三城一区"为主平台，强化原始创新，推进核心技术攻关，大力发展"高精尖"产业。2018年研发经费投入强度和每万人发明专利拥有量稳居全国之首，国家科技进步奖和技术市场合同成交额占全国1/3左右，独角兽企业占全国近一半，战略性新兴产业增加值对工业增长的贡献率超过一半。

（二）上海市系统推进全面创新改革试验

上海市系统推进全面创新改革试验，大力建设上海张江综合性国家科学中心和关键共性技术研发和转化平台。截至2018年，建成和在建的国家重大科技基础设施数量、投资金额领先全国，在"核高基"、集成电路装备、大飞机等领域取得一系列突破，刻蚀机、光刻机等战略产品，已达到或接近国际先进水平。

（三）长沙市以产业支撑高质量新型城市建设

长沙市以产业支撑高质量新型城市建设。一是打造优质产业。市委、市政府强力推动22个新兴及优势产业链的发展，三一重工、山河智能、中联重科、铁建重工等行业龙头聚集发展，2018年全市工程机械产值达1660亿元。智能制造迅速崛起，新一代人工智能、智能网联汽车、工业互联网、智慧城市等领域的企业落地发展，国家级智能制造试点示范企业（项目）达27个，居全国省会城市第一。现代服务业加快发展，2018年对经济增长的贡献率达58%。二是做强产业平台。全市5个国家级园区、9个省级园区呈现差异发展、齐头并进的良好局面。长沙市政府向园区下放市级审批权限28项，开展相对集中行政许可权改革试点，园区事园区办，充分释放园区活力。三是推进产城融合。坚持"以城促产、以产兴城"，大力发展科技研发、文化创意、现代金融、"互联网+"等产业，集中打造岳麓山国家大学科技城、湖南金融中心、马栏山视频文创产业园、长沙临空经济示范区、高铁会展新城、南部片区等六大城市重点片区。

第三章　深化城镇化住房制度改革

2014年，《国家新型城镇化规划（2014—2020年）》提出"加强制度顶层设计，尊重市场规律，统筹推进土地管理、财税金融、城镇住房等重点领域和关键环节体制机制改革，形成有利于城镇化健康发展的制度环境"。2012年以来，在"优化土地利用结构、城镇化住房制度改革创新、城镇化资金保障机制"等重点领域和关键环节体制机制改革得到深化完善，创建了有利于城镇化健康发展的制度环境。

第一节　优化土地利用结构

2014年，《国家新型城镇化规划（2014—2020年）》提出"实行最严格的耕地保护制度和集约节约用地制度，按照管住总量、严控增量、盘活存量的原则，创新土地管理制度，优化土地利用结构，提高土地利用效率，合理满足城镇化用地需求"。2012年以来，各地区、各有关部门认真落实党中央、国务院的决策部署，在"强化耕地保护制度、集约节约用地制度、农村土地制度改革"方面取得积极成效，切实优化土地利用结构，提高土地利用效率，合理满足城镇化用地需求。

一、强化耕地保护制度

2014年，《国家新型城镇化规划（2014—2020年）》提出"强化耕地保护制度。严格土地用途管制，统筹耕地数量管控和质量、生态管护，完善耕地占补平衡制度，建立健全耕地保护激励约束机制。落实地方各级政府耕地保护责任目标考核制度，建立健全耕地保护共同责任机制；加强基本农田管理，完善基本农田永久保护长效机制，强化耕地占补平衡和土地整理复垦监管"。

（一）强化法治建设

严密耕地保护法律制度体系。修订实施土地管理法及土地管理法实施条例，颁布实施黑土地保护法。中共中央、国务院印发《关于加强耕地保护和改进占补平衡的意见》，坚决制止耕地"非农化"、防止耕地"非粮化"。严格控制耕地转为非农建设用地。按照"重申、细化、补充、修正"的思路，正在起草耕地保护法草案，强化耕地保护法治保障。

（二）严格划定耕地保护红线

严格划定耕地和永久基本农田保护红线。在"国土三调"成果基础上，自然资源部会同有关部门联合编制《全国国土空间规划纲要（2021—2035年）》，先行在全国5省按照耕地和永久基本农田红线、生态保护红线和城镇开发边界的优先序开展了"三区三线"划定试点。确立2035年耕地保有量和永久基本农田保护目标任务，明确除6种情形外，所有现状耕地必须全部划入耕地保护红线，带位置分解下达，优先划定、应划尽划、应保尽保。

（三）严管耕地占补平衡

严控耕地转为非农建设用地，加强改进占补平衡。全面实行非农建设占用耕地先补后占，强调做到占一补一、占优补优、占水田补水田。严格补充耕地核实认定，确保补充耕地真实可靠。自然资源部自2018年以来连续4年组织开展补充耕地核查，涉及补充耕地项目15.8万个，确保补充耕地真实、可信。严控耕地转为其他农用地，实行"进出平衡"。针对"国土三调"反映的耕地转为林地、草地、园地等其他农用地造成耕地流失的问题，会同有关部门印发通知，设立耕地"进出平衡"制度，并有计划、有目标、有节奏地推动耕地恢复。建立补充耕地公开制度，通过自然资源部门户网站陆续公开4万余个补充耕地项目信息，主动接受社会监督。

（四）严格执法督察

严肃耕地保护督察执法。强化国家自然资源督察对省级政府履行耕地保护责任的监督检查，对发现的问题持续督促整改；运用卫星遥感技术执法，及时发现、严肃查处违法违规问题，公开通报典型案例。2018年以来，全国共立案查处土地违法案件29.07万宗，移送纪检监察机关给予党纪政务处分14047人。自然资源部直接或联合立案查处土地违法案件6起，挂牌督办19起，公开通报222起土地违法案件。同期，国家自然资源督察机构连续4年围绕耕地保护突出问题对省级政府开展监督检查，督促地方严格整改。

通过上述系列措施，实现了国务院确定的2020年耕地保有量18.65亿亩的目标。耕地减少的势头得到初步的遏制，2021年全国耕地总量实现净增加[①]。

二、集约节约用地制度

2014年，《国家新型城镇化规划（2014—2020年）》提出"健全节约集约用地制度。完善各类建设用地标准体系，严格执行土地使用标准，适当提高工业项目容积率、土地产出率门槛，探索实行长期租赁、先租后让、租让结合的工业用地供应制度，加强工程建设项目用地标准控制。建立健全规划统筹、政府引导、市场运作、公众参与、利益共享的城镇低效用地再开发激励约束机制，盘活利用现有城镇存量建设用地，建立存量建设用地退出激励机制，推进老城区、旧厂房、城中村的改造和保护性开发，发挥政府土地储备对盘活城镇低效用地的作用。加强农村土地综合整治，健全运行机制，规范推进城乡建设用地增减挂钩，总结推广工矿废弃地复垦利用等做法。禁止未经评估和无害化治理的污染场地进行土地流转

---

① 王立彬. 坚守"三条控制线"服务高质量发展——"中国这十年"系列主题新闻发布会聚焦新时代自然资源事业的发展与成就［EB/OL］. 2022-09-20. http：//www.gov.cn/xinwen/2022-09/20/content_5710681.html.

和开发利用。完善土地租赁、转让、抵押二级市场"。

（一）土地集约利用总体状况

从土地集约利用总体状况看，自然资源部数据显示，2020年度在《国家级开发区土地集约利用监测统计》中参评开发区土地利用集约度分值为61.53。其中，东部地区247个参评开发区集约度分值为63.36，中部（114个参评开发区）、西部（126个参评开发区）、东北部（54个参评开发区）依次降低，分别为60.65、58.59和56.67；土地利用集约度呈现出"东部＞中部＞西部＞东北部"的梯度分异格局。

从开发区类型上看，一是工业主导型开发区。430个工业主导型开发区按土地利用集约度排名，位居前30位的开发区中28个位于东部地区、2个位于中部地区。排名后30位的开发区中，6个位于东部地区、7个位于中部地区、11个位于西部地区、6个位于东北地区。二是产城融合型开发区。111个产城融合型开发区按土地利用集约度排名，位居前10位的开发区中6个位于东部地区、4个位于西部地区。排名后10位的开发区中，7个位于西部地区、3个位于东北地区。

（二）节约集约用地的重点措施

节约集约用地工作在严格控制标准、强化标准管控、推广技术和模式、组织评价和考核等方面持续发力，进一步落实全面提高资源利用效率的要求。为发挥土地使用标准对促进科学合理用地的重要支撑作用，自然资源部办公厅采取了以下重点措施：发布关于规范开展建设项目节地评价工作的通知，强调严格执行土地使用标准控制制度，促进标准未覆盖或者超标准用地的建设项目合理用地，规范节地评价；通报2020年度国家级开发区土地集约利用监测统计结果，要求进一步强化开发区用地内涵挖潜，完善用地管理措施；在全国范围内启动第三批节地技术和节地模式案例征集工作，旨在发挥典型案例的示范引导作用；新修订的《工业项目建设用地控制指标》面向社会征求意见，强化节约集约和高效用地导向；自然资源部印发关于规范临时用地管理的通知，着力解决临时用地范围过宽、审批层级低、期限不尽合理、监管不到位等主要问题，切实加强耕地保护，促进节约集约用地。此外，自然资源部在过去工作的基础上，通过不断完善工作措施稳地价。

（三）土地集约利用成效

通过加强各类建设项目节约用地评价，严格执行用地定额标准，加强开发区用地审核和评价监测，2012—2020年，国家级开发区综合容积率由0.83提升至1，工业用地投资强度提升60%。2012年以来，全国单位GDP建设用地使用面积下降了40.85%。与此同时，在用途管制、容积率调整、价格调节等方面采取激励政策，有效促进城镇低效用地再开发，推动存量用地盘活利用。2018年以来，全国消化批而未供土地1372万亩，处置闲置土地436万亩[①]。

三、农村土地制度改革

2014年，《国家新型城镇化规划（2014—2020年）》提出"全面完成农村土地确权登记颁证工作，依法维护农民土地承包经营权。在坚持和完善最严格的耕地保护制度前提下，赋予农民对承包地占有、使用、收益、流转及承包经营权抵押、担保权能。保障农户宅基地用益物权，改革完善农村宅基地制度，在试点基础上慎重稳妥推进农民住房财产权抵押、担保、转让，严格执行宅基地使用标准，严格禁止一户多宅。在符合规划和用途管制前提下，允许农村集体经营性建设用地出让、租赁、入股，实行与国有土地同等入市、同权同价。建立农村产权流转交易市场，推动农村产权流转交易公开、公正、规范运行"。

（一）农村承包地确权

农村土地制度改革扎实推进。承包地"三权分置"，实行所有权、承包权和经营权分置并行，这是继家庭联产承包责任制后农村改革又一重大制度创新。农村承包地确权登记颁证工作基本完成，累计颁发证书2亿本，

---

① 王立彬. 坚守"三条控制线"服务高质量发展——"中国这十年"系列主题新闻发布会聚焦新时代自然资源事业的发展与成就［EB/OL］. 2022-09-20. http://www.gov.cn/xinwen/2022-09/20/content_5710681.html.

颁证率超过96%，创造性开展农村土地所有权、承包权、经营权分置，促进了农村土地的流转和规模经营。

（二）农村宅基地使用权确权

农村宅基地使用权确权登记率达83.8%，新一轮农村宅基地制度改革试点在全国104个县（市、区）和3个地级市启动，闲置宅基地和闲置农房盘活利用工作稳妥开展。农村集体资产清产合资基本完成，集体经营性资产股份合作制改革稳步推进，确认集体成员9亿人。

（三）农村集体经营性建设用地入市改革

农村集体经营性建设用地入市改革试点完成，跨省域补充耕地国家统筹机制建立实施，城乡建设用地增减挂钩规模和范围有所扩大，允许"三区三州"及其他深度贫困县增减挂钩节余指标跨省域调剂使用。

第二节　城镇化住房制度改革

2014年，《国家新型城镇化规划（2014—2020年）》提出"建立市场配置和政府保障相结合的住房制度，推动形成总量基本平衡、结构基本合理、房价与消费能力基本适应的住房供需格局，有效保障城镇常住人口的合理住房需求"。2012年以来，各地区、各有关部门认真落实党中央、国务院的决策部署，在"建立租购并举的城镇住房制度、构建城镇住房保障体系、健全房地产市场调控机制"方面深入推进，保障城镇常住人口的合理住房需求。

一、建立租购并举的城镇住房制度

2014年，《国家新型城镇化规划（2014—2020年）》提出"加快构建以政府为主提供基本保障、以市场为主满足多层次需求的住房供应体系。对城镇低收入和中等偏下收入住房困难家庭，实行租售并举、以租为主，提供保障性安居工程住房，满足基本住房需求。稳定增加商品住房供应，大力发展二手房市场和住房租赁市场，推进住房供应主体多元化，满足市场多样化住房需求"。2016年12月14日至16日召开的中央经济工作会议提出"'要坚持房子是用来住的，不是用来炒的'定位，要求回归住房居住属性"；2016年12月21日，中央财经领导小组第十四次会议进一步提出"要准确把握住房的居住属性"。这两大提法是对新时代住房本质属性的科学定位，明确了住房的居住"本义"和"本位"，要求住房的投资属性必须从属和服务于居住属性。房住不炒的基本定位成为新时代进一步推进住房制度改革的基本遵循和逻辑起点。2020年12月，中央经济工作会议强调住有所居、房住不炒。提出解决好大城市住房突出问题、整顿租赁市场秩序等重点任务。党中央高度重视保障性租赁住房建设，加快完善长租房政策，规范发展长租房市场，逐步推动租购同权有序实施。

（一）积极探索租购并举住房制度改革

坚持房子是用来住的、不是用来炒的定位，稳妥实施房地产市场平稳健康发展长效机制方案，加快构建主体供给、多渠道保障、租购并举的住房制度。

各地方政府积极探索租购并举住房制度改革。北京、上海等人口净流入城市开展共有产权住房试点，政府单列租赁住房用地供应计划，土地供应向租赁住房建设倾斜，积极探索利用集体建设用地和企事业单位自有闲置土地等建设租赁住房。重庆市大规模提供公共租赁住房，在公租房分配过程中，不设户籍要求，重点保障在主城区有稳定工作的住房困难家庭、外来务工的无住房人员、大中专院校毕业的新就业无住房人员。

（二）住房租赁市场快速发展

公租房和廉租房并轨运行，实物配租和租赁补贴并行推进。住房租赁市场快速发展，2019年以来，在24个人口净流入大城市开展中央财政支持住房租赁市场发展试点。2020年，3800余万困难群众住进公租房，累计2200余万困难群众领取了租赁补贴。2021年，全国40个城市新筹集94.2万套，新开工公租房8.8万套，着力解决新市民、青年人住房困难问题。规范发展公租房，城镇户籍低保低收入家庭基本实现应保尽保。各类棚户区改造开工 165 万套。新开工改造城镇老旧小区 5.56 万个，惠及居民 965 万户。引导灵活就业人员参加住房公积金制度，完成异地购房提取等 5 项高频服务事项（住房公积金单位登记开户、住房公积金单位及个人缴存信息变更、购房提取住房公积金、开具住房公积金个人住房贷款全部还清证明、提前还清住房公积金贷款）"跨省通办"。

二、构建城镇住房保障体系

2014 年，《国家新型城镇化规划（2014—2020 年）》提出"——健全保障性住房制度。建立各级财政保障性住房稳定投入机制，扩大保障性住房有效供给。完善租赁补贴制度，推进廉租住房、公共租赁住房并轨运行。制定公平合理、公开透明的保障性住房配租政策和监管程序，严格准入和退出制度，提高保障性住房物业管理、服务水平和运营效率"。

（一）城镇住房保障的支持政策

2013 年，国务院印发《关于加快棚户区改造工作的意见》，提出对经济困难、无力购买安置住房的棚户区居民，通过提供租赁型保障房的方式满足其基本居住需求。随后住建部出台《关于做好住房救助有关工作的通知》《关于做好城镇住房保障家庭租赁补贴工作的指导意见》，提出建立住房救助制度，积极推进公租房租赁补贴。2017 年开始，政策谋定更加精准的住房保障。住建部先后出台《关于完善公租房分配方式的通知》《关于进一步规范发展公租房的意见》，强调构建以公租房、保障性租赁住房和共有产权住房为主体的住房保障体系，针对不同群体，分类施策。2021 年，国务院印发《关于加快发展保障性租赁住房的意见》，明确加快发展保障性租赁住房的支持政策，针对新市民、青年人等群体，利用存量土地和房屋建设小户型、低租金保障性租赁住房，并引导多方参与保障性租赁住房建设运营。

表3-1　关于精准住房保障的主要政策文件

时间	会议名或文件名	文件号	核心内容
2013.7	国务院关于加快棚户区改造工作的意见	国发〔2013〕25号	对经济困难、无力购买安置住房的棚户区居民，可以通过提供租赁型保障房等方式满足其基本居住需求。
2014.7	关于做好住房救助有关工作的通知	建保〔2014〕160号	建立住房救助制度。
2016.12	关于做好城镇住房保障家庭租赁补贴工作的指导意见	建保〔2016〕281号	可分类别、分层次对在市场租房居住的住房保障家庭予以差别化的租赁补贴。
2017.9	住房和城乡建设部办公厅关于完善公租房分配方式的通知	建办保函〔2017〕634号	实施精准保障，提高房源配置效率。
2019.5	关于进一步规范发展公租房的意见	建保〔2019〕55号	因地制宜加大公租房发展力度。针对不同困难群体，提供精准保障。要坚持实物保障与租赁补贴并举。落实土地、资金、税费等各项支持政策。
2021.7	国务院办公厅关于加快发展保障性租赁住房的意见	国办发〔2021〕22号	调动各方积极性解决符合条件的新市民、青年人等群体的住房困难问题。

资料来源：住房和城乡建设部官网、国务院官网等

（二）推动更加精准的住房保障

推动更加精准的住房保障，对城镇住房和收入"双困"家庭，解决公租房做到"应保尽保"；对人口净流入的重点城市、主要是大中城市的新市民和青年人，抓紧推进保障性租赁住房；对有一定经济实力、买不起房子的居民，实施共有产权住房，改善居住条件。

（三）加快完善住房保障体系

我国住房保障体系建设加快完善，为百姓安居托底。2012年以来，累计完成投资14.8万亿元，建设各类保障性住房和棚户区改造安置住房5900多万套，低保、低收入住房困难家庭基本实现应保尽保，1.4亿多群众喜圆安居梦[①]。

三、健全房地产市场调控机制

（一）健全房地产市场调控长效机制的总体方向

2014年，《国家新型城镇化规划（2014—2020年）》提出"调整完善住房、土地、财税、金融等方面政策，共同构建房地产市场调控长效机制。各城市要编制城市住房发展规划，确定住房建设总量、结构和布局。确保住房用地稳定供应，完善住房用地供应机制，保障性住房用地应保尽保，优先安排政策性商品住房用地，合理增加普通商品住房用地，严格控制大户型高档商品住房用地。实行差别化的住房税收、信贷政策，支持合理自住需求，抑制投机投资需求。依法规范市场秩序，健全法律法规体系，加大市场监管力度。建立以土地为基础的不动产统一登记制度，实现全国住房信息联网，推进部门信息共享"。

（二）落实房地产市场调控长效机制

2021年，房地产长效机制得到稳妥实施，进一步落实城市主体责任，建立了部省市调控责任机制，加强政策协调联动，强化省级政府监督指导责任，发挥省级在全域统筹、跨区协调、综合调控、统一管理等方面的作用。以"保交楼、保民生、保稳定"为首要目标，以法治化市场化为原则，坚决有力处置个别房地产企业房地产项目逾期交付风险，住房租赁市场规范发展，房地产市场秩序得到整治。在各方面共同努力下，房地产市场运行总体平稳。

---

① 王优玲. 共建大美城乡 同圆安居梦想——"中国这十年"系列主题新闻发布会聚焦新时代住房和城乡建设发展成就 [EB/OL]. 2022-09-15. http://www.gov.cn/xin-wen/2022-09/15/content_5709861.html.

第三节 创新城镇化资金保障机制

2014年，《国家新型城镇化规划（2014—2020年）》提出"加快财税体制和投融资机制改革，创新金融服务，放开市场准入，逐步建立多元化、可持续的城镇化资金保障机制"。2012年以来，在"完善财政转移支付制度、完善地方税体系、创新城市建设投融资机制"方面成效显著，持续创建多元化、可持续的城镇化资金保障机制。

一、完善财政转移支付制度

2014年，《国家新型城镇化规划（2014—2020年）》提出"按照事权与支出责任相适应的原则，合理确定各级政府在教育、基本医疗、社会保障等公共服务方面的事权，建立健全城镇基本公共服务支出分担机制。建立财政转移支付同农业转移人口市民化挂钩机制，中央和省级财政安排转移支付要考虑常住人口因素。依托信息化管理手段，逐步完善城镇基本公共服务补贴办法"。

（一）财政体制改革

财政体制改革取得新进展，权责清晰、财力协调、区域均衡的中央与地方财政关系逐步形成。保持中央和地方财力格局基本稳定，纵深推进中央与地方财政事权和支出责任划分改革，出台了基本公共服务、教育、科技等11个领域的改革方案。中央与地方的收入划分进一步理顺，明确增值税"五五分享"，调整完善增值税留抵退税的分担机制。财政转移支付制度的改革持续深化，构建了由一般转移支付、共同事权转移支付和专项转移支付组成的转移支付体系，有力推动了区域协调发展和基本公共服务均等化。

（二）税收制度改革

税收制度改革取得重大进展，税种科学、结构优化、法律健全、规范公平的税收制度体系建立健全。加快落实税收法定原则，已经有12个税种完成了立法。持续深化增值税改革，实现所有行业税负"只减不增"；优化企业所得税制度，实施了覆盖创业投资等创新全链条的税收优惠政策；实施个人所得税改革，初步建立综合与分类相结合的个人所得税制度；完善消费税；推进资源环境税收制度等改革。

（三）中央对地方转移支付

2012—2021年，中央对地方的转移支付（含税收返还）从4.54万亿元增加到8.22万亿元，并向财政困难地区和欠发达地区倾斜。支持推进农业农村现代化，全国一般公共预算农林水支出从1.2万亿元增加到2.5万亿元。支持重大区域战略发展，研究出台支持海南自贸港、粤港澳大湾区高质量发展等国家重大区域战略财税政策，提高革命老区、民族地区和边境地区财政保障能力，推动构建城乡区域发展新格局。

二、完善地方税体系

（一）完善地方税体系的总体方向

2014年，《国家新型城镇化规划（2014—2020年）》提出"——完善地方税体系。培育地方主体税种，增强地方政府提供基本公共服务能力。加快房地产税立法并适时推进改革。加快资源税改革，逐步将资源税征收范围扩展到占用各种自然生态空间。推动环境保护费改税"。

（二）地方税体系持续完善

实施资源税、环保税等改革，通过赋予地方适当的税政管理权，丰富政府环境治理手段，进而调整优化经济结构和转变发展方式。全面推开资源税从价计征改革，按照"清费立税"原则，全面清理规范涉及矿产资源的收费基金。率先在河北省开展水资源费改税试点并扩大到北京等10个省区市。推动环境保护费改税，减少污染物排放，保护和改善生态环境。

三、创新城市建设投融资机制

（一）创新城市建设投融资机制的总体方向

2014年，《国家新型城镇化规划（2014—2020年）》提出"在完善法律法规和健全地方政府债务管理制度基础上，建立健全地方债券发行管理制度和评级制度，允许地方政府发行市政债券，拓宽城市建设融资渠道。创新金融服务和产品，多渠道推动股权融资，提高直接融资比重。发挥现有政策性金融机构的重要作用，研究制定政策性金融专项支持政策，研究建立城市基础设施、住宅政策性金融机构，为城市基础设施和保障性安居工程建设提供规范透明、成本合理、期限匹配的融资服务。理顺市政公用产品和服务价格形成机制，放宽准入，完善监管，制定非公有制企业进入特许经营领域的办法，鼓励社会资本参与城市公用设施投资运营。鼓励公共基金、保险资金等参与项目自身具有稳定收益的城市基础设施项目建设和运营"。

（二）城镇化投融资机制不断创新

城市建设融资渠道有所拓宽，允许地方政府发行地方政府债券。地方政府债务全部纳入预算管理，存量债务置换工作稳步推进。政府和社会资金合作（PPP）模式有序推进。开发性、政策性和商业性金融对新型城镇化建设的支持机制不断改进，支持规模持续扩大。江苏省江阴市设立中小企业转贷资金平台，为企业提供约160亿元转贷资金。湖北省宜城市建设线下金融服务中心，分设金融咨询窗口、洽谈窗口、办理窗口和监督窗口，提供"一站式"线下服务。贵州省都匀市与上海股权交易中心合作，建立企业挂牌上市孵化基地，打通中小企业与资本市场的对接平台。江苏省苏州市引入保险资金参与城市建设项目，有效防控地方政府债务风险。福建省永安市在4个园区设立"园区贷"，为园区内企业贷款提供担保，帮助企业办理长期贷款超过10亿元。浙江省台州市提供300多项个性化金融产品，缓解小微企业融资难题。浙江省义乌市以政府债务清理甄别结果为基础，把存量债务置换为地方政府债券，纳入财政预算管理。湖南省浏阳市为花炮产业量身打造融资产品，有效地解决花炮生产企业融资问题。河北省石家庄市与14家银行签订小微企业贷款风险补偿业务合作协议。天津市蓟州区统筹国有资产和行政事业单位优质资产，整合形成蓟州城投公司，授予其供排水、供热、污水等特许经营权，以及部分市政公共设施建设运营管理等职能[①]。

第四节　深化城镇化住房制度改革的主要实践

2012年以来，各地区、各有关部门认真落实党中央、国务院在推进深化城镇化住房制度改革方面的决策部署，重点在"优化土地利用结构""城镇化住房制度改革"和"创新城镇化资金保障机制"方面开展广泛而深入的工作，取得了可供学习借鉴的实践经验。

一、优化土地利用结构的主要实践

（一）强化耕地保护制度

重庆市"地票"制度缓解城乡建设用地的供需失衡，一是制定"地票"管理办法，明确土地交易方式、转让方式和使用范围；二是规范复垦项目管理，稳妥把握农村集体建设用地复垦工作节奏，优化复垦流程，严格复垦条件，加强与"占优补优"等工作衔接，坡度大于25度的不纳入复垦，复垦地块必须与周边耕地相连，耕地少占多补、守住耕地红线；三是建立"地票"交易信息管理系统，对"地票"申请、交易、价款缴纳、价款拨付环节，实行全流程信息化管理，保障流程公开规范。截至2021年11月，重庆市交易"地票"35万余亩、近700亿元，其中在脱贫区县交易了25万余亩、近500亿元，有效助力了脱贫攻坚；"地票"纯收益按85：15比例，分配给农户和农村集体经济组织，惠及40余万农户。

（二）集约节约用地制度

安徽省金寨县探索优化农村宅基地布局，一是优化村庄布点规划，按照"一户一宅"，引导农民自愿有序向规划点集中；二是建立农村宅基地

---

① 国家发展和改革委员会. 国家新型城镇化报告（2020—2021）［M］. 北京：人民出版社，2022：28.

节约集约制度，对每户宅基地超过 160 平方米的部分，按阶梯累进式方式收取有偿使用费；对新建宅基地低于 160 平方米的，按 100 元/平方米给予财政奖励；对符合宅基地申请条件但自愿放弃申请的，按 2 万元/户给予奖励；三是释放政策叠加放大效应，引导农村贫困户、移民户和居住在土坯房等的农户搬迁，自愿退出宅基地可获补偿 8 万元，叠加易地扶贫搬迁或水库移民等补助可达 15 万元。金寨县 4.4 万余户自愿退出宅基地，新增耕地 4 万余亩；2.5 万户 8 万余人搬迁到中心村、镇区和县城，享有更好的基本公共服务，并消化城镇房地产库存 1 万余套。江苏省常州市武进区探索盘活农村闲置宅基地，一是依法保障农户宅基地资格权，建立宅基地资格权管理平台，23.5 万户宅基地资格权入库；二是适度放活宅基地和农民房屋使用权，由农户自主出租或自愿交给集体经济组织，租赁给乡村旅游经营者作为民宿，或满足入乡就业创业人员住房需要；三是乡镇政府研究制定补偿标准，支持引导进城落户农民依法自愿有偿转让宅基地。截至 2021 年 11 月，1500 余户农民依法自愿有偿转让宅基地，通过精细整理腾退的宅基地和碎片化集体建设用地，新增农用地 1.4 万余亩。辽宁省海城市设立农村产权综合交易市场，一是成立东北地区首家农村产权综合交易市场，在 20 多个镇区建立分支机构，在近 400 个行政村设立农村产权信息员；二是赋予交易市场权属审核、资产处置、交易鉴证、抵押登记等功能，制定农村产权交易管理办法等细则；三是开创农村承包地经营权、林权、农业设施所有权等十余类交易品种，开发农业大棚、养殖禽舍、果品保鲜库等十余种抵押融资产品。四是经鞍山市政府授权，交易市场可承载鞍山市域内的农村产权交易。截至 2021 年 11 月，交易市场举办大型交易会 40 余次，成交标的 1800 余个，交易金额 11 亿元；流转农村承包地 60 余万亩，村集体收入 6700 万元，村均收入近 20 万元；发放农业设施证 800 个，发放贷款金额十余亿元；促进建立了村级"专业评估+村民代表大会"的农村产权交易底价形成机制，并推动了村务公开，遏制了以往"暗箱操作""袖口交易"等农村基层腐败问题。

（三）农村土地制度改革的主要实践

陕西省西安市高陵区建立农村产权网络交易平台，一是建立农村产权交易市场及网络交易平台，形成"统一信息发布、统一交易流程、统一交易规则、统一交易见证、统一交易监督管理"的"五统一"标准；二是在农村产权权属确认、信息发布、政策咨询、产权登记、产权交易、抵押贷款、资产拍卖、合同鉴证、纠纷仲裁等环节施行无缝衔接、环环相扣的"一站式"办理程序。高陵区农村资源资产交易更加便捷，土地流转更加规范顺畅。如某村农民合作社通过线上竞价，以近500万元拍得200余亩承包地的12年经营权；某企业通过网络交易平台与保险公司签订土地流转保证保险协议，当企业无力支付农民租金时，由保险公司履约代为支付。贵州省湄潭县探索农村集体经营性建设用地分割入市，建立政府—集体—个人收益分配机制，盘活宅基地和闲置农房。立足于农村宅基地常被混合用于居住、商业、旅游甚至工业的现状，贵州省湄潭县创新性提出"综合类集体建设用地分割登记入市模式"，在保障使用权人基本居住条件的前提下，通过本人申请，经村股份经济合作社同意、县人民政府审批，由原使用权人缴纳有关费用后，将实际用于经营的物业分割登记入市，该模式下的第一单交易已于2017年11月完成。转让权人刘某家住湄潭县兴隆镇西街，2012年在集镇上修建了一套占地220平方米、建筑面积729平方米的房屋。2017年，刘某向股份经济合作社提出申请，将三楼一套114平方米住房及一楼一间55平方米门面，共169平方米（其中用地面积分摊16.6平方米），流转给本镇村民陈某。陈某支付给刘某18万元左右购房款，并缴纳了3.2万元土地转让金（给县政府）和8000元土地收益金（给村集体），取得湄潭县不动产登记事务中心为其颁发的《不动产权证书》。受让人陈某的产权证上写的是"集体建设用地/成套住宅"和"集体建设用地/商业服务"，与只可自用的宅基地区别开来[①]。

---

① 丛书编写组. 推进以人为核心的新型城镇化 [M]. 北京：中国市场出版社，中国计划出版社，2020：137—138.

　　江苏省常州市武进区探索农村集体经营性建设用地入市，一是制定农村集体经营性建设用地入市管理办法、使用权网上交易规则、入市净收益管理办法、开发项目审批管理办法等制度细则，明确了入市主体、入市范围、入市途径、入市增值收益分配；二是推动村级规划编制、管控、实施"一张图"，建立集体经营性建设用地交易平台，与城市国有建设用地使用权网上交易系统同网运行、同网竞价、同网交易；三是建立转让和抵押制，推动集体经营性建设用地进入二级市场。截至2021年11月，完成集体经营性建设用地入市8.7万亩，金额超过50亿元，土地增值收益36亿元。

　　重庆市大足区探索农村集体经营性建设用地入市，按照"确权是基础，规划是前提，交易是关键，分配是核心"思路，建立"同权同价，流转顺畅，收益共享"的农村集体经营性建设用地入市制度。一是明确入市规则、对象、范围和主体，确定入市交易规则和监管制度；二是建立城乡统一的建设用地使用权基准地价体系，分地区、分用途、分交易方式建立调节金制度；三是建立城乡统一的建设用地交易平台。截至2021年11月，大足区集体经营性建设用地入市交易100余宗，3000余亩，交易金额11亿元，为休闲农业、乡村旅游、农产品加工等产业发展提供了用地保障。

　　江西省鹰潭市探索农村集体经营性建设用地入市，一是以推动国家城乡融合发展试验区改革探索为抓手，探索实施农村集体经营性建设用地入市制度，制定入市办法、储备办法、交易办法和基准地价等制度，完成入市交易30余宗，面积500余亩；二是引导银行加强信贷产品配套，针对农村集体经营性建设用地使用权、农村承包土地经营权等发放抵押贷款，办理贷款业务1万余笔、授信36余亿元。截至2021年11月，农村集体经营建设用地入市成交价款近3000万元，300多个行政村集体经济年收入全部超过5万元、平均超过15万元。

　　黑龙江省安达市探索农村集体经营性建设用地入市，一是摸清底数，全面核查出符合入市条件的农村集体经营性建设用地170多宗，面积近1000亩；二是评估地价，在城市基准地价管理实践的基础上，制定安达市农村集体经营性建设用地基准地价，在政务服务大厅内开设农村集体经营性建设用地入市交易窗口；三是建立制度，对入市主体、入市方式、审批程序、价款支付、使用年限等做出具体规定。截至2021年11月，安达市完成农村集体经营性建设用地入市23宗，面积180亩，金额1500余万元。

四川省成都市全面开展农村资源资产确权颁证，实施集体资产股份化改革。确权是要素流动和交换的基础，成都市把确权作为基础工程，将农村集体土地所有权、土地承包经营权、集体建设用地使用权、农村房屋所有权、林权、集体资产股权、农村土地经营权，农业生产设施所有权、农村养殖水面经营权、小型水利设施所有权和经济林木（果）权等11项权利纳入确权范围，累计发放各类权证895万本。如战旗村和"五朵金花"等有收益性资产的村集体，都进行了集体资产股份化改革。战旗村将集体资产量化固化给1704名户籍人口，股份生不增、死不减、可家庭内部继承。"五朵金花"中的红砂社区股改中村民可自主选择持股分红或"退股折现"，全村3400人中有700人选择退股，并获得2000元补偿；本社区新增户籍人口由个人缴纳1000元、集体补助1000元后获得股份；对去世人口，由集体收回股份并补偿2000元[①]。

二、城镇化住房制度改革的主要实践

（一）提供大规模公共租赁住房

重庆市提供大规模公共租赁住房。一是按照"均衡布局、交通方便、配套完善、环境宜居"思路，在主城区公租房选址时，必须临近交通站点，按1∶3比例与周边商品房"插花式"分布，力争使公租房小区品质与周边商品房小区品质基本一致；二是在公租房分配过程中，不设户籍要求，重点保障在主城区有稳定工作的住房困难家庭、外来务工的无住房人员、大中专院校毕业的新就业无住房人员。截至2021年11月，重庆市分

---

① 丛书编写组. 推进以人为核心的新型城镇化［M］. 北京：中国市场出版社，中国计划出版社，2020：141-142.

配公租房55万户，保障了住房困难人员140余万人。

（二）支持农业转移人口缴存住房公积金

黑龙江省哈尔滨市支持农业转移人口缴存住房公积金。一是为农民工、个体工商户、自由职业者等灵活就业人员提供住房公积金缴存通道，社保开户后即可申请建立住房公积金账户；二是将获得住房公积金贷款资格时间，从连续缴存24个月减至12个月，使这些人群能够更快享受到住房公积金相对较低的贷款利率。截至2021年8月末，哈尔滨市共为个体工商户、灵活就业者等重点外来人群6700余人建立公积金账户，累计缴存住房公积金1.6亿元；为近1700个家庭发放住房公积金贷款，贷款总额5.6亿元。

安徽省芜湖市支持农业转移人口缴存住房公积金。一是扩大缴存范围，符合条件的农业转移人口均可申请缴存住房公积金；二是实行灵活缴存方式，农业转移人口可本人或通过务工单位缴存住房公积金；三是配套提供组合贷款，若住房公积金贷款不足以支付购房款，可申请组合贷款；四是实行财政贴息，缴存人申请购房贷款可享受购房所在区县政府的政府贴息；五是严格控制风险，购房所在区县政府按照一定比例建立贷款风险准备金，协助做好逾期贷款催收等工作。截至2021年8月，农村转移人口缴存住房公积金的人数接近6000人，金额4亿余元；发放购房贷款近10亿元，4000多户家庭通过财政贴息政策购买住房，节省利息近1000万元，有效地满足了农业转移人口居住需求。

四川省眉山市支持农业转移人口缴存住房公积金。一是出台鼓励引导农业转移人口购房落户的制度细则，实行农业转移人口住房公积金制度；二是将有进城购房愿望的农业转移人口（男未满60岁、女未满50岁），全部纳入住房公积金制度覆盖范围，缴存6个月以上，即可在购房时申请住房公积金贷款。截至2021年9月，为近5000户农业转移人口发放住房公积金贷款近12亿元，节约利息2.4亿元，农业转移人口居住成本明显降低。

（三）利用农村集体建设用地建设保障性住房

北京市大兴区利用农村集体建设用地建设保障性住房。一是聚焦优化用地布局，实行"镇级统筹"入市模式。以镇为基本单位，采取"一次授权、全权委托"，"以地入股、以人入股"等方式，组建镇级联营公司作为统一实施主体，腾退土地2.6万亩；二是聚焦土地效益最大化，实施多元化入市方式。探索挂牌出让、协议出让、作价入股、二次转让等方式，既可建设产业项目，也可建设保障性租赁住房。三是聚焦村民长远收益保障，改革利益分配制度。土地交易额的8%—18%上缴区财政，确保村集体收取合理长久稳定收益。四是聚焦土地可持续发展，创新金融参与办法。金融机构以土地未来收益为保障、以不动产登记证为抵押，创新贷款产品、贷款程序和置换方式，显化土地资产价值。截至2021年11月，取得的主要成效一是住房及产业用地供应增加，入市交易集体经营性建设用地20宗2477亩。其中，保障性租赁住房7宗633亩，共有产权住房3宗305亩，解决了2万多新市民居住问题；二是农村集体全面参与入市，12个镇338个村24.4万农村集体经济组织成员纳入镇级联营公司；三是利益合理分享，村集体获得34.9亿元，24.4万村民获益，向区财政上缴36.7亿元。

北京市通州区利用农村集体建设用地建设保障性住房。通州区台湖镇统一还耕29个村级工业大院土地，将建设用地指标集中置换到条件较好区域，引导各村以建设用地使用权入股，联合成立镇级土地联营公司，再由联营公司与投资方共同组建项目公司，利用集体经营性建设用地开展公共租赁住房建设。此外，推动文化产业项目在集体经营性建设用地上布局。截至2021年11月，通州区台湖镇公共租赁住房建筑面积达28万平方米，辐射至环球影城、台湖演艺特色小镇和亦庄开发区，一定程度上满足了在该区域就业居民的居住需要。

三、创新城镇化资金保障机制的主要实践

（一）贷款融资

福建省永安市设立"园区贷"快速通道。一是搭建银企服务平台，4个产业园区共同注资成立永安市国有担保公司，为园区内企业提供资产

按揭贷款等"园区贷"服务；二是拓宽抵押担保范围，将证件齐全但尚未建设厂房的净地等纳入抵押担保范围，并将企业资产基准评估值由60%提高到70%；三是加强全流程风险防控，产业园区成立"园区贷"审查小组，对企业生产经营、财务状况、还债能力等进行评估，将符合条件的企业推荐给银行，协助银行和担保公司对申请"园区贷"企业的项目建设、生产经营、财务状况等进行动态监管，确保信贷资金专款专用。永安市"园区贷"服务实体经济作用得到充分发挥，搭建了"政府+担保+园区+银行"合作支持中小微企业融资的快速通道，帮助企业办理长期贷款超过10亿元。

湖南省浏阳市为主导产业量身打造融资产品。聚焦浏阳市花炮产业，建立"银企财园通""花炮信贷通"两种融资产品，一是浏阳市财政资金1000万元存入合作银行，作为企业贷款风险保证金；二是合作银行按不低于保证金10倍额度提供贷款，帮助花炮生产企业申请单笔不超过500万元、不超过一年期限的流动贷款资金；三是支持符合条件企业申请无抵押贷款，月利率不高于5‰，到期转贷无费用。浏阳市利用融资产品有效解决了花炮生产企业融资问题，通过"银企财园通"，交通银行发放贷款22笔，金额6000余万元，惠及企业十余家；通过"花炮信贷通"，51家花炮生产企业列入"花炮信贷通企业库"，发放贷款近3000万元。

山东省淄博市推出"数字农业贷"。淄博市联合山东省农担淄博管理中心、中国农业银行淄博分行推出"数字农业贷"，针对新型农业经营主体涉农数字化改造、涉农场景应用拓展等发放优惠贷款。一是农政银担紧密合作，农业农村部门提供新型农业经营主体名单，镇乡村推荐需求客户，银行对接服务；二是享受山东省财政厅贴息，贷款额度10万—300万元、期限1—3年，农业银行执行优惠利率，农担机构负责贷款担保并向山东省财政厅申请贴息，贴息后新型农业经营主体综合融资成本低于年均2%；三是集群化批量化发展业务，因地制宜制定各类特色金融产品，对蔬菜大棚、猕猴桃、黑牛、苹果等22个特色产业进行精准支持，支持高标准数字化大棚建设、养殖场地数字化改造等，探索推行技术托管模式。截至

2021年9月，为500户新型农业经营主体发放"数字农业贷"，贷款金额4.2亿元，完善了农户专属贷款机制，低成本金融资金持续流向农业农村。

（二）资本市场融资

贵州省都匀市建立企业挂牌上市孵化基地。一是建立合作机制，与上海股权托管交易中心、上海昊古投资管理有限公司签署合作协议，建立都匀市企业挂牌上市孵化基地；二是深化政银企合作，为孵化基地提供场地支持政策，为入驻企业提供融资对接、人才培训、创业指导、项目申报等服务事项。都匀市企业挂牌上市孵化基地搭建起中小企业与资本市场的对接平台，促进了企业在资本市场直接融资，黔德建材公司、贵州绿卡能科技实业公司2家企业成功挂牌上市。

（三）保险融资

浙江省湖州市建立政策性农业保险制度。一是利用财政资金实行保费补贴，将补贴资金纳入年度财政预算，截至2020年保费补贴投入4000余万元；二是优化参保理赔机制，对种养大户和龙头企业实行直接投保、一对一签单到户，对一般农户实行以镇或村为单位集中投保，建立大灾应急理赔特事特办机制，简化定损流程、加快理赔进度；三是设立地方特色险种，如芦笋价格指数保险、毛竹收购价格指数保险、湖羊养殖保险、蚕养殖和蚕茧目标价格保险等。2020年，湖州市开办了政策性农业保险35个，其中地方特色险种16个，参保农户5.7万户，承担保险金额43亿元，赔付8700万元。如长兴杨梅采摘期降雨指数保险承保面积1.7万亩，因雨季持续降水，多次触发理赔，人保财险赔付700余万元，是农户自交保费的11倍，有效保障了农民利益。

（四）债务融资

浙江省义乌市将存量债务纳入财政预算管理。一是经债权人与债务人共同确认，甄别出待置换的一类债务64亿元，主要投向交通、市政、卫生、教育、商贸服务等领域基础设施建设；二是对项目自身运营收入能够按时还本付息的债务，继续通过项目运营收入偿还，对项目自身运营收入不足以还本付息的债务，以项目能否产生现金流为标准，划分为一般债务和专项债务，统一作为一类债务纳入财政预算管理，债务人由企业及其他单位转为义乌市人民政府；三是陆续发行债券，将一类债务全部置换为地方政府债券。义乌市发行了30余只地方政府债券，涉及存量一类债务195项，总额60余亿元。债券平均年利率为2.9%，比原平均年利率下降了1.6%，每年可节省财政支出1亿元，大幅降低了存量债务付息负担，腾出更多资金用于民生改善。

（五）抵押融资

河南省长葛市探索农村承包地经营权抵押融资。一是试行"农村承包地经营权抵押+贷款保证保险+政府风险补偿资金"的融资模式；二是协调试点金融机构创新金融产品，针对农户和农业经营主体的不同情况，推出信用类和抵押担保类等多种贷款产品。如长葛市农商行"农地通"、长葛市轩辕村镇银行"利农通"两项产品，打破了传统信贷产品模式，使土地流转大户和农户无实物抵押担保获得信贷资金。截至2021年11月，长葛市发放抵押贷款400多笔，金额4.5亿元，有效带动了农业农村经济发展，很多农户和农业经营主体获益。

广东省广州市花都区推动生猪抵押融资。中国建设银行广东分行在花都区设立了全国首家绿色分行、首家绿色金融创新中心，提供多种绿色金融服务。其中，通过对生猪养殖业的分析研判，探索推出将生物资产作为合格抵押品的新融资模式——绿色养殖支持贷。截至2021年11月，为生猪绿色养殖企业增量授信了2.5亿元、投放了2.3亿元，缓解了企业资金压力，保障了重要农产品市场供应，促进了广州市生猪产能快速恢复[1]。

---

[1] 国家发展和改革委员会. 国家新型城镇化报告（2020—2021）[M]. 北京：人民出版社，2022：59—61；126—128；158—163；171—176；179—180；182—184；186—187.

第四章　构建城乡融合发展新格局

城乡融合发展又称城乡一体化发展，是城市发展的一个新阶段，是在发展战略上把工业与农业、城市与乡村、城镇居民与农村居民作为一个整体，统筹谋划、综合研究，通过体制改革和政策调整，使城乡人口、技术、资本、资源等要素相互融合，互为资源，互为市场，互相服务，逐步缩小城乡差距，改变长期形成的城乡二元结构，实现城乡在政策上的平等、产业发展上的互补、国民待遇上的一致，让农民享受到和城镇居民同样的文明和实惠，最终实现整个城乡经济社会全面、协调、可持续的发展。城乡融合发展是一项重大而深刻的社会变革，不仅是思想观念的更新，也是政策措施的变化；不仅是发展思路和增长方式的转变，也是产业布局和利益关系的调整；不仅是体制和机制的创新，也是领导方式和工作方法的改进。构建城乡融合发展新格局是新时期我国城镇化建设的一项重要抓手，对突破城镇化发展瓶颈，形成工农互促、城乡互补、全面融合、共同繁荣的新型工农城乡关系起到至关重要的作用。

第一节　优化城乡融合发展模式

城乡融合发展是新型城镇化建设的关键环节，推动城乡融合发展要在正确把握其内涵的基础上加强顶层设计，探索适合我国国情的城乡融合发展模式，使城乡在规划建设、产业发展、市场信息、政策措施、环境保护、社会事业发展等方面真正融为一体，最终实现以人为核心的新型城镇化发展目标。

一、树立城乡融合发展理念

（一）城乡融合发展的内涵

城乡融合发展主要包含六方面的内容，一是城乡规划布局融合发展。统筹城乡发展规划和空间布局是形成城乡融合发展新格局的前提，把农村和城市作为一个有机整体，在统一制定土地利用总体规划的基础上，明确分区功能定位，统一规划布局基本农田保护区、居民生活区、工业园区、商贸区、休闲区、生态涵养区等，使城乡发展能够互相衔接、互相促进。

二是城乡产业融合发展。城乡产业协调发展是城乡融合发展的基础与重点，统筹城乡主导产业，推进城乡工农业合理布局，加速先进服务业向农村扩散，使三大产业在城乡之间进行广泛渗透融合，相互补充，互相促进，为城乡协调发展提供坚实的物质基础，最终实现共同繁荣。

三是城乡基础设施建设融合发展。城乡基础设施建设水平差异是形成城乡融合发展新格局的重大阻碍，加强城乡基础设施建设顶层设计，推进城乡基础设施建设统一布局，加大对农村道路、供水、供电、通信和垃圾处理设施等方面的投入力度，提高农村基础设施的质量和服务功能，缩小城乡基础设施建设差距，形成城乡共建、城乡互联、城乡共享的新格局。

四是城乡公共服务融合发展。城乡公共服务水平差异是形成城乡二元结构的主要原因，加大公共财政对农村的投入力度，统筹城乡资源配置，推动优质教育资源、医疗资源向农村流动，改善农村居住条件，完善农村养老制度，提高农村文化服务水平，逐步实现城乡基本公共服务均等化。

五是城乡劳动力就业融合发展。城乡收入水平差异是农村劳动力不断流失的主要原因，严重影响农村地区的发展进程，加大农村产业发展力度，制定农村产业扶持政策，增加农村就业岗位，提高农民收入水平，统筹城乡要素市场，引导农民就地就近创业就业，形成城乡协调发展新局面。

六是城乡社会管理融合发展。统筹建立有利于城乡经济社会协调发展的政府管理体系，彻底改变重城市、轻农村，重工业、轻农业，重市民、轻农民的思维定式，充分发挥政府在协调城乡经济社会发展和制定规章制度方面的作用，加大户籍制度改革力度，放宽农民进城落户条件，完善农村征地制度，解决失地农民就业和生活保障问题，建立城乡融合发展的政策保障体系。

（二）城乡融合发展的战略意义

城乡融合发展是全面建成小康社会、实现社会主义现代化的关键环节，对推动我国经济社会高质量发展具有重要的战略意义。加快推进城乡融合发展，是党的十八大提出的战略任务，也是落实"四个全面"战略布局的必然要求，推进城乡融合发展，是工业化、城镇化、农业现代化发展到一定阶段的必然要求，是国家现代化的重要标志。

推进城乡融合发展有利于扩大内需和实现城乡经济协调发展。推进城乡融合发展，可以使城乡之间的资金、人才、土地等生产要素充分流动，使城乡产业布局更加合理，农业生产效率显著提升。农村依托城市的带动和辐射，能够进一步加快乡镇企业的转型升级，促进农村地区第二、第三产业快速发展，使农业产业链不断延长，农业产业化经营水平不断提高，农业效益显著提升。非农产业的快速发展能够吸引大量的农民参与其中，加快农村土地流转进程，农村土地分散经营的状况能够得到有效缓解，农业生产效率不断提高，从根本上解决农村经济社会发展长期存在的土地利用效率低的问题，为农业现代化发展奠定坚实的基础。同时，随着农业效益的提升和就业岗位的增加，农民收入水平显著提高，消费需求不断增加，对生活环境的要求也会越来越高，城镇建设、农村环境改善等项目的实施能够形成新的投资需求，推动城乡经济发展进入良性循环，最终实现城乡经济协调发展。

推进城乡融合发展有利于提高农民综合素质和维护社会稳定。城乡二元结构带来一系列的社会问题，城乡居民收入水平不断拉大，城乡教育、卫生、社会保障、文化、科技、就业等社会事业严重失衡，给社会发展带来诸多不稳定因素。实施城乡融合发展战略，推进优质教育、医疗等资源向农村地区倾斜，建立城乡一体的社会保障和就业服务体系能够大幅增加农民收入，提高农村地区的公共服务水平，提升农村居民的获得感和幸福感，从而有效降低社会风险，维护社会稳定。同时，随着文化、科技等公共服务不断向农村倾斜，农民的视野不断开阔，思想观念快速转变，综合素质将会显著提高。

推进城乡融合发展有利于保护农村生态环境和改善农村居民生产生活条件。推进城乡融合发展要求把基础设施建设的重点放在农村，能够大幅提高农村地区垃圾处理设施和污水处理设施的建设水平，降低生活垃圾和生活污水对农村环境和土壤的破坏程度，以往农村"垃圾满天飞、污水遍地流"的情况将得到明显改善，农村生态环境保护力度不断加大。同时，农村道路、供水、供电、通信等基础设施建设将为农业生产和农村居民生活提供更为便利的条件，农村居民生活质量显著提高。

二、创新城乡融合发展路径

（一）城乡融合发展的路径设计

城乡发展不平衡不协调，是我国经济社会发展存在的突出矛盾，是全面建成小康社会、加快推进社会主义现代化必须解决的重大问题。改革开放以来，我国农村面貌发生了翻天覆地的变化。但是，城乡二元结构没有根本改变，城乡发展差距不断拉大趋势没有根本扭转。要根本解决这些问题，必须推进城乡融合发展。现阶段，我国经济实力和综合国力显著增强，具备了支撑城乡融合发展的物质和技术条件，到了工业反哺农业、城市支持农村的发展阶段，我们要顺应我国发展的新特征新要求，加强发挥制度优势，加强体制机制建设，把工业反哺农业、城市支持农村作为一项长期坚持的方针，坚持和完善经过实践证明行之有效的强农惠农富农政策，动员社会各方面力量加大对"三农"的支持力度，努力形成城乡融合发展新格局。

推进城乡融合，绝不是要把农村都变成城市，把农村居民点都变成高楼大厦，城乡融合发展，完全可以保留村庄原始风貌，慎砍树、不填湖、少拆房，尽可能在原有村庄形态上改善居民生活条件。推进城乡融合发展要坚持从国情出发，从我国城乡发展不平衡不协调和二元结构的现实出发，从我国的自然禀赋、历史文化传统、制度体制出发，既要遵循普遍规律、又不能墨守成规，既要借鉴国际先进经验、又不能照抄照搬，要把工业和农业、城市和乡村作为一个整体统筹谋划，促进城乡共同发展。

农村是实施城乡融合发展战略的重中之重，全面建成小康社会，最艰巨最繁重的任务在农村，特别是农村贫困地区。要加大投入，努力在统筹城乡关系上取得重大突破，特别是要在破解城乡二元结构、推进城乡要素平等交换和公共资源均衡配置上取得重大突破，给农村发展注入新的动力，让广大农民平等参与改革发展进程、共同享受改革发展成果。

（二）城乡融合发展的路径选择

党中央、国务院及国家相关部门对城乡融合发展高度重视，陆续出台了《国家新型城镇化规划（2014—2020年）》《2019年新型城镇化建设重点任务》《2020年新型城镇化建设和城乡融合发展重点任务》《2021年新型城镇化和城乡融合发展重点任务》等多项政策文件，对城乡融合发展的原则、路径和主要任务进行了系统阐述，为各地区推动城乡融合发展提供了理论依据。

实施城乡融合发展战略必须坚持城镇化与农业现代化同步发展，城市工作与"三农"工作一起推动，以统筹城乡发展力度为根本出发点，以协调推进乡村振兴战略和新型城镇化战略为抓手，以实现城乡居民基本权益平等化、城乡公共服务均等化、城乡居民收入均衡化、城乡要素配置合理化和城乡产业发展融合化为目标，以国家城乡融合发展试验区、农村改革试验区为突破口，以县域为基本单元，坚持以工补农、以工促农、以城带乡的发展原则，健全城乡融合发展政策体系，增强城市对农村的反哺能力、带动能力，推进城镇基础设施向乡村延伸、公共服务和社会事业向乡村覆盖，增强农村发展活力和发展水平，实现城乡要素自由流动、平等交换和公共资源合理配置，逐步缩小城乡差距，最终形成城镇化和新农村建设协调发展的城乡融合发展新格局。

实施城乡融合发展战略要从三个方面来进行推进，一是完善城乡融合发展体制机制，加快消除城乡二元结构带来的体制机制障碍；二是推进城乡规划、基础设施和公共服务融合发展，统筹经济社会发展规划、土地利用规划和城乡规划，合理安排市县域城镇建设、农田保护、产业集聚、村落分布、生态涵养等空间布局；三是把加快发展中小城市作为优化城镇规模结构的主攻方向，加强产业和公共服务资源布局引导，不断增加中小城市数量，提升中小城市发展质量。

党中央、国务院对各地区的城乡融合发展路径也十分关心，多次根据当地实际情况作出重要指示，为地方城乡融合发展指明了方向。2016年1月，针对重庆市城乡区域协调发展现状指出，重庆集大城市、大农村、大山区、大库区于一体，协调发展任务繁重，要促进城乡区域协调发展，促进新型工业化、信息化、城镇化、农业现代化同步发展，在加强薄弱领域中增强发展后劲，着力形成平衡发展结构，不断增强发展整体性。2018年10月，针对广东省城乡区域协调发展现状提出，城乡区域发展不平衡是广东高质量发展的最大短板，要下功夫解决城乡二元结构问题，坚持辩证思维，转变观念，努力把短板变成"潜力板"，充分发挥地区优势，不断拓展发展空间、增强发展后劲，提高发展的平衡性和协调性，加快推动乡村振兴，建立健全促进城乡融合发展的体制机制和政策体系，带动乡村产业、人才、文化、生态和组织振兴。2020年4月，针对浙江省城乡区域协调发展现状指出，区域协调发展同城乡协调发展紧密相关，要以深入实施乡村振兴战略为抓手，深化"千村示范、万村整治"工程和美丽乡村、美丽城镇建设，推动工商资本、科技和人才"上山下乡"，建立健全城乡融合发展体制机制和政策体系，加快推进农业农村现代化。

表4-1　2012—2022年城乡融合发展模式的相关论述

时间	文件/会议	主要观点
2013.11	关于《中共中央关于全面深化改革若干重大问题的决定》的说明	城乡发展不平衡不协调是我国经济社会发展存在的突出矛盾，是全面建成小康社会、加快推进社会主义现代化必须解决的重大问题。
2013.12	中央城镇化工作会议	城乡一体化，绝不是要把农村都变成城市，把农村居民点都变成高楼大厦，完全可以保留村庄原始风貌。
2014.3	国家新型城镇化规划（2014—2020年）	以统筹城乡发展力度为根本出发点，通过增强农村发展活力不断提高农村发展水平，逐步缩小城乡差距，最终形成城镇化和新农村建设协调发展的城乡发展新格局。
2015.4	中共中央政治局第二十二次集体学习	城乡发展一体化要从国情出发，从城乡发展不平衡不协调和二元结构的现实出发，从自然禀赋、历史文化传统、制度体制出发。
2015.12	中央城市工作会议	坚持工业反哺农业、城市支持农村和多予少取放活方针，推动城乡规划、基础设施、基本公共服务等一体化发展，形成城乡发展一体化的新格局。
2018.1	广东省委、省政府工作汇报	解决城乡二元结构问题，提高发展平衡性和协调性，建立健全促进城乡融合发展的体制机制和政策体系，带动乡村产业、人才、文化、生态和组织振兴。
2019.3	2019年新型城镇化建设重点任务	以协调推进乡村振兴和新型城镇化为抓手，以缩小城乡发展差距和居民生活水平差距为目标，建立健全城乡融合发展体制机制和政策体系。
2020.4	浙江省委、省政府工作汇报	以深入实施乡村振兴战略为抓手，深化"千村示范、万村整治"工程和美丽乡村、美丽城镇建设，推动工商资本、科技和人才"上山下乡"，加快推进农业农村现代化。
2021.4	2021年新型城镇化和城乡融合发展重点任务	以县域为基本单元推进城乡融合发展，以国家城乡融合发展试验区为突破口，推动体制机制改革和政策举措落实落地。

资料来源：历年相关政策文件整理所得

第二节　统筹城乡要素资源配置

推进城乡融合发展的主要目的是实现城乡要素自由流动、平等交换和公共资源合理配置，要大力推动生产要素向农村地区流动，建立城乡统一的要素市场，提高农村地区公共服务水平，实现城乡基本公共服务均等化，为城乡融合发展奠定坚实的基础。

一、加快城乡统一要素市场建设

（一）城乡统一要素市场建设的实现路径

生产要素是进行社会生产经营活动时所需要的各种社会资源，是维系国民经济运行及市场主体生产经营过程中所必须具备的基本因素，要素市场主要包括劳动力、资本、土地、技术、数据五个方面，实现要素市场化配置是建设统一开放、竞争有序市场体系的内在要求，是新时代加快完善社会主义市场经济体制的重要内容。

1. 建立城乡统一的劳动力市场

劳动力是生产要素中最具活力的组成部分，提高劳动力市场化配置水平，有助于推进以人为本的新型城镇化建设，建立城乡统一的劳动力市场。《国家新型城镇化规划（2014—2020年）》中提出加快建立城乡统一的人力资源市场，落实城乡劳动者平等就业、同工同酬制度的发展目标。推进乡劳动力市场一体化建设，需要建立柔性的人员上下流动机制，促进人才入乡就业创业，形成平等竞争、规范有序、城乡统一的人力资源市场，统筹推进农村劳动力转移就业和就地创业就业，推动符合条件的入乡就业创业人员在原籍地或就业创业地落户并享有相关权益，以投资入股、合作等多种方式吸收人才入乡。

推动乡村人才振兴，要把人力资本开发放在首要位置，强化乡村振兴人才支撑，加快培育新型农业经营主体，在乡村形成人才、土地、资金、产业汇聚的良性循环，让愿意留在乡村、建设家乡的人留得安心，让愿意上山下乡、回报乡村的人更有信心，激励各类人才在农村广阔天地大施所能、大展才华、大显身手，打造一支强大的乡村振兴人才队伍。

2. 扩大城乡融合发展投融资渠道

资本市场是推动城乡融合发展的基础，决定着我国新型城镇化建设的质量。推动城乡融合发展要创新面向"三农"的金融服务，统筹发挥政策性金融、商业性金融和合作性金融的作用，推动具备条件的民间资本依法发起设立中小型银行等金融机构，保障金融机构农村存款主要用于农业农村，加快农业保险产品创新和经营组织形式创新，完善农业保险制度，引导社会资本投向农村建设，为农村地区新型城镇化建设提供资金保障。

大力支持城乡融合发展及载体平台建设，充分发挥政府财政资金的引导作用，撬动更多社会资金投入到城乡一体化建设之中，完善乡村金融服务体系，依法合规开展农村各类资产抵押融资，引导工商资本下乡创业兴业，为城乡融合发展提供资金支撑。国家发展改革委为加快推进国家城乡融合发展试验区改革探索，引导社会资本参与城乡一体化建设，提出推动试验区在完善农村产权抵押担保权能方面先行先试，引导融资平台公司参与农村产权流转及抵押，建立农村产权流转交易市场，开展工商资本入乡发展试点，充分发挥中央预算内投资和国家城乡融合发展基金作用，培育城乡融合典型项目，形成承载城乡要素跨界配置的有效载体。

3. 提高土地要素市场管理灵活性

土地是最基本的生产生活要素，增强土地管理灵活性，能够为城乡融合发展和经济高质量发展提供新的动力源。建立城乡统一的土地要素市场，保障农村居民公平分享土地增值收益是城乡融合发展的基础，要在坚决守住土地公有制性质不改变、耕地红线不突破、农民利益不受损三条底线的前提下，探索宅基地所有权、资格权、使用权分置实现形式，在依法自愿有偿的前提下，将存量农村集体经营性建设用地依据规划改变用途入市交易，为城乡一体化发展提供土地支撑。

2020年3月，中共中央、国务院出台了《关于构建更加完善的要素市场化配置体制机制的意见》，这是中央首次出台要素市场化配置改革的意见，意见中对推动土地要素市场化配置进行了说明，健全长期租赁、先租后让、弹性年期供应、作价出资入股等工业用地市场供应体系，推动不同产业用地类型合理转换，增加混合产业用地供给，盘活存量建设用地，为平衡城乡产业发展用地需求提供制度保障。

4. 强化技术和数据的创新支持

技术和数据是提高城乡融合发展效率的重要因素，科学技术是第一生产力，推动科学技术向乡村流动对于改变城乡二元结构，实现乡村振兴具有重要意义。建立有利于农业科技人员下乡、农业科技成果转化、先进农业技术推广的激励和利益分享机制，提高农业技术水平。健全涉农技术创新市场导向机制和产学研用合作机制，建立科研人员入乡兼职和离岗创业制度，推动科研人员在涉农企业技术入股、兼职兼薪，完善农民工返乡就业创业服务体系，大力开展适合农民工就业的技能培训和新职业新业态培训，以实用性、针对性为导向，深入实施"技能中国"行动。

数据作为一种新型生产要素被写入《关于构建更加完善的要素市场化配置体制机制的意见》中充分说明数据要素市场的重要性，大数据是信息化发展的新阶段，随着信息技术和人类生产生活交汇融合，互联网快速普及，全球数据呈现爆发增长、海量集聚的特点，对经济发展、社会治理、国家管理、人民生活都产生了重大影响。城乡信息不对称是形成城乡二元结构的一个重要原因，建立高效的城乡公共数据共享协调机制，打造城乡公共数据基础支撑平台，推进城乡公共数据有序流通和共享是缩小城乡差距、实现城乡融合发展的重要途径。

（二）统筹城乡要素市场建设取得的成就

2012年以来，农村要素市场建设成效显著，城乡差距逐步缩小。一是财政扶持力度不断加大，中央财政资金按照只增不减的原则逐年加大对农村的支持力度，2021年，对种粮农民发放补贴资金达到200亿元，大幅提高了种粮农民的积极性，2022年，中央财政预算安排1650亿元用于推进乡村振兴，为农村发展提供了资金保障；二是农村劳动力市场蓬勃发展，

2013—2020年，共选派 23.59 万名高校毕业生到基层从事"三支一扶"服务，为农村发展提供了人才支撑，截至2020年末，全国返乡入乡创业创新人员达到 1010 万，在乡创业创新人员达到 3260 万，形成人才入乡和能人留乡的良性互动局面；三是农村土地制度改革持续推进，党的十九大报告提出了完善承包地"三权"分置制度，保持农村土地承包关系稳定并长久不变，第二轮土地承包到期后再延长三十年的土地承包政策，充分保障了农民土地承包的各项权益，对优化农村土地资源配置起到积极的作用；四是数字乡村建设初见成效，2019年5月，中共中央办公厅、国务院办公厅印发了《数字乡村发展战略纲要》，2022年1月，中央网信办等十部门为贯彻落实中共中央关于数字乡村建设相关文件会议精神，联合印发了《数字乡村发展行动计划（2022—2025年）》，对"十四五"时期数字乡村发展作出部署安排，截至2021年末，数字乡村建设取得初步进展，全国行政村4G覆盖率超过98%，农村地区互联网普及率达到57.6%，农村信息服务体系不断完善，城乡"数字鸿沟"逐渐缩小。

二、促进城乡基本公共服务均等化

（一）推动城乡基本公共服务均等化的实现路径

推进城乡基本公共服务均等化，丰富多层次多样化生活服务供给，构建优质均衡的公共服务体系，是落实以人民为中心的发展理念、推动共同富裕的重要举措，也是促进形成强大国内市场、构建新发展格局的重要支撑，对于不断增强人民群众获得感、幸福感、安全感具有重要的现实意义。推进城乡基本公共服务均等化要确保城乡基本公共服务标准统一、制度并轨，增加农村教育、医疗、养老、文化等服务供给，围绕公共教育、就业创业、社会保险、医疗卫生、社会服务、住房保障、公共文化体育、优抚安置、残疾人服务等领域，建立基本公共服务标准体系，明确国家标准并建立动态调整机制，推动标准水平城乡区域间衔接平衡，最终形成政府主导、覆盖城乡、可持续的基本公共服务体系。

1. 推动城乡义务教育一体化发展

教育是提高人民综合素质、促进人的全面发展的重要途径，是民族振兴、社会进步的重要基石，是对中华民族伟大复兴具有决定性意义的事业。党的十九大报告提出，"推动城乡义务教育一体化发展，高度重视农村义务教育"。这是以习近平同志为核心的党中央对我国义务教育发展做出的重大时代性战略部署。推进城乡义务教育一体化发展是缩小城乡教育资源差距、促进教育公平、切断贫困代际传递的重要途径。城乡义务教育一体化是在我国进入新时代，实施乡村振兴战略、实现现代化强国背景下，为推进城乡教育均衡发展，保持与发挥城乡教育区域性特色与优势，支持我国乡村振兴战略和促进城乡协调发展的重要举措，对于决胜全面建成小康社会、实现建设现代化强国目标具有重大意义。

推进城乡义务教育一体化发展要合理配置教育资源，重点向农村地区倾斜，提高农村义务教育质量和均衡发展水平，积极发展农村学前教育，建立新型职业化农民教育、培训体系。"十四五"规划《纲要》中把推进基本公共教育均等化、巩固义务教育基本均衡成果、完善办学标准、推动义务教育优质均衡发展作为我国公共教育发展的长远目标。实现城乡基本公共教育均等化不仅要加快城镇学校扩容增位，保障农业转移人口随迁子女平等享有基本公共教育服务，还要改善乡村小规模学校和乡镇寄宿制学校条件，加强乡村教师队伍建设，提高乡村教师素质能力，建立统筹规划、统一选拔的乡村教师补充机制，通过稳步提高待遇等措施增强乡村教师岗位的吸引力。

2. 统筹城乡医疗卫生服务水平

党的十九大报告中指出，"人民健康是民族昌盛和国家富强的重要标志。要完善国民健康政策，为人民群众提供全方位全周期健康服务"。全民健康对我国高质量发展至关重要，没有全民健康，就没有全面小康，医疗卫生服务直接关系人民身体健康，推动医疗卫生工作重心下移、医疗卫生资源下沉，为群众提供安全有效方便价廉的公共卫生和基本医疗服务，真正解决好基层群众看病难、看病贵问题是实现全民健康的首要任务。

整合城镇居民基本医疗保险和新型农村合作医疗两项制度，建立统一的城乡居民基本医疗保险制度，是推进医疗卫生体制改革、实现城乡居民公平享有基本医疗保险权益、促进社会公平正义、增进人民福祉的重大举措，按照统一制度、整合政策、均衡水平、完善机制、提升服务的总体思路，从统一覆盖范围、统一筹资政策、统一保障待遇、统一医保目录、统一定点管理、统一基金管理等方面进行整合，构建保障更加公平、管理服务更加规范、医疗资源利用更加有效的城乡居民医保制度，实现医疗、医保、医药"三医联动"，基本医保、大病保险、医疗救助、商业健康保险、社会慈善等有效衔接，构建多层次的医疗保障体系。优先建设发展县级医院，完善以县级医院为龙头、乡镇卫生院和村卫生室为基础的农村三级医疗卫生服务网络，建设紧密型县域医共体，增强县级医院综合能力，通过对口帮扶、远程医疗、专科联盟等方式，推动城市优质医疗资源向县域下沉，落实乡村医生待遇，增加基层医务人员岗位吸引力，为农民提供安全价廉可及的基本医疗卫生服务，保障农村居民身体健康。

3. 促进城乡基本养老服务均等化

养老问题事关亿万老年人及其家庭幸福生活，事关社会和谐稳定，事关党的执政根基的加强与稳固。现阶段，我国已正式步入老龄化社会，增强全社会积极应对人口老龄化的思想观念、完善老龄政策制度、发展养老服务业和老龄产业、发挥老年人积极作用、健全老龄工作体制机制对实现经济社会高质量发展具有重要意义。

农村养老问题事关重大，提高农村养老服务水平，缩小城乡养老服务差距是推动城乡融合发展的关键环节，要以促进城乡基本养老服务均等化为着力点，以筑牢底线补齐短板为突破口，推进城乡养老服务统筹发展，着力打造农村养老服务发展的"四梁八柱"，建立城乡融合发展的基本养老服务制度，形成布局完善、功能互补、统筹衔接的县乡村三级养老服务网络，构建居家社区机构相协调、医养康养相结合的农村养老服务体系，将补齐农村养老基础设施短板、提升特困人员供养服务设施建设标准纳入脱贫攻坚工作和乡村振兴战略，大力发展政府扶得起、村里办得起、农民用得上、服务可持续的农村幸福院等互助养老设施，加大农村敬老院建设和改造力度，确保服务设施达标，满足农村老年人的养老服务需求。

4. 加快城乡公共文化服务体系一体化建设

推进城乡公共文化服务体系一体化建设是建立新型工农城乡关系的必然要求，也是解决城乡文化发展不平衡、农村文化发展不充分问题的迫切需要。文化振兴是乡村振兴的重要组成部分，加强农村思想道德建设和公共文化建设，培育挖掘乡土文化人才，弘扬主旋律和社会正气，培育文明乡风、良好家风、淳朴民风，改善农民精神风貌，提高乡村社会文明程度是提高农村文化发展水平的主要途径。

推进城乡公共文化服务体系一体化建设要优化城乡文化资源配置，大力实施文化惠民工程，提升基层综合性文化服务中心功能，广泛开展群众性文化活动，推进公共图书馆、文化馆、美术馆、博物馆等公共文化场馆免费开放和数字化发展，深入推进全民阅读，建设"书香中国"，创新公共文化服务运行机制，推动社会力量参与公共文化服务供给和设施建设运营，加强乡镇综合文化站等农村公共文化和体育设施建设，提高文化产品和服务的有效供给能力，建立公共文化服务群众需求征集和评价反馈机制，推动服务项目与居民需求有效对接，丰富城乡居民精神文化生活。

（二）推动城乡基本公共服务均等化取得的成就

2012年以来，农村公共服务水平不断提高，城乡二元分化趋于平缓。一是乡村教育资源不断优化，2020年，农村义务教育专任教师资源为7.59/百人，较2014年提高了2.99个百分点，城镇义务教育专任教师资源为6.34/百人，较2014年提高了0.63个百分点，农村义务教育教师数量增速远高于城镇，教育资源不断向农村地区倾斜。二是医疗保障水平显著提高，2021年，参加城乡居民基本医疗保险人数为101002万人，参保人数为2012年的3.72倍，参加工伤保险的农民工数量为9086万人，较2012年提高了26.67%，农村居民参保率大幅提高，2020年，农村医疗卫生机构床位数量为4598171张，较2012年提高了53.71个百分点，卫生技术人员资源拥有量为5.18/千人，较2012年提高了51.91个百分点，农村医疗服务供给水平不断提高。三是养老服务持续推进，2021年，参加城乡居民基本养老保险人数为54797万人，比2012年增加了6427万人，增长幅度为13.29%，拥有养老服务床位813.5万张，较2012年提高了113.52%，养老服务能力大幅提升。四是乡村文化氛围越发浓厚，2020年，乡镇文化机构从业人员数量为102963人，较2012年增加了23.05%，组织文艺活动61.3万次，较2012年增加了64.81%，拥有计算机25.7万台，较2012年增加了62.93%，乡村公共文化服务水平显著提升。

表4-2　2012—2022年统筹城乡要素资源配置的相关论述

时间	文件/会议	主要观点
2014.3	国家新型城镇化规划（2014—2020年）	建立城乡统一的人力资源市场、建设用地市场，创新面向"三农"的金融服务，建立有利于农业科技人员下乡、农业科技成果转化、先进农业技术推广的激励和利益分享机制，合理配置教育资源，完善农村三级医疗卫生服务网络，加强农村公共文化和体育设施建设。
2015.12	中央全面深化改革领导小组第十九次会议	积极构建保障更加公平、管理服务更加规范、医疗资源利用更加有效的城乡居民医保制度。
2017.12	中共中央政治局第二次集体学习	建立健全高效的城乡公共数据共享协调机制，打造城乡公共数据基础支撑平台，推进城乡公共数据有序流通和共享。
2019.3	2019年新型城镇化建设重点任务	建立城乡统一的人力资源市场，健全涉农技术创新市场导向机制和产学研用合作机制，建立统筹规划、统一选拔的乡村教师补充机制，建设县域医共体。
2019.4	关于推进养老服务发展的意见	大力发展政府扶得起、村里办得起、农民用得上、服务可持续的农村幸福院等互助养老设施，提高农村养老服务水平。
2020.3	关于构建更加完善的要素市场化配置体制机制的意见	健全工业用地市场供应体系，推动不同产业用地类型合理转换，为平衡城乡产业发展用地需求提供制度保障。

时间	文件/会议	主要观点
2020.4	2020年新型城镇化建设和城乡融合发展重点任务	加快推进国家城乡融合发展试验区改革探索，深化农村宅基地制度改革，推进城乡公共文化设施一体化布局，促进城乡公共设施联动发展。
2021.3	"十四五"规划纲要	推进城乡基本公共服务标准统一、制度并轨，增加农村教育、医疗、养老、文化等服务供给。
2021.12	要素市场化配置综合改革试点总体方案	在坚决守住土地公有制性质不改变、耕地红线不突破、农民利益不受损三条底线的前提下，探索宅基地所有权、资格权、使用权分置实现形式。

资料来源：历年相关政策文件整理所得

第三节　全面实施乡村振兴战略

乡村振兴战略是党的十九大作出的重大决策部署，是决胜全面建成小康社会、全面建设社会主义现代化国家的重大历史任务，是新时代"三农"工作的总抓手，实施乡村振兴战略要深入推进农业供给侧结构性改革，完善农村基础设施建设，健全乡村发展体制机制。

一、推进农业供给侧结构性改革

（一）农业供给侧结构性改革的路径选择

农业供给侧结构性改革是新时代提高农民收入、激发农村发展活力、缩小城乡差距的重要举措，2015年12月，中央农村工作会议首次提出要着力加强农业供给侧结构性改革，提高农业供给体系质量和效率，使农产品供给数量充足、品种和质量契合消费者需要，真正形成结构合理、保障有力的农产品有效供给，提高农业现代化发展水平。

党中央、国务院对农业供给侧结构性改革极为关心，始终坚持把推进农业供给侧结构性改革作为解决好"三农"问题的重中之重，不断加大改革力度，使强农惠农富农政策照顾到大多数普通农户，农业基础地位得到显著加强，农村社会事业得到明显改善，统筹城乡发展、城乡关系调整取得重大进展。但是，由于欠账过多、基础薄弱，我国农村地区发展水平与城市相比始终存在较大差距，加快推进农业供给侧结构性改革意义更加凸显、要求更加紧迫。

推进农业供给侧结构性改革要充分发挥新型城镇化的辐射带动作用。新型城镇化建设能够引导基础设施、公共服务设施和城市现代生产要素不断向农业农村流动，加快改善农村人居环境，提高农民综合素质，推动农村地区一二三产业融合发展，多渠道促进农民增收，推动"物的新农村"和"人的新农村"建设齐头并进。

推进农业供给侧结构性改革要确保国家粮食安全。粮食生产是农业供给侧结构性改革的重中之重，对推动农业发展、提高农业国际竞争力具有重要的战略意义。实施农业供给侧结构性改革要充分发挥自身优势，始终抓住粮食这个核心竞争力，延伸粮食产业链、提升价值链、打造供应链，不断提高农业质量效益和竞争力，实现粮食安全和现代高效农业相统一。推动农业供给侧结构性改革，决不意味着可以忽视粮食生产，国家粮食安全这根弦什么时候都要绷紧，一刻也不能放松，要严守耕地红线，推动藏粮于地、藏粮于技战略加快落地，保护和提高粮食综合生产能力，防止粮食生产出现大的滑坡，要在确保国家粮食安全的基础上，着力优化农业产业产品结构，保障国家粮食安全和重要农产品有效供给。

推进农业供给侧结构性改革要夯实农业基础地位。重视农业，夯实农业这个基础，历来是固本安民之要，现阶段，我国农业农村发展已进入新的历史阶段，农业正处在转变发展方式、优化经济结构、转换增长动力的攻关期，农业的主要矛盾由总量不足转变为结构性矛盾，矛盾的主要方面在供给侧，要坚持以农业供给侧结构性改革为主线，坚持质量兴农、绿色兴农，推进农业由增产导向转向提质导向，构建现代农业产业体系、生产体系、经营体系，培育农业农村发展新动能，实现由农业大国向农业强国的转变。

推进农业供给侧结构性改革要加快推进农业现代化。建立现代农业产业体系，延伸农业产业链、价值链，发展高产、优质、高效、生态、安全农业。提高农业科技创新能力，健全农技综合服务体系，完善科技特派员制度，推广现代化农业技术。创新农业经营方式，坚持家庭经营在农业中的基础性地位，推进家庭经营、集体经营、合作经营、企业经营等共同发展。构建公益性服务与经营性服务相结合、专项服务与综合服务相协调的新型农业社会化服务体系。

（二）农业供给侧结构性改革取得的成就

农业供给侧结构性改革实施以来，农业高质量发展阔步前行。一是粮食产能持续巩固，粮食产量从2012年的1.17万亿斤增长到2021年1.37万亿斤，并连续7年产量稳定在1.3万亿斤以上，大国粮仓根基越来越牢固。二是粮食供给制度不断完善，国家不断稳定和完善稻谷小麦最低收购价、玉米大豆生产者补贴等政策，扩大三大粮食作物完全成本保险和收入保险试点范围，第二轮土地承包到期后再延长30年，农民种粮抓粮积极性大幅提高。三是农业科技水平显著提升，大力实施"藏粮于地、藏粮于技"，推进高标准农田建设，农业生产方式发生革命性变化，全国粮食作物耕种收综合机械化率超过80%，农业科技进步贡献率迈上60%新台阶，良种覆盖率保持在96%以上，农业进入主要依靠科技装备驱动的新阶段。四是农业发展方式不断优化，按照稳粮优经扩饲思路，稳定东北优势区玉米生产，增加大豆种植面积5000多万亩，粮棉油糖产业集中度不断提高，生猪养殖向粮食主产区和环境容量大的地区转移，三大主粮化肥利用率达到40.2%，农药利用率达到40.6%，全国农产品质量安全例行监测合格率达97.8%，累计创建认定绿色、有机和地理标志农产品5.5万个，创建乡村特色产业品牌10万余个，规模以上的农产品加工企业达7.3万家，纳入名录系统管理的家庭农场已超过300万家，农民合作社超过240万家，农业社会化服务组织超过90万个。

二、加强农村基础设施建设

(一) 农村基础设施建设的总体构想

农村基础设施建设是提升农村生产力、发展现代农业、增加农民收入、改善农村面貌、建设现代化新农村的重要物质基础。2015年12月，中央农村工作会议提出了加快农村基础设施建设，推动新型城镇化与新农村建设协调发展的发展目标，为提高农村基础设施建设水平提供了制度保障。

城乡差距大最直观的表现是基础设施和公共服务差距大，农村公共基础设施是促进农村经济社会持续健康发展的重要支撑，是乡村全面振兴的关键所在，农业农村优先发展，要体现在公共资源配置上，要把公共基础设施建设的重点放在农村，推进城乡基础设施共建共享、互联互通，推动农村基础设施建设提档升级，完善农村基础设施管护运行机制，以推进城乡公共基础设施一体化管护为方向，坚持政府主导、市场运作，引导社会各类主体参与农村公共基础设施管护，按产权归属落实管护责任，科学制定管护标准和规范，合理选择管护模式。

实现乡村振兴首先要补齐农村基础设施这个短板，要按照先规划后建设的原则，通盘考虑土地利用、产业发展、居民点布局、人居环境整治、生态保护和历史文化传承，编制多规合一的实用性村庄规划，加大投入力度，创新投入方式，引导各类社会资本投入农村基础设施建设，逐步建立全域覆盖、普惠共享、城乡一体的基础设施服务网络。

《国家新型城镇化规划（2014—2020年）》《关于深入推进新型城镇化建设的若干意见》等文件中都对农村基础设施建设作出了安排部署，以市县域为整体，统筹规划城乡基础设施建设，加快基础设施向农村延伸，实施新农村现代流通网络工程。推动道路、供水、供电、信息、物流、防洪和垃圾污水处理等公共设施向乡村延伸，推进城乡道路客运一体化发展、城乡农贸市场一体化改造，建设联结城乡的冷链物流和电商平台，畅通农产品进城和工业品入乡通道，明确乡村基础设施的公共产品定位，构建事权清晰、权责一致、中央支持、省级统筹、市县负责的城乡基础设施一体化建设机制，健全分级分类投入机制，明确乡村基础设施产权归属。

（二）农村基础设施建设的主要任务

农村基础设施建设的具体任务包括以下四个方面：

一是改善农村交通物流设施条件。全面推进"四好农村路"建设，深化农村公路管理养护体制改革，健全管理养护长效机制，完善安全防护设施，保障农村地区基本出行条件，推动城市公共交通线路向城市周边延伸，发展镇村公交，实现具备条件的建制村全部通客车。加快构建农村物流基础设施骨干网络，推动商贸、邮政、快递、供销、运输等企业加大在农村地区的设施网络布局力度，加快完善农村物流基础设施末端网络，建设面向农村地区的共同配送中心。

二是加强农村水利基础设施网络建设。构建大中小微结合、骨干和田间衔接、长期发挥效益的农村水利基础设施网络，着力提高节水供水和防洪减灾能力，科学有序推进重大水利工程建设，统筹推进中小型水源工程和抗旱应急能力建设，巩固提升农村饮水安全保障水平，推进小型农田水利设施达标提质。

三是构建农村现代能源体系。优化农村能源供给结构，大力发展太阳能、浅层地热能、生物质能等，因地制宜开发利用水能和风能，完善农村能源基础设施网络，加快新一轮农村电网升级改造，推动供气设施向农村延伸，加快推进生物质热电联产、生物质供热、规模化生物质天然气和规模化大型沼气等燃料清洁化工程。

四是夯实乡村信息化基础。深化电信普遍服务，加快农村地区宽带网络和第四代移动通信网络覆盖步伐，实施新一代信息基础设施建设工程，实施数字乡村战略，加快物联网、地理信息、智能设备等现代信息技术与农村生产生活的全面深度融合，深化农业农村大数据创新应用，推广远程教育、远程医疗、金融服务进村等信息服务，建立空间化、智能化的新型农村统计信息系统。

（三）农村基础设施建设取得的成就

2012年以来，为加快补齐农业农村短板，国家财政将支持的基础设施建设重点放在农村，推动农村基础设施建设提档升级。一是农村公路网络不断完善，启动农村道路畅通计划，全面推进农村老旧公路改造、窄路基路面加宽改造和危桥改造工程，大力实施乡村道路硬化工程，具备条件的乡镇和建制村全部实现村村通硬化路，许多地区实现了户户通硬化路，农村道路状况不断完善，与城市、县城全面衔接，形成完善的城乡公路体系。二是邮政快递网点不断增加，2020年，农村邮政投递线路达到4104128公里，较2012年提高了10个百分点，村村实现通邮，农村快递网点数量呈爆发式增长，97%的乡镇配置了快递网点，农村电子商务快速发展。三是水电通信系统改造持续推进，实施农村电网改造工程、供水保障工程和宽带光纤入户工程，2020年，农村发电设备容量81338282千瓦，较2012年提高了24个百分点，电力供给水平显著提高，农村自来水普及率达到80%以上，宽带光纤和4G覆盖面达到98%以上。四是乡村生态环境优化设施建设不断完善，农村垃圾回收设施数量大幅增加，非正规垃圾堆放点基本完成整治，生活垃圾收运处置体系已覆盖90%以上的行政村，大力实施"厕所革命"，农村卫生厕所普及率达到68%以上。

三、健全乡村发展体制机制

（一）乡村体制机制改革的路径选择

健全乡村发展体制机制是一项关系全局、关系长远的重大任务，要加强顶层设计，加强系统谋划，坚持不懈推进农村改革和制度创新，充分发挥亿万农民主体作用和首创精神，不断解放和发展农村社会生产力，激发农村发展活力。要高度重视农村社会治理，加强基层党的建设和政权建设，增强集体经济组织服务功能，提高基层组织凝聚力和带动力。要坚持以改革为动力，不断破解城乡二元结构，推动形成城乡基本公共服务均等化体制机制。

1. 强化农村社会治理

强化农村社会治理是形成农村发展长效机制的重要因素，要以保障和改善农村民生为优先方向，树立系统治理、依法治理、综合治理、源头治理理念，大力推进县乡村三级综治中心建设，构建农村立体化社会治安防控体系，发挥好村规民约、村民民主协商、村民自我约束自我管理在乡村治理中的积极作用，确保广大农民安居乐业、农村社会安定有序。构建自治、法治、德治相结合的乡村治理体系是实现乡村善治的有效途径，法治是乡村治理的前提和保障，要把政府各项涉农工作纳入法治化轨道，加强农村法治宣传教育，完善农村法治服务，引导干部群众尊法学法守法用法，依法表达诉求、解决纠纷、维护权益。要以党的领导统揽全局，构建网格化管理、精细化服务、信息化支撑、开放共享的基层治理平台，切实加强组织领导，健全各级议事协调机制，创新村民自治的有效实现形式，推动社会治理和服务重心向基层下移，丰富基层民主协商的实现形式，发挥村民监督的作用，让农民自己"说事、议事、主事"，培育富有地方特色和时代精神的新乡贤文化，发挥其在乡村治理中的积极作用，形成推进基层治理现代化建设的整体合力。

2. 加强基层党组织建设

加强基层党组织建设是农村体制机制改革的关键环节，对推动农村发展，实现乡村振兴具有重要意义。农村工作千头万绪，抓好农村基层组织建设是关键，农村基层党组织是落实党的政策、带领农民致富、密切联系群众、维护农村稳定的坚强领导核心，无论农村社会结构如何变化，无论各类经济社会组织如何发育成长，农村基层党组织的领导地位不能动摇、战斗堡垒作用不能削弱，要发挥好农村基层党组织在宣传党的主张、贯彻党的决定、领导基层治理、团结动员群众、推动改革发展等方面的战斗堡垒作用，加强农村基层党组织带头人队伍和党员队伍建设，着力引导农村党员发挥先锋模范作用，打造千千万万个坚强的农村基层党组织，培养千千万万名优秀的农村基层党组织书记，深化村民自治实践，发展农民合作经济组织，构建党委领导、政府负责、社会协同、公众参与、法治保障的现代乡村社会治理体制和农村工作领导体制，确保乡村社会充满活力、安定有序。

（二）乡村体制机制改革取得的成就

2012年以来，我国农村改革力度不断加大，农村发展体制机制不断完善。一是乡村治理能力显著提高，乡村治理体系进一步完善，基层管理和服务能力明显提升，农民群众参与积极性不断增强，乡村监督机制不断健全，积分制、清单制、数字化等手段不断创新，村支书与村主任"一肩挑"比例达99.9%，村党组织、村民委员会、村务监督委员会、合作社、服务站"五位一体"村级组织体系实现全覆盖，网格化服务管理覆盖率达到100%，农村社会保持和谐稳定，广大农民的获得感、幸福感、安全感不断增强。二是农村基层党组织建设进一步加强，2015年，为加强基层党组织建设、打通服务群众助力脱贫的"最后一公里"，中组部、中农办、国务院扶贫办印发了《关于做好选派机关优秀干部到村任第一书记工作的通知》，2021年，为推进乡村振兴，开启全面建设社会主义现代化国家新征程，中共中央办公厅印发了《关于向重点乡村持续选派驻村第一书记和工作队的意见》，2021年，全国在岗驻村第一书记达到18.3万人、驻村干部达到56.3万人。三是农村制度改革持续推进，加快实施农村土地制度、经营体系、集体产权制度改革，确立农村承包地坚持集体所有权、稳定农户承包权、放活土地经营权的"三权分置"，完成土地承包确权颁证工作，探索集体经营性建设用地入市、宅基地制度改革，培育从事农业生产和服务的新型农业经营主体，明晰农村集体产权权属。

表4-3 2012—2022年乡村振兴的相关论述

时间	文件/会议	主要观点
2013.12	中央农村工作会议	加强和创新农村社会管理，抓好农村基层组织建设，确保广大农民安居乐业、农村社会安定有序。
2014.3	国家新型城镇化规划（2014—2020年）	完善现代农业产业体系，提高农业科技创新能力，创新农业经营方式，实施粮食收储供应安全保障工程，构建新型农业社会化服务体系，加强农村基础设施和服务网络建设。

续表

时间	文件/会议	主要观点
2015.4	中共中央政治局第二十二次集体学习	健全城乡发展一体化体制机制，推进农村改革和制度创新，高度重视农村社会治理，加强基层党的建设和政权建设。
2016.2	国务院关于深入推进新型城镇化建设的若干意见	统筹城乡基础设施建设，加快基础设施向农村延伸，强化城乡基础设施连接，推动基础设施城乡联网、共建共享。
2016.4	农村改革座谈会	推进县乡村三级综治中心建设，构建农村立体化社会治安防控体系，加强农村基层党组织建设。
2016.12	中央农村工作会议	在确保国家粮食安全的基础上，着力优化产业产品结构，推动农业供给侧结构性改革。
2016.12	中共中央、国务院关于深入推进农业供给侧结构性改革加快培育农业农村发展新动能的若干意见	优化产品产业结构、推行绿色生产方式、壮大农业产业业态、强化科技创新驱动、补齐农业农村短板、加大农村改革力度。
2017.12	中央农村工作会议	加快构建现代农业产业体系、生产体系、经营体系，推进城乡基础设施共建共享、互联互通，健全自治、法治、德治相结合的乡村治理体系，发挥农村基层党组织的战斗堡垒作用。
2018.9	乡村振兴战略规划（2018—2022年）	把基础设施建设重点放在农村，加快补齐农村基础设施短板，促进城乡基础设施互联互通，推动农村基础设施提档升级。
2019.7	中央全面深化改革委员会第九次会议	以推进城乡公共基础设施一体化管护为方向，坚持政府主导、市场运作，鼓励社会各类主体参与农村公共基础设施管护。
2021.1	中央政治局会议	构建网格化管理、精细化服务、信息化支撑、开放共享的基层治理平台，形成推进基层治理现代化建设的整体合力。

资料来源：历年相关政策文件整理所得

第四节　突出特色小镇发展优势

特色小镇是新型城镇化建设的重要载体，是打破城乡二元化的有效途径，完善特色小镇规划布局，创新特色小镇发展方式，健全特色小镇保障政策对实现新型城镇化发展目标具有重要的战略意义。

一、完善特色小镇规划布局

（一）特色小镇建设的顶层设计

特色小镇的概念是在浙江省杭州市云栖小镇首次被提及，2014年10月，时任浙江省省长李强在参观考察杭州市云栖小镇时首次提出了特色小镇的概念，李强在考察时提出"让杭州多一个美丽的特色小镇，天上多飘几朵创新'彩云'。"从此，特色小镇走进了人们的视野，全国各地特色小镇建设规划蜂拥而至。特色小镇既不是行政区划单元上的"镇"，也不是传统的工业园区、产业园区，而是按照创新、协调、绿色、开放、共享发展理念，结合自身特质，找准产业定位，科学进行规划，挖掘产业特色、人文底蕴和生态禀赋，形成"产、城、人、文"四位一体有机结合的重要功能平台。

党中央、国务院对特色小镇建设极为重视，把特色小镇建设作为推进新型城镇化建设的一项重要抓手，2015年5月，习近平总书记在浙江考察时，对特色小镇给予充分肯定，同年12月，总书记对浙江省"特色小镇"建设作出重要批示，批示指出"抓特色小镇、小城镇建设大有可为，对经济转型升级、新型城镇化建设，都大有重要意义。浙江着眼供给侧培育小镇经济的思路，对做好新常态下的经济工作也有启发"。各地区、各部门深刻领会总书记批示精神，大力开展特色小镇建设，取得了显著的效果。

开展特色小镇建设要重点发展具有特色资源、区位优势和文化底蕴的小城镇，通过扩权增能、加大投入和扶持力度等途径，把小城镇培育成为休闲旅游、商贸物流、信息产业、智能制造、科技教育、民俗文化传承等专业特色镇。开展特色小镇建设要充分发挥市场的主体作用，推动特色小镇发展与疏解大城市中心城区功能相结合、与特色产业发展相结合、与服务"三农"相结合，带动农业现代化和农民就近城镇化快速发展。

（二）特色小镇建设的战略意义

特色小镇建设是推进城乡融合发展的重要突破口，推动特色小镇发展，能够带动周边农村基础设施建设和公共服务发展，有利于吸纳农村劳动力就业，促进一、二、三产业融合发展，推动城市文明迅速向农村扩展，对新型城镇化建设具有重要意义。特色小镇建设是推进供给侧结构性改革的重要平台，有利于推动经济转型升级和发展动能转换，有利于促进大中小城市和小城镇协调发展，有利于充分发挥城镇化对新农村建设的辐射带动作用。

发展特色小镇要秉持遵循规律、质量第一的发展原则，要立足不同地区经济发展阶段和客观实际，遵循经济规律、城镇化规律和城乡融合发展趋势，控制数量、提高质量，防止一哄而上、一哄而散。发展特色小镇要秉持因地制宜、突出特色的发展原则，要依托不同地区区位条件、资源禀赋、产业基础和比较优势，合理谋划并做精做强特色小镇主导产业，防止重复建设、千镇一面。发展特色小镇要秉持市场主导、政府引导的发展原则，要厘清政府与市场的关系，引导市场主体扩大有效投资，创新投资运营管理方式，更好发挥政府公共设施配套和政策引导等作用，防止政府大包大揽。发展特色小镇要秉持统一管理、奖优惩劣的发展原则，要正确把握发展与规范的关系，实行正面激励与负面纠偏"两手抓"，强化统筹协调和政策协同，防止政出多门。

二、提升特色小镇综合能力

（一）特色小镇建设的路径选择

特色小镇建设要分类施策，要立足产业"特而强"、功能"聚而合"、形态"小而美"、机制"新而活"，将创新性供给与个性化需求有效对接，打造创新创业发展平台和新型城镇化有效载体。特色小镇的发展路径主要有以下几个方面：

一是要突出特色，打造产业发展新平台。产业是特色小镇发展的生命力，特色是产业发展的竞争力，要立足特色小镇的资源禀赋、区位环境、历史文化、产业集聚等特色，加快发展特色优势主导产业，延伸产业链、提升价值链，促进产业跨界融合发展，在差异定位和领域细分中构建小镇大产业，扩大就业，集聚人口，实现特色产业立镇、强镇、富镇，基础条件较好的特色小镇特别是中心城市和都市圈周边的特色小镇，要积极吸引高端要素集聚，发展先进制造业和现代服务业。

二是要创业创新，培育经济发展新动能。创新是特色小镇持续健康发展的根本动力，要发挥特色小镇创业创新成本低、进入门槛低、各项束缚少、生态环境好的优势，打造大众创业、万众创新的有效平台和载体，大力发展面向大众、服务小微企业的低成本、便利化、开放式的服务平台，构建富有活力的创业创新生态圈，集聚创业者、风投资本、孵化器等高端要素，促进特色小镇内产业链、创新链、人才链的耦合，依托互联网拓宽市场资源、社会需求与创业创新对接通道，推进专业空间、网络平台和企业内部众创，推动特色小镇内新技术、新产业、新业态蓬勃发展。

三是要完善功能，强化基础设施新支撑。便捷完善的基础设施是特色小镇集聚产业的基础条件，要按照适度超前、综合配套、集约利用的原则，加强特色小镇道路、供水、供电、通信、污水垃圾处理、物流等基础设施建设，提高特色小镇信息基础设施建设水平，建设高速通畅、质优价廉、服务便捷的宽带网络基础设施和服务设施，加快光纤入户进程，强化特色小镇与交通干线、交通枢纽城市的连接，提高公路技术等级和通行能力，改善交通条件，推动特色小镇建设开放式住宅小区，提升特色小镇微循环能力，强化开发利用地下空间，提高土地利用效率。

四是要提升质量，增加公共服务新供给。完善的公共服务特别是高质量的教育医疗资源供给是增强特色小镇人口集聚能力的重要因素，要推动公共服务从按行政等级配置向按常住人口规模配置转变，根据特色小镇常住人口增长趋势和空间分布，统筹布局建设学校、医疗卫生机构、文化体育场所等公共服务设施，推动优质教育、医疗资源向特色小镇流动，大力提高特色小镇教育、医疗等公共服务的质量和水平，使群众在特色小镇能够享受到更有质量的公共服务。聚焦特色小镇内居民日常需求，提升特色小镇的社区服务功能，加快构建便捷"生活圈"、完善"服务圈"和繁荣"商业圈"。

五是要绿色引领，建设美丽宜居新城镇。优美宜居的生态环境是人民群众对特色小镇生活的新期待，要牢固树立"绿水青山就是金山银山"的发展理念，保护特色小镇特色景观资源，加大生态环境综合整治力度，构建特色小镇生态网络。深入开展大气污染、水污染、土壤污染防治行动，溯源倒逼、系统治理，带动特色小镇生态环境质量全面改善，有机协调特色小镇内外绿地、河湖、林地、耕地，推动特色小镇生态环境保护与产业发展互促共融，打造宜居宜业宜游的优美环境。

六是要主体多元，打造共建共享新模式。创新社会治理模式是特色小镇建设的重要内容，要统筹政府、社会、居民三大主体的积极性，推动政府、社会、居民同心同向行动，充分发挥社会力量的作用，最大限度激发市场主体活力和企业家创造力，推动企业、其他社会组织和居民积极参与特色小镇投资、建设、运营和管理，成为特色小镇建设的主力军，逐步形成多方主体参与、良性互动的特色小镇治理模式，提高政府在制度供给、设施配套、要素保障、生态环境保护、安全生产监管等方面的管理和服务能力，简化审批环节，减少行政干预，营造更加公平、开放的市场环境。

七是要创新机制，激发城镇发展新活力。释放特色小镇的内生动力关键要靠体制机制创新，要全面放开特色小镇落户限制，全面落实居住证制度，不断拓展公共服务范围，积极盘活特色小镇存量土地，建立低效用地再开发激励机制，创新特色小镇建设投融资机制，大力推进政府和社会资本合作，利用财政资金撬动社会资金，共同发起设立特色小镇建设基金，加大国家新型城镇化建设基金、开发银行、农业发展银行、农业银行和其他金融机构对特色小镇的支持力度，推动有条件的特色小镇通过发行债券等多种方式拓宽融资渠道，推进强镇扩权，赋予镇区人口10万以上的特色小镇县级管理职能和权限，强化事权、财权、人事权和用地指标等保障。

（二）特色小镇建设的底线约束

发展特色小镇要在用地、生态环保、债务防控、住房、安全生产五个方面对特色小镇进行规范，有效防范各类潜在风险，确保特色小镇有序健康发展。

在用地方面，要严格落实永久基本农田、生态保护红线、城镇开发边界，不得改变国土空间规划确定的空间管控内容，遏制耕地"非农化"、防止"非粮化"，坚持土地有偿使用，按宗地确定土地用途，经营性建设用地必须通过招标拍卖挂牌等方式确定土地使用者，不得设置排他性竞买条件。

在生态环保方面，要严格落实区域生态环境分区管控方案和生态环境准入清单要求，加强山水林田湖草系统治理修复监管，保护重要自然生态系统、自然遗迹、自然景观和生物多样性，严禁违法违规占用以国家公园为主体的自然保护地，严禁挖湖造景，严防污染物偷排和超标排放，防控噪声和扬尘污染，因地制宜配备污水、垃圾、固废、危废、医废收集处理等环境基础设施。

在债务防控方面，要严控地方政府债务风险，县级政府法定债务风险预警地区不得通过政府举债建设，不得以地方政府回购承诺或信用担保等方式增加地方政府隐性债务，要综合考虑地方现有财力、资金筹措和还款来源，稳妥把握公共设施开工建设节奏。

在住房方面，要严防房地产化倾向，特色小镇建设用地主要用于发展特色产业，其中住宅用地主要用于满足特色小镇内就业人员自住需求和职住平衡要求，除原有传统民居外，特色小镇建设用地中住宅用地占比原则上不超过30%，鼓励控制在25%以下，要结合所在市县商品住房库存消化周期，合理确定住宅用地供应时序。

在安全生产方面，要严格维护人民生命财产安全，健全规划、选址、建设、运维全过程安全风险管控制度，建立企业全员安全生产责任制度，压实企业安全生产主体责任，督促企业按照行业安全生产规程标准，建立安全风险预防控制体系。

三、强化特色小镇政策保障

（一）特色小镇建设的政策体系

政策扶持是特色小镇发展的重要支撑，决定着特色小镇建设的成败，为确保特色小镇持续健康发展，国家发展改革委陆续出台了《关于实施"千企千镇工程"推进美丽特色小（城）镇建设的通知》《关于开发性金融支持特色小（城）镇建设促进脱贫攻坚的意见》《关于建立特色小镇和特色小城镇高质量发展机制的通知》《关于信贷支持县城城镇化补短板强弱项的通知》等多个政策文件，不断加大对特色小镇的支持力度，为特色小镇高质量发展提供了制度保障。

1. 财政政策

财政政策是特色小镇发展的重中之重，金融机构要把特色小镇建设作为推进新型城镇化建设的突破口，通过多元化金融产品及模式对典型地区和企业给予融资支持，加大信贷支持力度，为符合高质量发展要求的特色小镇在债务风险可控前提下提供长周期低成本融资服务，支持特色小镇产业发展及基础设施、公共服务设施和智慧化设施等建设，重点支持区位布局合理、要素集聚度高的特色小镇开展智能标准生产设施、技术研发转化设施、检验检测认证设施、职业技能培训设施、仓储集散回收设施和文化旅游体育设施等公共配套设施建设项目，为特色小镇建设及其区域内企业转型发展提供资金保障。创新特色小镇建设财政资金支持方式，由事前补贴转为事中事后弹性奖补，建立多元主体参与的特色小镇投资运营模式，支持符合条件的特色小镇投资运营企业发行企业债券筹集资金。加大中央预算内投资对特色小镇建设的支持力度，支持发行地方政府专项债券用于特色小镇有一定收益的产业配套设施、公共服务设施、市政公用设施等项目建设，符合条件的项目可按规定分别纳入中央预算内投资、地方政府专项债券支持范围。

2. 土地政策

土地是特色小镇发展的基础，特色小镇的规划面积原则上在1—5平方公里，如何在有限的空间范围内优化土地供给制度，提高土地利用效率决定着特色小镇的发展质量。在特色小镇产业发展过程中要积极推动开展土地、资金等多种形式的股份合作，将特色小镇域内承包土地经营权资本化，建立和完善利益联结机制，保障特色小镇居民在产业发展过程中获得合理、稳定的收益，实现特色小镇土地要素高效配置。加快推进特色小镇供地用地方式改革，优化特色小镇供地用地模式，合理安排建设用地指标，依法依规组织配置农业用地和生态用地，推动点状供地、混合供地和建筑复合利用，盘活区域内存量建设用地和低效土地，建立特色小镇域内农村集体经营性建设用地直接入市交易机制，提高特色小镇土地利用效率，推动特色小镇高质量发展。

3. 人才政策

高端专业人才是提升企业技术水平、促进特色小镇持续健康发展的必要条件，对推动企业转型升级、提高特色小镇产业发展水平起到决定性作用。强化校企合作、产研融合、产教融合，积极依托职业院校、成人教育学院、继续教育学院等院校建设就业技能培训基地，培育特色小镇产业发展所需各类人才，营造吸引人才的创新环境，为创业者提供便利、完善的"双创"服务。强化特色小镇人才支撑，加大对特色小镇建设的智力支持力度，金融机构要把特色小镇作为金融服务的重要内容，帮助特色小镇引智、引技，着力解决缺人才、缺技术等突出问题，开展特色小镇专题培训，帮助基层干部正确把握政策内涵，增强运用开发性金融手段推动特色小镇建设的能力。

4. 营商环境

优化营商环境是提高政府服务能力、吸引域外企业到特色小镇投资建设的重要环节，对推动特色小镇产业集聚起到积极的作用。以政府引导、企业主体、市场化运作为导向，充分发挥政府的引导作用，根据特色小镇需要引导平台公司参与特色小镇建设，推动特色小镇先行承接城乡融合发展等相关改革试验，提高政府服务水平和工作效率，深化"放管服"改革，加强指导、优化服务、开放资源，有效承接下放的涉企行政审批事项，在项目审批、用地、环评、施工许可等方面加快进程，为企业发展提供制度土壤。因地制宜建设便企政务服务设施，提高市政公用设施和产业配套设施建设水平，切实完善特色小镇功能，降低企业交易成本，全面优化营商环境，为投资企业营造良好的投资环境。

（二）特色小镇建设取得的成就

《关于开展特色小镇培育工作的通知》中提出到2020年培育1000个左右各具特色、富有活力的特色小镇，标志着全国范围内特色小镇建设拉开了序幕，全国共有403个国家级特色小镇，2016年10月，住房和城乡建设部公布了第一批127个国家级特色小镇名单，2017年8月，公布了第二批276个国家级特色小镇名单，各地区结合自身实际，制定了省级特色小镇创建名单，特色小镇数量呈爆发式增长。特色小镇建设自开展以来取得了显著的成效，对推动经济社会发展起到了积极的作用，2019年4月，国家发展改革委发布了"第一轮全国特色小镇典型经验"，系统总结了浙江德清地理信息特色小镇、杭州梦想特色小镇等16个精品特色小镇的发展经验，从打造新兴产业集聚发展新引擎、推动传统产业转型升级、开拓城镇化建设新空间、构筑城乡融合发展新支点、搭建传统文化传承保护新平台五个方面阐述了特色小镇的建设成果，2020年6月，国家发展改革委又发布了"第二轮全国特色小镇典型经验"，详细介绍了福建厦门集美汽车小镇、江苏南京未来网络小镇等20个精品特色小镇在聚力主导产业、促进产城人文融合、突出企业主体地位、促进创业带动就业、完善产业配套设施、承接改革探索试验六方面取得的成绩，为其他地区特色小镇发展提供了经验借鉴。

浙江省杭州市余杭区梦想特色小镇是第一批国家级特色小镇，属于信息服务类特色小镇，小镇规划用地面积4500亩，其中建设用地1000亩。该镇以发展创新创意产业为核心，截至2019年4月，入驻企业达到3900家，完成特色产业投资31亿元，年缴纳税收额度达到4亿元，域内企业拥有发明专利30项。小镇按照有核无边、辐射带动的思路，以特色小镇为点、以周边区域为面，积极打通特色小镇与周边区域之间在空间、配套、产业、政策、招商方面的隔膜，构筑起全景式展现的"孵化—加速—产业化"接力式产业链条和企业迁徙图，将特色小镇孵化出来的项目，积极推介到周边科技园和存量空间中加速和产业化，特色小镇腾退出来的空间继续不断引入新项目孵化，形成滚动开发的产业良性发展路径。福建厦门集美汽车小镇是第二批国家级特色小镇，该镇将大中型客车制造定位为主导产业，大力开展国家级检测中心和产学研联合攻关平台建设，不断加大与吉林大学等多所高校技术人才合作力度，全力支持区域内厦门金龙联合汽车工业公司等龙头企业发展壮大，截至2020年6月，镇域内已集聚100多家汽车零部件生产企业，每年创造约130亿元工业产值，特色小镇建设取得显著成效。

表4-4　2012—2022年特色小镇的相关论述

时间	文件/会议	主要观点
2016.3	"十三五"规划纲要	把特色小镇建设作为新型城镇化建设的一项重大工程，重点发展具有特色资源、区位优势和文化底蕴的小城镇。
2016.2	关于深入推进新型城镇化建设的若干意见	推动特色小镇发展与疏解大城市中心城区功能相结合、与特色产业发展相结合、与服务"三农"相结合。
2016.10	关于加快美丽特色小（城）镇建设的指导意见	遵循创新探索、因地制宜、产业建镇、以人为本、市场主导五项基本原则，以突出特色、创业创新、完善功能、提升质量、绿色引领、主体多元、创新机制为发展方向，强化校企合作、产研融合、产教融合，培育特色小镇所需各类人才。
2016.12	关于实施"千企千镇工程"推进美丽特色小（城）镇建设的通知	"千企千镇工程"的典型地区和企业，可优先享受特色小镇建设的各项支持政策，优先纳入新型城镇化领域试点示范。

时间	文件/会议	主要观点
2017.1	关于开发性金融支持特色小（城）镇建设促进脱贫攻坚的意见	推动特色小镇开展土地、资金等多种形式的股份合作，实现特色小镇土地要素高效配置，强化特色小镇人才支撑，加大对特色小镇建设的智力支持力度。
2018.8	关于建立特色小镇和特色小城镇高质量发展机制的通知	创新财政资金支持方式，引导金融机构为特色小镇提供长周期低成本融资服务，优化特色小镇供地用地模式，合理安排建设用地指标，全面优化营商环境。
2020.8	关于信贷支持县城城镇化补短板强弱项的通知	重点支持区位布局合理、要素集聚度高的特色小镇开展公共配套设施建设项目。
2020.9	关于促进特色小镇规范健康发展的意见	建立多元主体参与的特色小镇投资运营模式，加快开展特色小镇供地用地方式改革，推动特色小镇先行承接城乡融合发展等相关改革试验，深化"放管服"改革。
2021.9	全国特色小镇规范健康发展导则	严守用地、生态、债务防控、房地产、安全生产底线，根据特色小镇需要引导平台公司参与特色小镇建设。

资料来源：历年相关政策文件整理所得

第五章　加强生态保护与绿色发展

城市发展不仅要追求经济目标，还要追求生态目标、人与自然和谐的目标。新时期，面对资源约束趋紧、环境污染严重、生态系统退化的严峻形势，国家新型城镇化建设的重点目标之一就是要推进绿色低碳城市的建设，即把生态文明理念全面融入城镇化进程，优化城市的生态布局，加快环境综合整治，从绿色能源、绿色建筑、绿色交通三大重点领域着手，促进产业园区循环化改造，开展绿色生活的创建行动，稳步有序推进"双碳"目标，全面形成绿色低碳的生产生活方式和高质量的城市建设运营模式，从而实现绿色富国、低碳惠民。

第一节　推进生态环境保护与修复

近十年，党中央就生态文明建设提出一系列新理念、新思想、新战略，相继出台了多项涉及生态文明建设改革方案，逐步形成绿水青山就是金山银山的发展理念，实施最严格生态环境保护法治观念，推进水、大气、土壤等污染防治路线图，强化山水林田湖草生态系统的保护措施，生态环境治理工作发生了巨大的转变。

一、落实生态文明建设的顶层设计

（一）践行"两山"的发展理念

"绿水青山就是金山银山"的发展理念，是党和国家对生态环境保护的坚定决心和理论基石，深刻揭示了生态环境保护和经济发展之间的辩证统一关系。中国明确把生态环境保护摆在更加突出的位置，既要绿水青山，也要金山银山。2015年，中央城市工作会议提出，城市发展不仅要追求经济目标，还要追求生态目标、人与自然和谐的目标。树立"两山"意识，强化尊重自然、顺应自然的思想是新型城镇化建设的基本觉悟。2017年，党的十九大将"必须树立和践行绿水青山就是金山银山的理念"写入大会报告。同时，"增强绿水青山就是金山银山的意识"编入新修订的《中国共产党章程》。坚持"两山"理念、构建及完善生态文明体系，成为党中央加快推进生态文明建设的顶层设计和总体部署。

（二）实行最严格生态保护制度

1. 实行最严密的法律治理

制度是生态文明建设的刚性约束，法治是不可触碰的高压线。严格的生态环境保护制度是建设生态文明的必要条件。近十年，我国先后颁布、修正修订了《中华人民共和国海洋环境保护法》《中华人民共和国土壤污染防治法》《中华人民共和国湿地保护法》《中华人民共和国森林法》《中华人民共和国水污染防治法》《中华人民共和国大气污染防治法》等多部法律制度。"十三五"期间，环境保护法、长江保护法等13部法律，排污许可管理条例、建设项目环境保护管理条例等17部行政法规完成了修订。截至2021年11月，由生态环境主管部门作为主要执法部门的生态环境法律共15件，生态环境行政法规32件。此外，还有与生态环境密切相关的党内法规文件，主要是生态文明体制改革制度性文件，有40余件。生态环境部制定的部门规章84件①。一系列法律条例的颁布与落实，成为我国生态文明建设的重要基础与保障。

表5-1　2012—2022生态保护相关的主要法律

年份	状态	名称
2017	颁布	《中华人民共和国核安全法》
2018	颁布	《中华人民共和国土壤污染防治法》
2020	颁布	《中华人民共和国长江保护法》
2021	颁布	《中华人民共和国湿地保护法》
2012	修正/修订	《中华人民共和国清洁生产促进法》
2014	修正/修订	《中华人民共和国环境保护法》
2016	修正/修订	《中华人民共和国气象法》
2017	修正/修订	《中华人民共和国水污染防治法》
2018	修正/修订	《中华人民共和国野生动物保护法》《中华人民共和国大气污染防治法》《中华人民共和国循环经济促进法》《中华人民共和国环境影响评价法》《中华人民共和国节约能源法》《中华人民共和国防沙治沙法》《中华人民共和国环境保护税法》
2019	修正/修订	《中华人民共和国森林法》
2020	修正/修订	《中华人民共和国固体废物污染环境防治法》
2021	修正/修订	《中华人民共和国草原法》《中华人民共和国噪声污染防治法》

资料来源：国务院、生态环境部等官网整理所得

---

① 生态环境部．生态环境部召开11月例行新闻发布会［EB/OL］．2021-11-25. https：//www.mee.gov.cn/ywdt/zbft/202111/t20211125_961825.shtml.

2. 实行最严格的制度措施

中央政治局第六次集体学习时提出最严格的制度、最严密的法治是生态文明建设的可靠保障。"两个最严"顺应了人民群众对"美丽中国"的期待，也成为党中央加强生态文明制度建设的基石。

2015年，《中共中央、国务院关于加快推进生态文明建设的意见》出台，从源头预防、过程控制、损害赔偿、责任追究四个角度健全生态文明制度体系建设。9月，《生态文明体制改革总体方案》发布，八项产权清晰、多元参与、激励约束并重、系统完整的生态文明制度体系与改革方案，构成我国生态文明治理体系和治理能力现代化的重要保障。随后，十八届中央政治局第四十一次集体学习（2017年5月）、全国生态环境保护大会（2018年5月）、党的十九届四中全会（2019年10月），"两个最严"被反复提及，制度红线成为生态环境保护体系的最重一环。2020年，党的十九届五中全会强调完善中央生态环境督察制度。民法典、长江保护法等五部法律、中央生态环境保护督察规定以及13个省级生态环境保护督察的办法，19个省级的地方性环保法规都规定了生态环境损害赔偿制度。至此，生态文明建设形成全要素参与、全链条构建、全过程监管的制度体系。

3. 推进生态环境标准建设

近年来，生态环境部修订发布了《生态环境标准管理办法》《国家生态环境标准制修订工作规则》，进一步完善了生态环境标准管理制度的顶层设计，明晰了生态环境标准制定和实施方向。

"十三五"期间，我国生态环境标准体系建设取得重大成效。生态环境部印发了《国家环境保护标准"十三五"发展规划》，修订、发布了673项国家生态环境标准，为过去历次五年规划期之最。现行国家生态环境标准总数达到2202项，内容涉及环境质量标准、污染物排放（控制）标准、环境监测类标准、管理规范类标准、环境基础类标准等。其中强制性标准201项，包括环境质量标准、污染物排放标准和环境风险管控标准等。生态环境标准体系的不断完善，为生态文明规范性、高效性建设提供引领示范。

（三）打好环境污染防治攻坚战

环境污染治理是一项艰巨、复杂且长期的任务。2012年以来，党中央高度重视环境污染综合治理工作，按照以人为本、防治结合、标本兼治、综合施策的原则，深入打好三大攻坚战，全面推进三大行动方案，构建生态宜居城市。

生态环境是与民生息息相关的，是百姓心之所往。坚持打好蓝天、碧水、净土保卫战，坚持治山、治水、治气、治城一体推进，正确处理保护生态与富民利民的关系，是牢固我国生态安全屏障、提升城市"含绿量"的重点任务和发展方向。2013年，中央政治局第六次集体学习时强调，坚持预防为主、综合治理，强化水、大气、土壤等污染防治。为落实好这一任务，国务院相继出台《大气污染防治行动计划》《水污染防治行动计划》《土壤污染防治行动计划》三大行动方案，根据区域、流域、类型差异分区施策，从行动目标、推进时间表、实施路线图解构我国污染防治攻坚战的操作细则，提高治理措施的针对性和有效性。随后，构建以环境风险防控为基线的环境管理体系，跨区域污染防治协调机制配套出台，环境质量的底线管理标准、严格执法监管、落实责任清单有序推进，环境污染防治与治理工作向纵深挺进。

2021年，《中共中央、国务院关于深入打好污染防治攻坚战的意见》印发，对深入打好污染防治攻坚战作出全面、最新部署，强调以更高标准打好蓝天、碧水、净土保卫战。与此同时，统筹推进环境保护、加快打好三大攻坚战的"十四五"专项规划陆续颁布，如《"十四五"土壤、地下水和农村生态环境保护规划》《"十四五"生态环境监测规划》《"十四五"环境健康工作规划》等，一系列规划措施的有序推进，对精准治污、科学治污、依法治污做了有效部署，健全了污染防治协调管理机制，构建了以政府为主导、以企业为主体、社会组织和公众共同参与的环境治理体系。为全民共治、源头防治，持续开展大气、水、土壤污染防治提供坚实的制度保障。

（四）推进生态系统保护与修复

近十年，我国始终在推进生态系统的保护与修复。贯彻"山水林田湖草沙"是一个生命共同体理念，坚持保护优先、自然恢复为主的方针，实施重点区域、重要生态系统、重大修复工程等一系列保护修复措施，保护生物多样性，提升生态系统的稳定性，筑牢生态屏障的安全。

1. "山水林田湖草沙"是一个生命共同体

自然生态系统是相互依存、紧密联系的有机链条。要坚持"山水林田湖草沙"整体施策，引导生态系统的自我修复与良性循环。要构筑生态安全屏障，保持自然生态系统的原真性、完整性。要坚持统筹规划、保护优先，多措并举提高生态保护建设与综合治理的成效。2013年，中央城镇化工作会议指出，要高度重视生态安全，扩大森林、湖泊、湿地等绿色生态空间比重，增强水源涵养能力和环境容量。在此基础上，《全国生态保护与建设规划（2013—2020年）》出台，山水林田湖草是城市生命体的有机组成部分进一步被强调，构建"两屏三带一区多点"为骨架的国家生态安全屏障被确立，推进生态保护主要任务、完善生态补偿机制、提高生态服务价值等多项举措被具化。2022年，《"十四五"新型城镇化实施方案》更是有针对性地提出，坚持山水林田湖草沙一体化保护和系统治理，落实生态保护红线、环境质量底线、资源利用上线和生态环境准入清单要求，提升生态系统质量和稳定性。

2. 制定并实施生态修复工作

实施可持续发展战略，完善生态文明统筹协调机制，构建生态文明体系，制定并实施生态修复工作方案，推动重要生态系统、重点修复工程、国家公园体制试点，建设美丽中国。2016年，国务院发布《关于进一步加强城市规划建设管理工作的若干意见》，提出制定并实施生态修复工作方案，有计划、有步骤地修复被破坏的山体、河流、湿地、植被，恢复城市自然生态。《全国重要生态系统保护和修复重大工程总体规划（2021—2035年）》对全国重要生态系统保护和修复重大工程建设作了系统安排，并加快编制与规划相配套的专项规划，形成"1+N"规划体系。

2021年，中办、国办印发《关于进一步加强生物多样性保护的意见》。国新办发布《中国的生物多样性保护》白皮书。生态环境部等七部门组织开展"绿盾2021"自然保护地强化监督工作，完成28个省份148个自然保护地1767个问题点位的实地核实调研，生态系统保护与修复监管工作进一步加强。

国家公园作为重大的生态修复工程，2013年就被首次提出。2015年，国家公园体制试点筹备建设，国家公园管理局随后成立，国家公园保护制度提上日程。2019年，《关于建立以国家公园为主体的自然保护地体系的指导意见》出台，配套制度体系陆续完善，第一批国家公园紧跟着正式落地。

截至2021年，我国已启动10个国家公园体制试点，已批复设立国家级文化生态保护区7个，国家级文化生态保护试验区17个，国家生态文明建设示范市县五批共计362个，这些重大生态修复工程，充分发挥试点的示范引领作用，成为加快推进生态文明建设决策部署的重要引擎。另外，各地通过持续开展植树造林行动、推进美丽城乡建设等举措，不断改善生态环境，推进"美丽中国"建设。

3. 强调城市留白增绿微更新

城市绿色空间是伴随城市开放空间、公园系统、绿地、绿带、绿道、生态基础设施等完善起来的。因地制宜建设城市绿色廊道，通过点、线、面结合的方式，对城市"碎片化"空间微更新，打造街心绿地、湿地和郊野公园，提高城市生态系统服务功能和自维持能力，保障城市生产生活生态复合需求。

要优化蓝绿空间布局。城市建设要以自然为美，把好山好水好风光融入城市，使城市内部的水系、绿地同城市外围河湖、森林、耕地形成完整的生态网络，让居民望得见山、看得见水。2021年，住建部印发《完整居住社区建设指南》，提出既有居住社区应结合边角地、废弃地、闲置地等改造，建设"口袋公园""袖珍公园"。水利部等四部门联合印发的《关于加强城市节水工作的指导意见》进一步补充，要统筹城市水系统、绿地系统和基础设施系统建设，建设蓝绿交织、灰绿相融、连续完整的城市生态基础设施体系。《2022年新型城镇化和城乡融合发展重点任务》再次指出，合理控制老城区开发强度，增加口袋公园、街心绿地、慢行系统等公共空间。在此基础上，《住房和城乡建设部办公厅关于推动"口袋公园"建设的通知》印发，强调2022年全国建设不少于1000个城市"口袋公园"，促进解决群众身边公园绿化活动场地不足的问题。目前，结合城市有机更新和街区改造，通过留白增绿、见缝插绿等方式，推进绿色空间、绿色基建有机嵌入城市生态环境，成为城市有机更新的重要一环。

近些年，地方政府在城市的有机更新中更加注重"留白增绿"。黑龙江省各地通过拆违建绿、见缝插绿、打开围墙等方式建设"口袋公园"。齐齐哈尔市筹备建设10个口袋公园，将口袋公园建设列入市委2022年度责任目标重点督办、市政府工作报告"十项惠民行动"内容中。佳木斯市启动20个口袋公园建设，已完成11个。市区内10个口袋公园主体建设全部完工，即将迎接市民的检验。黑河市共建成口袋公园14个，从居民最关心的休憩绿地着手，不断推进留白增绿、见缝插绿，做到应绿尽绿。

二、城市环境整治取得的阶段性成效

党中央、国务院秉承"创新、协调、绿色、开放、共享"的发展理念，把生态文明建设作为关系中华民族永续发展的根本大计，纳入"五位一体"总体布局。经过厚植绿色低碳发展理念、落实重大战略部署、积极推进有效措施与行动等，全国城市环境治理取得阶段性成效。

（一）城市废气排放与处理指标

2012—2020年，中国城市的氮氧化物排放总量逐年阶梯式减少，2020年同比2012年下降了56.38%。二氧化碳排放总量出现断崖式缩减，由2012年的2117.6万吨降至2020年的318.2万吨。工业废气治理设施的投入力度稳步攀升，同比2012年增长了65%。政策的先试先行、治理力度的不断加大，极大地提升了城市气候调节、环境净化的能力及水平，为城市居民提供健康、宜居的绿色福利。

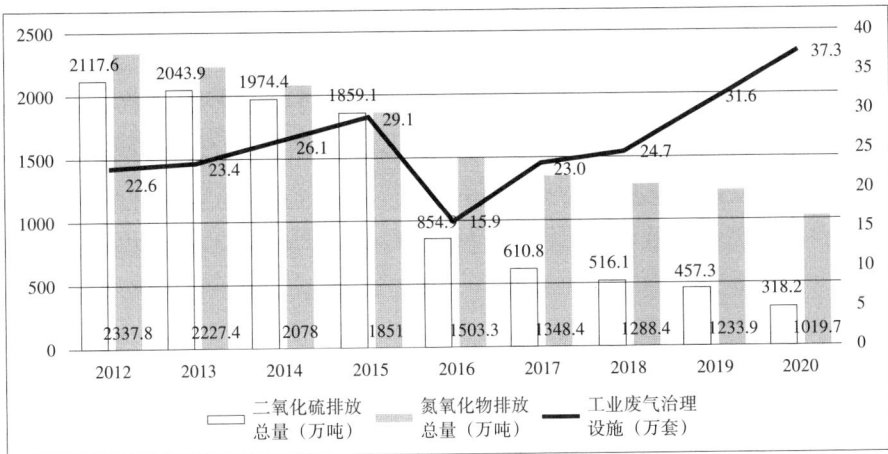

图5-1 全国废气排放及处理情况（2012—2020年）

数据来源：《中国环境统计年鉴2021》

（二）城市环境治理的其他指标

继续着眼城市环境治理的其他重要指标，2012—2020年，我国城市污水处理率、城市生活垃圾无害化处理率的指标逐年递增，分别累计增加10.2个百分点和14.9个百分点。城市人均公园绿地面积从12.3平方米增长至14.8平方米，建成区绿化覆盖率从39.6%提高到42.1%，累计水土流失治理面积达到14312.5万公顷。城市的排污能力提高了，绿地建设加强了，生态环境改善了，生产空间与生活空间从增量扩张向存量优化转变，城市人居环境、城市品质得到量级的飞跃。

表5-2 全国城市环境情况（2012—2020）

年份	城市污水排放量（亿立方米）	城市污水处理率（%）	城市生活垃圾清运量（万吨）	城市生活垃圾无害化处理率（%）	建成区绿化覆盖率（%）	人均公园绿地面积（平方米）	累计水土流失治理面积（万公顷）
2012	416.8	87.3	17081	84.8	39.6	12.3	10295.3
2013	427.5	89.3	17239	89.3	39.7	12.6	10689.2
2014	445.3	90.2	17860	91.8	40.2	13.1	11160.9

续表

年份	城市污水排放量（亿立方米）	城市污水处理率（%）	城市生活垃圾清运量（万吨）	城市生活垃圾无害化处理率（%）	建成区绿化覆盖率（%）	人均公园绿地面积（平方米）	累计水土流失治理面积（万公顷）
2015	466.6	91.9	19142	94.1	40.1	13.4	11557.8
2016	480.3	93.4	20362	96.6	40.3	13.7	12041.2
2017	492.4	94.5	21521	97.7	40.9	14	12583.9
2018	521.1	95.5	22802	99	41.1	14.1	13153.2
2019	554.6	96.8	24206	99.2	41.5	14.4	13732.5
2020	571.4	97.5	23512	99.7	42.1	14.8	14312.5

数据来源：《中国环境统计年鉴2021》

根据生态环境部发布的《2021中国生态环境状况公报》显示，2021年全国生态环境质量明显改善。一是空气更加清新。339个地级及以上城市中，218个城市环境空气质量达标，同比上升3.5个百分点。优良天数比例为87.5%。二是水体更加清澈。全国地表水Ⅰ—Ⅲ类断面比例为84.9%，同比上升1.5个百分点，实现"十三五"以来的"六连升"。长江、珠江流域、黄河流域、淮河、辽河等重点流域水质持续改善，不断向好。地级及以上城市监测的876个在用集中式生活饮用水水源水质达标率为94.2%。三是土壤环境更加安全。全国受污染耕地安全利用率稳定在90%以上，重点建设用地安全利用得到有效保障，农用地土壤环境状况总体稳定。四是生态更加优美。全国生态质量指数（EQI）值为59.77，生态质量综合评价为"二类"，生物多样性较丰富、自然生态系统覆盖比例较高、生态结构较完整、功能较完善。

第二节　推行绿色清洁的生产方式

推行绿色清洁生产是贯彻落实节约资源和保护环境基本国策的重要举措，是实现减污降碳协同增效的重要手段，是促进经济社会发展全面绿色转型的有效途径。推进形成绿色生产方式，要推动传统能源清洁转型，构建低碳、安全、高效的城市能源体系。要实施绿色建筑创建行动，完善建筑建造的节能改造。要实行三产的清洁生产，提升产业园区的循环化水平。

一、推动能源系统的清洁转型

（一）保障能源供应的稳定安全

我国是世界上最大的能源生产国和消费国。能源安全关系着经济的发展，人民的生活水平，也是新型城镇化建设的基础保障。2013年，国务院印发《能源发展"十二五"规划》，强调构建安全、稳定、经济、清洁的现代能源产业体系，保障经济社会可持续发展。随后，国家发改委、能源局陆续出台《能源发展"十三五"规划》《关于加快推动新型储能发展的指导意见》《关于完善能源绿色低碳转型体制机制和政策措施的意见》《"十四五"现代能源体系规划》等文件，反复提及保障能源安全稳定，构建多元化的能源安全保障体系。能源安全是关系国家经济社会发展的全局性、战略性问题，要统筹利用"两个市场、两种资源"，推动能源生产和消费革命。要抢占新能源、储能等蓝海市场，全面推开我国在新能源领域的优势。要从战略安全、运行安全、应急安全等多个维度共同发力，促进能源供应稳定，引领能源高质量发展。

表5-3 保障能源安全的主要政策文件

时间	会议名或文件名	文件号	主要内容
2013.1	国务院关于印发能源发展"十二五"规划的通知	国发〔2013〕2号	构建安全、稳定、经济、清洁的现代能源产业体系。
2014.6	中央财经领导小组会议	—	保障国家能源安全，必须推动能源生产和消费革命。
2016.12	国家发展改革委 国家能源局关于印发能源发展"十三五"规划的通知	发改能源〔2016〕2744号	统筹利用"两个市场，两种资源"，构建能源多元安全保障体系。
2021.7	国家发展改革委 国家能源局关于加快推动新型储能发展的指导意见	发改能源规〔2021〕1051号	新型储能对保障能源安全等方面具有重要意义。
2022.1	国家发展改革委 国家能源局关于完善能源绿色低碳转型体制机制和政策措施的意见	发改能源〔2022〕206号	要统筹能源转型与安全。完善能源安全体系的建设。
2022.1	国家发展改革委 国家能源局关于印发《"十四五"现代能源体系规划》的通知	发改能源〔2022〕210号	从战略安全、运行安全、应急安全等多个维度增强能源供应链安全性和稳定性。

资料来源：发改委、国家能源局官网整理所得

（二）推动城市能源的清洁转型

1. 推动传统能源的节能降碳

城市是碳排放最主要场所，是构建低碳经济格局关键所在。面对经济社会节能提效要求的进一步提升，促进传统能源的清洁转型，是优化城市产业结构、推动清洁生产方式的重要手段。

推动传统能源的节能降碳，要推进煤炭、石油等传统能源的绿色化开

采利用，鼓励发展节能降耗的新技术，实施"能耗双控"行动，推动重点行业的清洁生产，构建以回收利用、工艺改进、低碳节能为核心绿色生产制造体系。《国家新型城镇化规划（2014—2020年）》明确指出要严格控制高耗能、高排放行业发展。这意味着黑色粗放型的工业模式逐步退出城市经济发展，绿色可持续发展成为变革经济增长方式的新动力。随着《煤电节能减排升级与改造行动计划（2014—2020年）》《关于发展煤电联营的指导意见》《能源生产和消费革命战略（2016—2030）》《"十四五"现代能源体系规划》等文件的发布，推进煤炭清洁高效利用，促进炼油产业转型升级，推动钢铁、电解铝、水泥、平板玻璃、炼油、乙烯、合成氨、

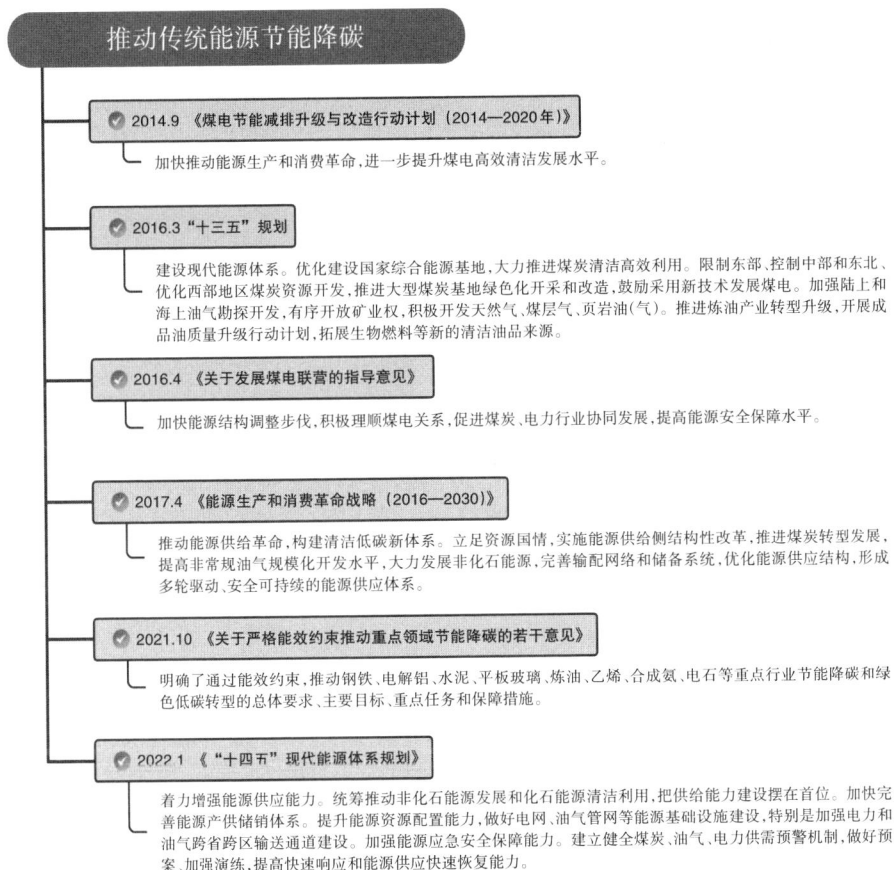

推动传统能源节能降碳

2014.9 《煤电节能减排升级与改造行动计划（2014—2020年）》
加快推动能源生产和消费革命,进一步提升煤电高效清洁发展水平。

2016.3 "十三五"规划
建设现代能源体系。优化建设国家综合能源基地,大力推进煤炭清洁高效利用。限制东部、控制中部和东北、优化西部地区煤炭资源开发,推进大型煤炭基地绿色化开采和改造,鼓励采用新技术发展煤电。加强陆上和海上油气勘探开发,有序开发矿业权,积极开发天然气、煤层气、页岩油(气)。推进炼油产业转型升级,开展成品油质量升级行动计划,拓展生物燃料等新的清洁油品来源。

2016.4 《关于发展煤电联营的指导意见》
加快能源结构调整步伐,积极理顺煤电关系,促进煤炭、电力行业协同发展,提高能源安全保障水平。

2017.4 《能源生产和消费革命战略（2016—2030）》
推动能源供给革命,构建清洁低碳新体系。立足资源国情,实施能源供给侧结构性改革,推进煤炭转型发展,提高非常规油气规模化开发水平,大力发展非化石能源,完善输配网络和储备系统,优化能源供应结构,形成多轮驱动、安全可持续的能源供应体系。

2021.10 《关于严格能效约束推动重点领域节能降碳的若干意见》
明确了通过能效约束,推动钢铁、电解铝、水泥、平板玻璃、炼油、乙烯、合成氨、电石等重点行业节能降碳和绿色低碳转型的总体要求、主要目标、重点任务和保障措施。

2022.1 《"十四五"现代能源体系规划》
着力增强能源供应能力。统筹推动非化石能源发展和化石能源清洁利用,把供给能力建设摆在首位。加快完善能源产供储销体系。提升能源资源配置能力,做好电网、油气管网等能源基础设施建设,特别是加强电力和油气跨省跨区输送通道建设。加强能源应急安全保障能力。建立健全煤炭、油气、电力供需预警机制,做好预案,加强演练,提高快速响应和能源供应快速恢复能力。

图5-2　推动传统能源节能降碳的主要政策文件

电石等重点行业节能降碳的措施加快落实。目前，我国"能耗双控""煤电一体化"等重大的战略布局日趋完善，淘汰传统落后产能的后续政策深入推进，严格能效准入门槛、严控大气污染物排放、实施综合节能改造等操作细则加速落地。

地方层面，河北省加快推进供热设施改造。2018 年，蔚县热电厂、唐山北郊热电厂、遵化热电厂、邯郸东郊热电厂等一批热电联产机组投产运行；灵寿、赞皇、武邑等地新建一批大吨位燃煤供热锅炉；石家庄、邢台、邯郸、保定、张家口、唐山、鹿泉等地新建长距离输热管线引热入市；石家庄、唐山、保定、邢台、邯郸等市完成了城区供热管网互通工作；石家庄、保定等市供热管网"汽改水"，城市供热保障能力全面提升。

2. 加快新能源的开发利用

新能源不仅关系到国家能源安全，也是后疫情时代城市经济增长的重要引擎。加快建设清洁低碳、安全高效的新能源体系，一是要培育发展新能源技术，推进以风能、太阳能、氢能、核能、地热能等为主的新能源技术迭代更新，将技术优势转化为经济优势，推动能源结构优化升级。二是要发挥新能源在碳约束、碳收益背景下的比较优势，推进新能源在供应端、制造端、运营端的全产业链布局，通过渐进、倒逼等机制将新能源贯穿于经济社会发展的全过程和各领域，促进现代能源体系多元化发展、规模化应用。三是支持城市能源系统提高新能源利用比例。有序引导非化石能源消费和以电代煤、以气代煤，发展屋顶光伏等分布式能源，因地制宜推广热电联产、余热供暖、热泵等多种清洁供暖方式。推动车辆电动化替代，提高城市新能源车辆的占比。四是推进能源革命与数字革命交融并进。促进新能源不断深入工业、建筑、交通等各行各业，并在互联网、大数据、人工智能等现代信息技术的加持下深度融合，推进以智慧电厂、智能电网、智能勘探开采等为代表的数字能源领域快速推广应用。

表5-4　促进新能源开发利用的主要政策文件

时间	会议名或文件名	文件号	主要内容
2014.3	中共中央　国务院印发《国家新型城镇化规划（2014—2020年）》	国务院公报2014年第9号	加快建设可再生能源体系，提高新能源和可再生能源利用比例。
2015.10	十八届五中全会	—	建设清洁低碳、安全高效的现代能源体系。
2015.12	中央城市工作会议	—	支持城市能源系统节能低碳改造，更多使用可再生能源，支持分布式电力系统建设。
2016.3	"十三五"规划	—	推进新能源发电。以沿海核电带为重点，安全建设自主核电示范工程和项目。加快发展生物质能、地热能，积极开发沿海潮汐能资源。完善风能、太阳能、生物质能发电扶持政策。
2017.1	国务院关于印发"十三五"节能减排综合工作方案的通知	国发〔2016〕74号	鼓励利用可再生能源、天然气、电力等优质能源。
2019.12	关于促进生物天然气产业化发展的指导意见	发改能源规〔2019〕1895号	推动新能源从发电向燃气领域扩展延伸，推动生物天然气产业化发展。
2021.4	国家发展改革委关于印发《2021年新型城镇化和城乡融合发展重点任务》的通知	发改规划〔2021〕493号	推动能源清洁低碳安全高效利用，深入推进工业、建筑、交通等领域绿色低碳转型。

续表

时间	会议名或文件名	文件号	主要内容
2022.6	国家发展改革委关于印发"十四五"新型城镇化实施方案的通知	发改规划〔2022〕960号	推动能源清洁低碳安全高效利用，有序引导非化石能源消费和以电代煤、以气代煤，发展屋顶光伏等分布式能源，因地制宜推广热电联产、余热供暖、热泵等多种清洁供暖方式，推行合同能源管理等节能管理模式。

资料来源：国家发改委、国家能源局等官网整理所得

"十三五"时期，我国能源结构持续优化，非化石能源消费比重达到15.9%，煤炭消费比重下降至56.8%，常规水电、风电、太阳能发电、核电装机容量分别达到3.4亿千瓦、2.8亿千瓦、2.5亿千瓦、0.5亿千瓦，非化石能源发电装机容量稳居世界第一。能源科技创新能力显著提升，新能源和电力装备制造能力全球领先，低风速风力发电技术、光伏电池转换效率等不断取得新突破，全面掌握三代核电技术，煤制油气、中俄东线天然气管道、±500千伏柔性直流电网、±1100千伏直流输电等重大项目投产，超大规模电网运行控制实践经验不断丰富。能源惠民利民成果丰硕，"人人享有电力"得到有力保障，全面完成新一轮农网改造升级，大电网覆盖范围内贫困村通动力电比例达到100%，农网供电可靠率总体达到99.8%，建成光伏扶贫电站装机约2600万千瓦。北方地区清洁取暖率达到65%以上。

（三）稳步有序推进"双碳"目标

近十年，全球可再生能源快速发展，低碳经济新格局逐步构建，实现"碳中和"成为中国树立大国形象的必经之路。党中央采取了强而有力的政策行动，从战略规划、政策法规、综合管控等方面多管齐下，分部门、分领域推进落实，确保我国能源结构优化，实现环境、能源、经济全面可持续发展。

1. 目标确立：国家战略定位

2020年9月，在第75届联合国大会一般性辩论上，我国宣布"二氧化碳排放力争于2030年前达到峰值，2060年前实现碳中和"，同年的第三届巴黎和平论坛、金砖国家领导人第十二次会晤、联合国气候雄心峰会上，"30·60"的"双碳"目标被反复提及、庄重承诺，这标志着"碳达峰、碳中和"已上升为我国的国家战略。

2. 精准施策：政策体系推进

随着"双碳"目标国家战略的确立，一系列政策加速推进落实。一是制定行动方案，明确时间表、路线图、施工图；二是分解任务，分领域、分行业、分企业科学设置目标；三是探索碳汇权益交易试点，健全碳排放权交易机制，建设碳排放权交易市场；四是构建碳达峰、碳中和"1+N"政策体系，重点实施"碳达峰十大行动"方案等。目前，"双碳"目标贯穿于经济社会发展全过程，有效地推动了能源转型及生态环境的保护与修复。

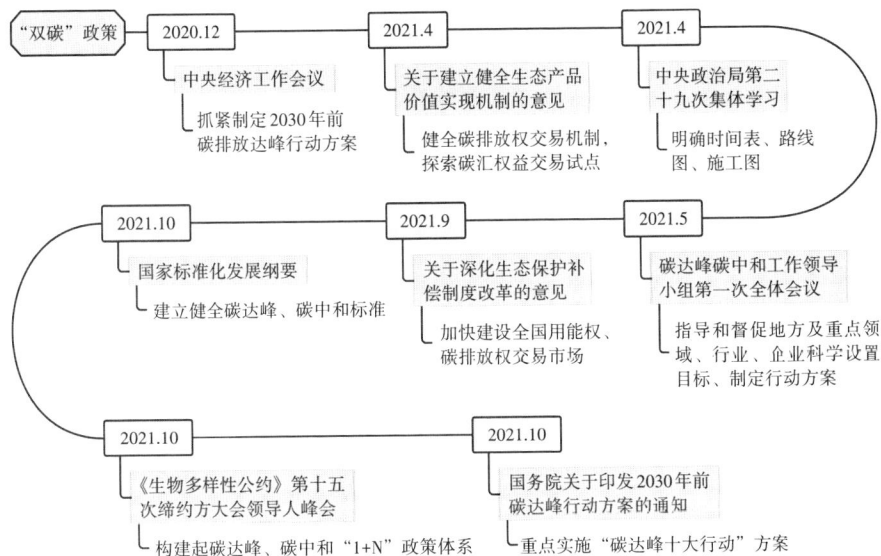

图5-3 "双碳目标"推进的主要会议及政策文件

3. 推进落实：分解任务压实责任

国家发改委、能源局、生态环境部、交通运输部等多部门进一步强化政策统筹，健全发展机制和配套措施，促进经济结构、产业结构、能源结构的转型。在责任分工上，压实主体责任，积极做好组织调度和任务分解。在时间表上，因地制宜，避免"一刀切"。在推进落实上，开展试点示范，以点带面逐步推广。2010年起，国家发改委先后开展三批低碳省、市、区试点工作，共87个省市区县纳入试点范围。经过几年探索和发展，获得了较为丰富的经验储备。一是试点地区发挥了引领作用，率先提出了碳排放峰值目标和路线图，形成倒逼机制，促进发展方式的转型。二是这些试点地区关于能源、碳排放、环境等方面的基础数据分析平台得到完善，而且政府、企业、公众的绿色低碳意识显著进步，为理论推动实践、实现绿色低碳发展奠定了良好基础。三是涌现出一批好的做法。例如，北京、上海、深圳、广东等省市已开始探索运用市场机制推动低碳发展。镇江等城市探索建立企业碳排放报告制度及碳排放管理平台。广元市成立专门的低碳发展机构"广元市低碳发展局"等。

二、完善建筑建造的节能改造

推广绿色宜居、节能低碳的建筑建造工程，对建成和谐城市、美丽中国具有十分重要的意义。完善绿色建筑标准认证体系，推广绿色建造全过程全链条发展，并以"绿色建筑"为基础，进而扩展至"绿色社区""生态城区"建设，达到促进人、建筑、环境、城市和谐发展的目标。

（一）健全绿色建筑标准认证体系

建立健全绿色建筑标准规范及评价标识体系，是绿色建筑发展的根本要求，是推动绿色建筑高质量发展的必经之路。2013年，《绿色建筑行动方案》出台，强调要完善建筑节能标准，健全绿色建筑评价标准体系，加快制（修）订适合不同气候区、不同类型建筑的节能建筑和绿色建筑评价标准。绿色建筑标准化建设被提上日程。2014—2021年，住建部相继出台多项绿色建筑、绿色建材相关的评价标准及认证标识管理办法，如《绿色建材评价标识管理办法》《绿色工业建筑评价技术细则》《既有建筑绿色改造评价标准》《绿色建筑评价标准》《民用建筑绿色性能计算标准》《绿色建筑标识管理办法》等，这些绿色建筑标准体系认证，为实施绿色建筑创建行动提供有力支撑。2022年3月，《"十四五"建筑节能与绿色建筑发展规划》提出，将标准化理念贯穿于新型建筑工业化项目的设计、生产、施工、装修、运营维护全过程，构建"1+3"标准化设计和生产体系①，推进绿色建筑标准实施。

河南省鹤壁市是执行绿色建筑标准的践行者。通过实施绿色建筑创建行动，明确城区新建建筑全面执行绿色建筑标准；通过积极宣传，制作展板进行建筑节能、绿色建筑宣传全程管控。2021年上半年，鹤壁市绿色建筑占比达到62%，比2019年提高了十余个百分点，获得二星级绿色建筑评价标识项目9个、一星级绿色建筑评价标识项目2个②。

（二）推广绿色建造全过程全链条发展

绿色建造是一个全过程发展的理念，实施绿色建造，要将绿色设计、绿色施工、建造工业化、信息化贯穿起来，实现全链条的低碳衔接，进而推动形成绿色建筑及绿色生态城区。2013年，《循环经济发展战略及近期行动计划》发布，提出发展绿色建筑，并对绿色建筑设计和施工提出总体要求，即确保设计阶段100%达到节能标准要求，施工过程简约适度、节能环保。《国家新型城镇化规划（2014—2020年）》进一步确定，将建造工业化作为新时期绿色建造的重要理念。2017年，《"十三五"节能减排综合工作方案》印发，强调实施绿色建筑全产业链发展计划，推行绿色施工方式，采用节能绿色建材、推广装配式和钢结构建筑。2020—2022年，政策围绕建筑业高质量发展全面铺开，重点聚焦建筑建造工业化、数字化

---

① "1+3"标准化设计和生产体系：即启动编制1项装配式住宅设计选型标准、3项主要构件和部品部件尺寸指南（钢结构住宅主要构件尺寸指南、装配式混凝土结构住宅主要构件尺寸指南、住宅装配化装修主要部品部件尺寸指南）。

② 国家发展和改革委员会. 国家新型城镇化报告（2020—2021）[M]. 北京：人民出版社，2022：142—143.

推广绿色建造

2013.1 《循环经济发展战略及近期行动计划》

> 实施绿色建筑行动。推进既有建筑供热计量和节能改造；新建建筑严格执行节能标准；发展绿色建筑；推进建筑废物资源化利用。

2014.3 《国家新型城镇化规划（2014—2020年）》

> 实施绿色建筑行动计划，完善绿色建筑标准及认证体系、扩大强制执行范围，加快既有建筑节能改造，大力发展绿色建材，强力推进建筑工业化。

2016.2 《关于进一步加强城市规划建设管理工作的若干意见》

> 发展新型建造方式。大力推广装配式建筑，减少建筑垃圾和扬尘污染。制定装配式建筑设计、施工和验收规范。完善部品部件标准，实现建筑部品部件工厂化生产。鼓励建筑企业装配式施工，现场装配。建设国家级装配式建筑生产基地。积极稳妥推广钢结构建筑。

2017.1 《"十三五"节能减排综合工作方案》

> 实施绿色建筑全产业链发展计划，推行绿色施工方式，推广节能绿色建材、装配式和钢结构建筑。

2020.7 《关于推动智能建造与建筑工业化协同发展的指导意见》

> 建筑业高质量发展：发展建筑建造工业化、数字化，形成涵盖科研、设计、生产加工、施工装配、运营等全产业链融合一体的智能建造产业体系。

2022.3 《"十四五"建筑节能与绿色建筑发展规划》

> 提升绿色建筑发展质量；提高新建建筑节能水平；加强既有建筑节能绿色改造；推动可再生能源应用；实施建筑电气化工程；推广新型绿色建造方式；促进绿色建材推广应用；推进区域建筑能源协同；推动绿色城市建设。

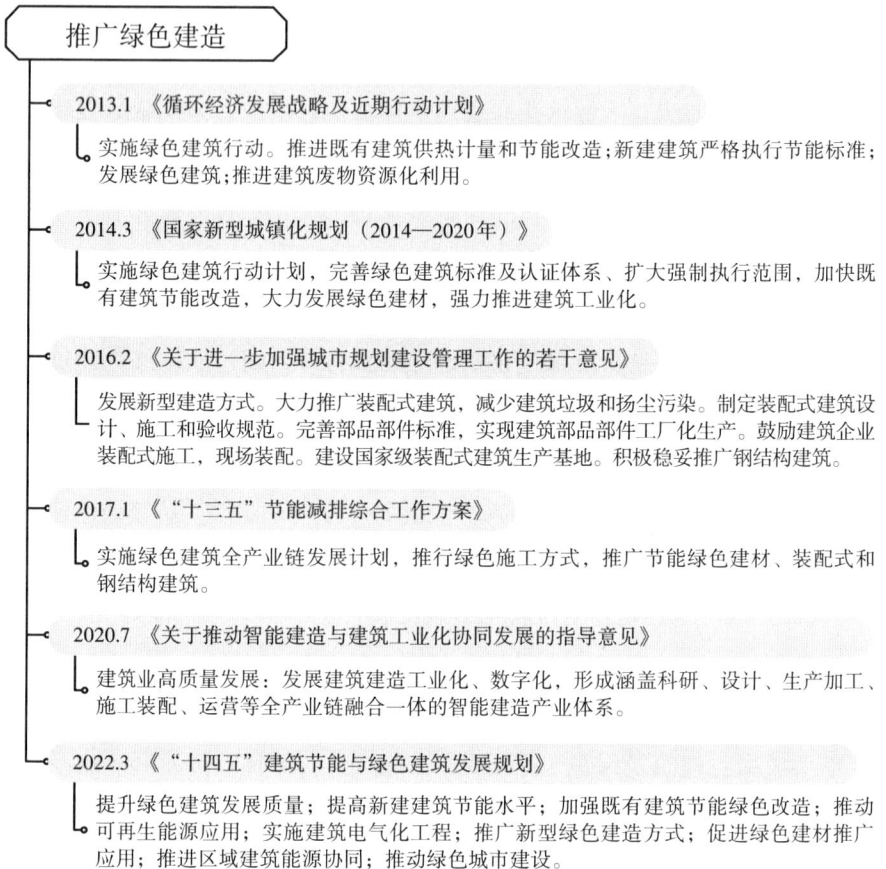

图5-4 推广绿色建造的主要政策文件

发展。在工业化方面，大力发展装配式建筑，完善装配式建筑标准化设计和生产体系。在数字化方面，推动形成涵盖科研、设计、生产加工、施工装配、运营等全产业链融合一体的智能建造产业体系。

"十三五"期间，我国绿色建造体系取得重大进展。法规标准不断完善，标识认定管理逐步规范，建设规模增长迅速。既有居住建筑节能改造稳步实施，农房节能改造研究不断深入。可再生能源应用规模持续扩大，替代率逐步提高。装配式建筑快速发展，政策不断完善，示范城市和产业基地带动作用明显。绿色建材评价认证和推广应用稳步推进，政府采购支持绿色建筑和绿色建材应用试点持续深化。地方层面，河北省卢龙县积极推动装配式建造。一是在卢龙县国土空间规划中，优先考虑装配式建筑产业发展。二是政府加大推广力度，推动打造装配式建筑产业园区，要求新建保障性住房项目、政府投资项目、3000平方米以上新建公共建筑，均采用装配式方式建造。三是鼓励商业开发项目采用装配式建造，试点建设经济适用、安全可靠、舒适健康、环境优良的"装配式绿色农房"。目前，卢龙县装配式建筑产业园区年产PC构件12万立方米、钢结构2万吨、整体卫浴3万套，建成了内外墙板、叠合楼板等十余个关联配套企业[①]。

（三）加快形成绿色建筑及绿色生态城区

发展绿色建筑，开展低能耗建筑、近零能耗建筑、零碳建筑建设，引导绿色建筑高水平建设、规模化发展。开展超低能耗及近零能耗建筑建设试点，建设一批近零碳排放区示范工程，推动形成绿色生态城区。

2013年，住建部制定《"十二五"绿色建筑和绿色生态城区发展规划》，部署"十二五"时期推进绿色生态城区建设、推动绿色建筑规模化发展的重要任务。在此基础上，中央城市工作会议提出，建设一批近零碳排放区示范工程。2017年开始，住建部陆续制定了绿色生态城区评价标准（国家标准）；实施了建筑节能先进标准领跑行动；开展超低能耗及近零能耗建筑建设试点；引导分区域建设零碳建筑、零碳社区工作等。绿色建筑实现跨越式发展，绿色生态城区建设初具成效。

截至2022年6月，我国新建建筑中绿色建筑面积占比超过90%，全国新建绿色建筑面积已由2012年的400万平方米增长至2021年的20亿平方米[②]。借助"光储直柔""浅层地热能"等先进技术，绿色建筑实现了跨越式发展，全国城镇新建建筑已经全部执行节能强制性标准，全面实现新建建筑节能。与此同时，全国约有4000个产品获得绿色建材评价认证证书，

---

① 国家发展和改革委员会. 国家新型城镇化报告（2020—2021）[M]. 北京：人民出版社，2022：142.

② 中国环境网 全国生态环境信息平台. 十年间，我国新建绿色建筑面积从400万平方米增长到20多亿平方米 [EB/OL]. 2022-09-15. https://www.cenews.com.cn/news.html？aid=1004965.

2013.3　《"十二五"绿色建筑和绿色生态城区发展规划》
部署"十二五"时期推进绿色生态城区建设，
推动绿色建筑规模化发展的重要任务。

2015.12　中央城市工作会议
建设一批近零碳排放区示范工程。

2016.10　《"十三五"控制温室气体排放工作方案》
开展近零碳排放区示范工程，到2020年建设50个。

2017.1　《"十三五"节能减排综合工作方案》
开展超低能耗及近零能耗建筑建设试点。

2017.7　《绿色生态城区评价标准》（国家标准）

2020.4　《2020年新型城镇化建设和城乡融合发展重点任务》
提高城市绿色建筑占新建建筑比重。

2021.10　《关于推动城乡建设绿色发展的意见》
大力推广超低能耗、近零能耗建筑，发展零碳建筑。

2022.3　《"十四五"建筑节能与绿色建筑发展规划》
分区域引导零碳建筑、零碳社区建设工作。

绿色建筑及
绿色生态城区

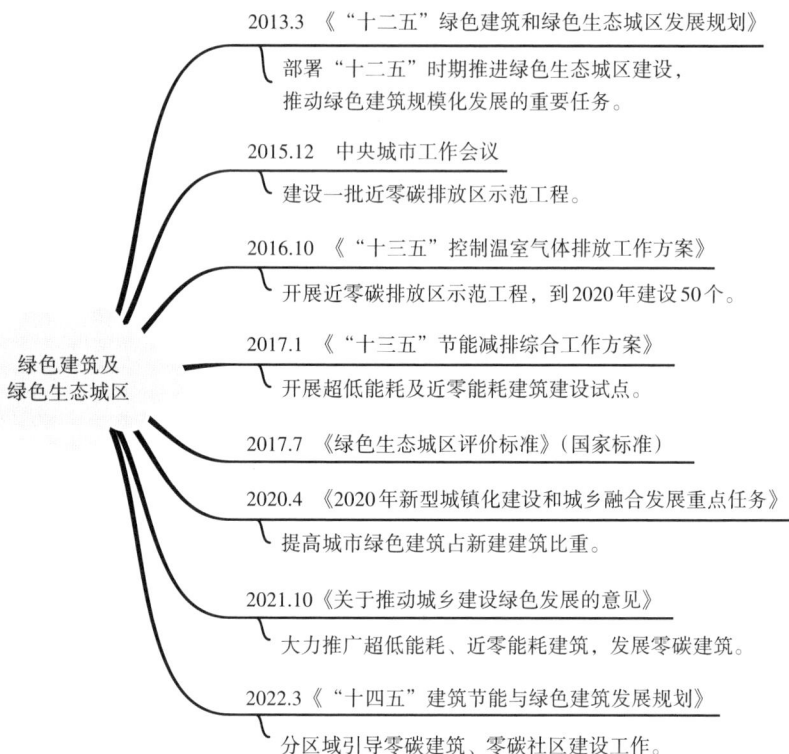

图5-5　绿色建筑及绿色生态城区的主要政策文件

逐渐实现规模化应用，装配式建筑更是日益普及。从地方试点来看，广州南沙灵山岛尖片区积极发展绿色建筑，打造南沙青少年宫、九年一贯制学校等重要示范项目。选择灵山岛尖公交站场项目开展夏热冬暖地区近零能耗建筑的建设工作，通过优化建筑材料和建筑结构方案降低建筑自身能耗，并使用光伏系统实现低碳运行。该项目综合节能率达86.29%，可再生能源利用率达77%，基本实现"碳中和"，并获得广州首个"近零能耗建筑"标识证书。

三、构建低碳循环的生产体系

（一）形成清洁低碳的生产体系

构建绿色低碳的生产方式，重点从农业、工业、服务业入手，全面推行清洁生产。减少工、农废弃物的排放，加大产业园区基础设施的循环改造力度，促进相关产业链上下游的共生耦合。加快关键技术与装备创新，实施一批低碳发展重点工程，形成配套完善的绿色低碳、循环链接工业生产体系。

1. 推进三产的绿色生产

推进三产的绿色清洁生产，要围绕工业、农业、生产性服务业三大领域部署重点工程，并对重要领域、重点行业的清洁生产做体制机制的创新，做环环相扣的规划，加快完善绿色制造体系。其中工业重点抓源头、抓替代、抓改造。从产品绿色设计、原材料清洁替代、重点行业清洁改造等方面着手做实。农业重点抓投入品减量、抓过程清洁化、抓废弃物资源化利用。服务业强调以创新引领，推动清洁生产科技创新、模式创新、管理创新。另外，产业数字化作为助力清洁生产的重要手段要发挥积极作用。做好农业、制造业、服务业和信息技术的融合发展，全面带动一二三产业和基础设施绿色升级。

表5-5　清洁生产的主要政策文件

时间	会议名或文件名	文件号	核心内容
2012.1	关于印发《工业清洁生产推行"十二五"规划》的通知	工信部联规〔2012〕29号	从高能耗、高排放、重污染的重点领域、重大工程切入，提高清洁生产。
2013.1	国务院关于印发循环经济发展战略及近期行动计划的通知	国发〔2013〕5号	推动农业领域、工业领域清洁化生产，构建循环型的产业体系。
2016.7	工业和信息化部关于印发工业绿色发展规划（2016—2020年）的通知	工信部规〔2016〕225号	加快构建绿色制造体系，强化产品全生命周期绿色管理理念。
2019.1	国务院办公厅关于印发"无废城市"建设试点工作方案的通知	国办发〔2018〕128号	实施工业绿色生产，推行农业绿色生产。

续表

时间	会议名或文件名	文件号	核心内容
2020.3	中共中央办公厅、国务院办公厅印发《关于构建现代环境治理体系的指导意见》	国务院公报 2020 年第 8 号	积极践行绿色生产方式，推进生产服务绿色化。从创新生产技术、减少污染物排放、落实生产者责任等方面做指导意见。
2021.2	国务院关于加快建立健全绿色低碳循环发展经济体系的指导意见	国发〔2021〕4号	全方位全过程推行绿色规划、绿色设计、绿色投资、绿色建设、绿色生产、绿色流通、绿色生活、绿色消费。
2021.10	国家发展改革委等部门关于印发《"十四五"全国清洁生产推行方案》的通知	发改环资〔2021〕1524号	系统推进工、农、服三产的清洁生产。

资料来源：国家发改委、国家能源局等官网整理所得

2. 提升产业园区的循环化水平

提升产业园区的循环化水平，按产业链、价值链的角度优化园区布局，不同性质的园区，要分类施策。在资源、产业链、基础设施三方面实施产业园区循环化改造，推进低碳园区试点，制定低碳产业园区试点评价指标和建设规范。构建绿色供应链，促进产业间的融合发展、产业结构的优化升级、产业园区和产业集群循环化水平提升。从重点行业、重点工程着手，推进绿色工厂建设、创建国家生态工业示范园区等。

表5-6　产业园区循环化发展的主要政策文件

时间	会议名或文件名	文件号	核心内容
2013.1	国务院关于印发循环经济发展战略及近期行动计划的通知	国发〔2013〕5号	在资源、产业链、基础设施三方面实施产业园区循环化改造。

续表

时间	会议名或文件名	文件号	核心内容
2014.9	国家应对气候变化规划（2014—2020年）	国函〔2014〕126号	推进低碳园区试点，制定低碳产业园区试点评价指标体系和建设规范。
2017.4	关于印发《循环发展引领行动》的通知	发改环资〔2017〕751号	按产业链、价值链的角度优化园区布局，推进产业结构、产业链接的循环化改造。
2021.2	国务院关于加快建立健全绿色低碳循环发展经济体系的指导意见	国发〔2021〕4号	构建绿色供应链，促进产业间的融合发展、产业结构的优化升级、产业园区和产业集群循环水平提升。
2021.7	国家发展改革委关于印发"十四五"循环经济发展规划的通知	发改环资〔2021〕969号	推进园区循环化发展。从重点行业、重点工程着手，鼓励园区制定循环化发展指南，推进绿色工厂建设、创建国家生态工业示范园区等。
2021.12	国家发展改革委办公厅、工业和信息化部办公厅关于做好"十四五"园区循环化改造工作有关事项的通知	发改办环资〔2021〕1004号	提出"十四五"产业园区绿色低碳循环化改造工作目标和主要任务。

资料来源：国家发改委、国家能源局等官网整理所得

江苏省镇江市产业结构偏重偏老化，当地政府从发展循环经济着手，在资源利用、环境效益、经济贡献、社会效益等方面建立指标体系，对固定资产投资项目进行评估，将"碳评估"作为项目审批的必要条件和开工建设、竣工验收的重要依据。另外，镇江市积极推动产业结构的优化升级，构建化工、光伏、静脉、造纸等循环经济产业链和信息共享平台，为

产业园区循环化改造提供数据和技术支撑。通过改造，镇江市产业园区资源利用率大幅提高，餐厨废弃物得到规范化收运处置，每年减少碳排放2万吨、产生沼气1000万立方米、输出园林绿化肥料3万吨[①]。

（二）清洁生产的实施成效

2012年以来，各地区各部门深入贯彻党中央、国务院决策部署，大力推动工业、农业等领域清洁生产，取得积极进展。

一是政策法规及标准体系逐步健全。2012年，第十一届全国人民代表大会常务委员会第二十五次会议通过新修订的《中华人民共和国清洁生产促进法》。2013年，《清洁生产评价指标体系编制通则》（试行稿）由国家发改委、环保部以及工信部编制完成。2016年，《清洁生产审核办法》修订完成。2018年，生态环境部和国家发改委联合印发《清洁生产审核评估与验收指南》。除此之外，钢铁、火电等51个行业清洁生产评价指标体系和35个重点行业清洁生产技术推行方案发布实施[②]。

二是重点工业行业清洁生产水平大幅提升。火电等行业清洁生产水平已达国际领先，6.2亿吨粗钢产能开展超低排放改造，水泥行业新型干法工艺占比达到95%左右，铅冶炼富氧熔炼+直接还原工艺提高到90%以上，铬盐行业清洁生产工艺达到80%以上。而且，主要工业行业污染物产生强度明显下降。根据第二次污染源普查显示，造纸行业化学需氧量产生强度下降26%，铅锌冶炼行业二氧化硫产生强度下降97%、颗粒物产生强度下降90%。

三是农业、服务业清洁生产积极推进。农业领域化肥、农药使用量连续四年保持负增长，畜禽粪污、秸秆综合利用率分别达到75%、86%，西北地区农膜回收率达到80%。电商、快递、外卖等领域塑料包装物减量工

---

① 国家发展和改革委员会. 国家新型城镇化报告（2020—2021）［M］. 北京：人民出版社，2022：140.

② 国家发展改革委. 政策解读：国家发展改革委有关负责同志就《"十四五"全国清洁生产推行方案》答记者问［EB/OL］. 2021-11-10. http://www.gov.cn/zhengce/2021-11/10/content_5650029.htm.

作持续深化，包装物回收利用率大幅提升。

四是循环经济示范城市（县/企业）加速成长。经国务院批准，国家发展改革委等6部委开展了两批国家循环经济试点示范工作。其中国家循环经济示范城市（县）建设地区名单涵盖27个省61个市（县）。第一批通过验收的国家循环经济试点示范单位名单涉及84个重点省市及重点企业（园区）。第二批涉及66个重点省市及重点企业（园区）。

五是试点经验推进复制。各地区结合实际开展了本地循环经济试点。通过试点，总结凝练发展循环经济的模式案例，涌现出一大批循环经济先进典型，获得并推广以下经验：加强地方立法，完善配套政策的协同推进；推行补链招商，构建抵御风险的循环产业链；强化废弃物利用，完善资源化管理与服务外包机制；引入"互联网+"理念，创新资源回收利用模式；强调生产生活系统链接，构建产城融合资源能耗体系；建立共享平台，促进资源优化管理和合理配置；测算资源数据，统计产出效率、开展科学评价标准。

表5-7　国家循环经济示范城市（县）建设地区名单

1. 天津市：静海区	16. 广西壮族自治区：柳州市、富川瑶族自治县
2. 内蒙古自治区：包头市、托克托县	17. 四川省：泸州市、蒲江县、西充县
3. 辽宁省：沈阳市、鞍山市、建平县	18. 重庆市：綦江区、合川区、梁平县
4. 吉林省：洮南县	19. 云南省：曲靖市、祥云县
5. 黑龙江省：通河县	20. 贵州省：六盘水市、铜仁市、岑巩县
6. 江苏省：徐州市、扬州市、丹阳市	21. 陕西省：韩城市
7. 浙江省：台州市、安吉县、海宁市	22. 西藏自治区：拉萨市
8. 安徽省：阜阳市、凤阳县、繁昌县	23. 甘肃省：白银市、临夏市、泾川县
9. 江西省：吉安市、丰城市、樟树市	24. 宁夏回族自治区：石嘴山市、永宁县、青铜峡市
10. 山东省：聊城市、平原县、招远县	25. 青海省：大通县
11. 青岛市：城阳区	26. 新疆维吾尔自治区：玛纳斯县
12. 河南省：洛阳市、新乡市、长葛市	27. 新疆生产建设兵团：二师34团、一师10团
13. 湖北省：荆门市、枝江市、潜江市	
14. 湖南省：长沙市、安化县、安乡县	
15. 广东省：湛江市、广宁县、罗定市	

资料来源：《关于将天津静海县等61个地区确定为国家循环经济示范城市（县）建设地区的通知》（发改办环资〔2016〕36号）

第三节　倡导低碳生活与节约型消费

推进生产生活低碳化，是"十四五"新型城镇化建设的重要任务之一。锚定碳达峰碳中和目标，推广普及低碳生活方式，加强节能降碳宣传教育，鼓励绿色低碳出行方式，推行垃圾分类及无害化处理，开展绿色家庭、绿色社区等绿色生活创建行动。要倡导简约适度的绿色消费模式，从树立绿色消费理念、强化政策指引，到推动绿色消费行动分层次、渐进式深入开展。

一、形成节约低碳的绿色生活方式

（一）推广节能降碳宣传教育

加强生态文明宣传教育，增强全民节约意识、环保意识、生态意识。把生态文明纳入社会主义核心价值体系，形成人人、事事、时时崇尚生态文明的社会新风尚。

2012年以来，党中央不断强化低碳生活的理念与宣传教育，普及生态文明法律法规，培育生态文化、生态道德，为生态文明建设奠定坚实的社会基础。2013—2021年，我国连续9年开展全国节能宣传周和全国低碳日活动，围绕提升全民节能意识，宣讲我国关于绿色发展的政策措施，传播有益经验和成功做法，培养广大民众勤俭节约的生活习惯。如今，绿色低碳的生活方式已深入人心；文明健康的生活风尚已基本形成；尊重自然、爱护自然的价值观念形成普遍共识；全国动员、全民动手、全社会参与的群众路线已扎实推进。

表5-8　全国节能宣传周和全国低碳日活动安排

全国节能宣传周		全国低碳日	
日期	活动主题	日期	活动主题
2013.6.15—6.21	践行节能低碳，建设美丽家园。	2013.6.17	践行节能低碳，建设美丽家园。
2014.6.8—6.14	携手节能低碳，共建碧水蓝天。	2014.6.10	携手节能低碳，共建碧水蓝天。
2015.6.13—6.19	节能有道，节俭有德。	2015.6.15	低碳城市宜居可持续。
2016.6.12—6.18	节能领跑，绿色发展。	2016.6.14	绿色发展低碳创新。
2017.6.11—6.17	节能有我，绿色共享。	2017.6.13	工业低碳发展。
2018.6.11—6.17	节能降耗保卫蓝天。	2018.6.13	提升气候变化意识，强化低碳行动力度。
2019.6.17—6.23	绿色发展，节能先行。	2019.6.19	低碳行动，保卫蓝天。
2020.6.29—7.5	绿水青山，节能增效。	2020.7.2	绿色低碳，全面小康。
2021.8.23—8.29	节能降碳，绿色发展。	2021.8.25	低碳生活，绿建未来。

资料来源：国家发改委官网文件整理所得

（二）开展绿色生活创建行动

1. 绿色生活创建行动

近十年，国家发改委、交通运输部、住建部、商务部等多部门积极贯彻关于"推进形成绿色生活方式"指导思想，按照系统推进、广泛参与、突出重点、分类施策的原则，开展节约型机关、绿色家庭、绿色学校、绿色社区、绿色出行、绿色商场、绿色建筑等创建行动，绿色生活创建行动取得显著成效。一是广泛宣传推广简约适度、绿色低碳、文明健康的生活理念和生活方式，低碳理念已深度融入城市规划、建设、管理和居民生活之中。二是建立及完善绿色生活的相关政策和管理制度，统筹开展七个重点领域的绿色生活创建行动，在理念、政策、教育、行为等多方面共同发力，形成多方联动、相互促进、相辅相成的推进机制。三是扎实推进了以低碳社区为代表的试点建设，形成一批成效突出、特点鲜明的绿色生活优秀典型。

表5-9　绿色生活创建行动的主要政策文件

时间	会议名或文件名	文件号	核心内容
2012.7	国家发展改革委　财政部　国务院机关事务管理局关于印发节约型公共机构示范单位创建工作方案的通知	发改环资〔2012〕1982号	在国家机关创建一批践行绿色低碳的节约型公共机构示范单位。
2014.3	国家发展改革委关于开展低碳社区试点工作的通知	发改气候〔2014〕489号	将低碳理念融入社区规划、建设、管理和居民生活之中，探索有效控制城乡社区碳排放水平的途径。
2014.9	国家发展改革委关于印发国家应对气候变化规划（2014—2020年）的通知	发改气候〔2014〕2347号	结合新型城镇化建设和社会主义新农村建设，扎实推进低碳社区试点。
2015.2	国家发展改革委办公厅关于印发低碳社区试点建设指南的通知	发改办气候〔2015〕362号	围绕城市新建社区、既有社区和农村社区开展低碳社区的创建活动，明确了低碳社区试点的基本要求和组织实施程序。
2016.9	二十国集团工商峰会	—	生活方式绿色化是生产方式绿色化的动力和归宿。
2019.9	中央全面深化改革委员会第十次会议	—	按照系统推进、广泛参与、突出重点、分类施策的原则，开展节约型机关、绿色家庭、绿色学校、绿色社区、绿色出行、绿色商场、绿色建筑等创建行动。
2019.10	国家发展改革委关于印发《绿色生活创建行动总体方案》的通知	发改环资〔2019〕1696号	就开展节约型机关、绿色家庭、绿色学校等创建行动，提出建立完善绿色生活的相关政策和管理制度。

续表

时间	会议名或文件名	文件号	核心内容
2020.7	住房和城乡建设部等部门关于印发绿色社区创建行动方案的通知	建城〔2020〕68号	从社区的体制机制建设、基础设施绿色化、人居环境建设和整治、信息系统智能化、绿色文化宣传教育等角度提出创建标准。

资料来源：国家发改委、国家能源局等官网整理所得

　　江西省抚州市支持居民开展绿色低碳生活。依托"我的抚州"智慧服务APP，推出碳公共服务平台——"绿宝"。"绿宝"可以记录注册居民每一次低碳生活行为数据，给予"碳币"奖励，用于折抵居民消费。除此之外，平台还联合上百家商户组建"碳联盟"、推出"绿宝礼包"，对几十种绿色农产品实行"绿宝价"。如今"积碳分、兑碳币，乐享碳普惠"被越来越多抚州市民接受，"绿宝"逐渐成为城市绿色生活共建共享的知名品牌[1]。

　　2. 鼓励绿色低碳出行方式

　　开展绿色出行创建行动，要科学制定城市慢行系统规划，将公共出行、轨道交通、完善停车设施、推广新能源汽车等作为优化城市出行方式的重点，提高公共出行和非机动出行比例，完善绿色出行服务体系的构建。制定绿色出行创建行动考核评价标准，从量化考核的视角对绿色出行的实施方案、创建目标做完成情况的评价。

----

　　[1] 国家发展和改革委员会. 国家新型城镇化报告（2020—2021）[M]. 北京：人民出版社，2022：143.

绿色出行创建行动

| 2013 | 2013.1 | 《循环经济发展战略及近期行动计划》 | 完善城市交通系统，引导居民外出多乘公共交通。 |

| 2014 | 2014.3 | 《国家新型城镇化规划（2014—2020年）》 | 合理控制机动车保有量，加快新能源汽车推广应用，改善步行、自行车出行条件。 |
| | 2014.11 | 《能源发展战略行动计划（2014—2020年）》 | 实行绿色交通行动计划，提高公共出行和非机动比例。 |

| 2015 | 2015.12 | "中央城市工作会议" | 城市交通要按照绿色循环低碳的理念进行规划建设。 |

| 2019 | 2019.5 | 《绿色出行行动计划（2019—2022年）》 | 从构建综合运输服务网络、提升公共交通服务品质、优化慢行交通系统服务、推进实施差别化交通需求管理、提升绿色出行装备培育绿色出行文化、加强绿色出行保障等方面开展绿色出行行动部署。 |

| 2021 | 2021.10 | 《关于推动城乡建设绿色发展的意见》 | 深入开展绿色出行创建行动，优化交通出行结构，鼓励公众选择公共交通、自行车和步行等出行方式。 |
| | 2021.10 | 《绿色出行创建行动考核评价标准》 | 从创建实施方案完成情况、创建目标完成情况对绿色出行创建城市进行考核评价。 |

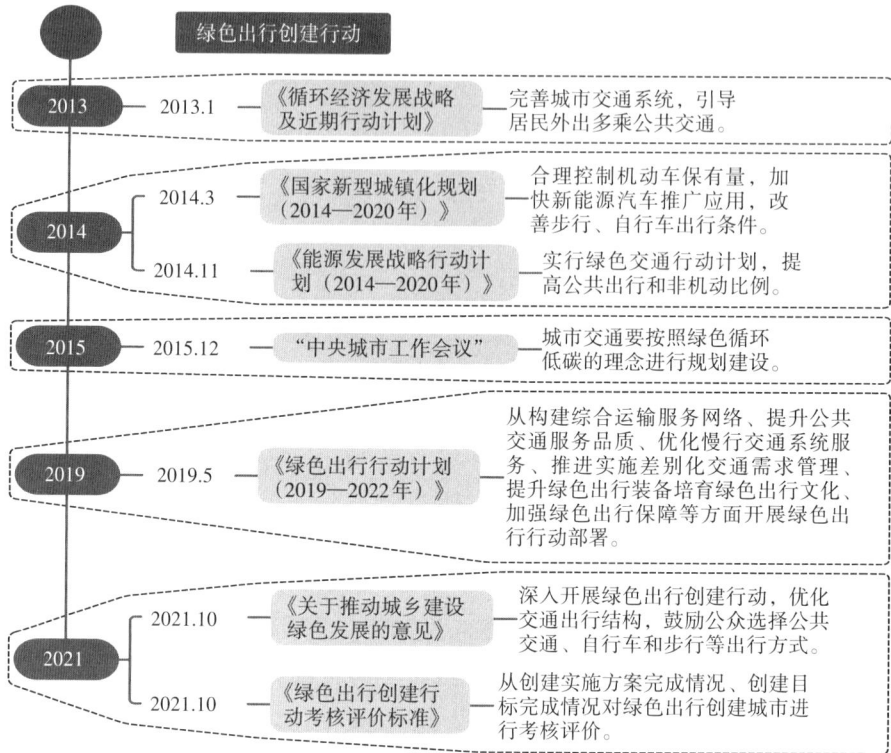

图5-6　绿色出行创建行动的主要政策文件

根据中国汽车工业协会2022年7月11日发布的数据显示①：2022年我国新能源汽车产销创历史新高。市场占有率达到21.6%。新能源汽车颠覆性改革，拉动了GDP，带动了能源革命，成为低碳出行方式的重要抓手。地方层面，成都市政府大力倡导出行方式的绿色转型。市政府办公厅印发了《成都市优化交通运输结构促进城市绿色低碳发展行动方案》《成都市优化交通运输结构促进城市绿色低碳发展政策措施》，构建"轨道引领、公交优先"发展格局，推动"轨道+公交+慢行"融合发展。加快推动城市公交、巡游出租等公共领域车辆电动化，大力推动私人及企业用车新能源

---

① 中国汽车工业协会. 2022年上半年汽车工业经济运行情况［EB/OL］. 2022-07-11. http：//www.caam.org.cn/chn/4/cate_154/con_5236074.html.

化。而且对新能源汽车在本市出行不受限号限行政策影响，停车费（政府及其平台公司）实行优惠价格。另外，成都市政府深化"碳惠天府"交通应用。建立个人"绿色账户"，市民绿色出行可以获取积分，积分可参与兑换公共交通优惠电子通行码或其他活动。设立每月5日为绿色低碳出行日，当天乘坐公共交通享受优惠价格或免费服务①。

（三）推行垃圾分类及无害化处理

推进城镇生活垃圾分类和无害化处理，是实现绿色生活方式的重要途径之一。引导居民养成垃圾分类投放习惯，逐步做到精准分类投放。建立城市废弃物的资源化利用体系，规范塑料等废弃物回收替代，指导地方探索建立垃圾协同处置利用基地。开展部分城市先行实施生活垃圾强制分类试点，部署公共职能部门率先实行垃圾分类。

2013年，《国家发展改革委关于组织开展循环经济示范城市（县）创建工作的通知》指出，建设完善城市生活垃圾回收利用体系，开展城市典型废弃物回收和资源化利用。随后，《国家发展和改革委员会关于开展低碳社区试点工作的通知》《中共中央、国务院印发〈关于进一步加强城市规划建设管理工作的若干意见〉》《"十三五"全国城镇生活垃圾无害化处理设施建设规划》等文件陆续出台，强调完善城市垃圾处理等基础设施建设，按照绿色循环低碳的理念进行规划，建立政府、社区、企业和居民协调机制，促进垃圾减量化、资源化、无害化利用。并对"十三五"时期城镇生活垃圾分类和无害化处理设施建设设定目标，跟进任务部署。

2017年以后，政策着眼于重点城市、公共职能部门、重点领域的垃圾分类及无害化处理，分别开展强制实行或先试先行等试点示范。2017年3月，国家发改委、住建部共同制定了《生活垃圾分类制度实施方案》，确定了在部分重点城市城区范围内先行实施生活垃圾强制分类。随后，国家发改委、住建部联合中直管理局、教育部、卫生计生委、国管局、军委后

---

① 成都市人民政府.《成都市优化交通运输结构促进城市绿色低碳发展行动方案》和《成都市优化交通运输结构促进城市绿色低碳发展政策措施》的政策解读［EB/OL］. 2022-07-12. http://gk.chengdu.gov.cn/govInfoPub/detail.action？id=3387833&tn=2.

勤部等部门，先后出台了《关于推进党政机关等公共机构生活垃圾分类工作的通知》《关于在医疗机构推进生活垃圾分类管理的通知》《关于军队单位落实生活垃圾分类制度的意见》《关于在学校推进生活垃圾分类管理工作的通知》，积极部署党政军机关、学校、医院等公共职能部门率先实施垃圾分类。2018年以后，关于加强塑料、厨余垃圾、医疗废弃物等重点领域垃圾分类处理、焚烧填埋的专项规划措施陆续落地，确保城镇生活垃圾分类和处理全方位、全链条升级。

"十三五"期间，全国新建垃圾无害化处理设施500多座，城镇生活垃圾设施处理能力超过127万吨/日，较2015年增加51万吨/日，生活垃圾无害化处理率达到99.2%，全国城市和县城生活垃圾基本实现无害化处理。垃圾分类工作初见成效。46个重点城市开展生活垃圾分类先行先试、示范引导，居民小区覆盖率达到86.6%，基本建成了生活垃圾分类投放、分类收集、分类运输、分类处理系统，形成了一批可复制、可推广的生活垃圾分类模式和经验。全国生活垃圾分类收运能力约50万吨/日。

二、形成简约适度的绿色消费模式

为进一步推动消费结构转型升级，发挥消费拉动经济作用，国务院、国家发改委、商务部、环保部等陆续出台多项形成绿色消费模式的措施意见，内容涉及创建绿色商场、培育绿色市场、创建绿色饭店、发展绿色快递包装、促进绿色餐饮、引导家电消费回收、减少一次性用品消费、培育旧货市场发展等多个领域，绿色消费创建行动深入开展。

（一）鼓励节约型产品消费

1. 倡导节约型消费理念与产品

倡导节约型消费理念，增加绿色产品和服务供给，深入开展反过度包装、反食品浪费、反过度消费行动，在生产、流通、仓储、消费各环节落实全面节约要求，推动形成勤俭节约的社会风尚。引导企业和居民采购绿色产品，推进家电、餐饮及其他行业布局绿色产品和服务供给，形成全社会节约型消费。

近些年，随着人民生活水平的提高，消费需求呈现多层次、多样化发展态势。在国家绿色消费理念的引导下，消费内容发生了显著变化，从注重量的满足逐步转向追求质的提升，节约消费、适度消费、共享消费走入大众的视野。目前，我国城市居民的消费理念更加成熟、健康，绿色产品的消费推广度更高。与此同时，绿色消费品种类不断丰富，规模不断扩大，节能家电、节水器具、有机产品、绿色建材等产品走入千家万户，循环再生产品逐步被接受，新能源汽车成为消费时尚，衣食住行各个领域都有绿色消费的影子。而且，伴随互联网的普及应用，信息消费、共享消费、场景消费更是得到新一代年轻人的追捧，智能家居、智能汽车、智慧旅游、直播带货等绿色产品和服务进一步释放内需潜力，消费升级显著提升。

2. 强调绿色消费政策制度支撑

推动政府等公共机构带头开展绿色采购，引导企业、居民践行绿色消费模式，形成全社会购买绿色产品的政策引导。建立绿色消费长效机制，完善绿色产品和服务的标准体系，健全绿色标识的认证管理，加强政策与资金的配套支持，深入开展绿色消费创建行动。

伴随绿色产品与服务的规模不断扩大，绿色消费的政策也在不断健全。2013年，《国务院关于印发循环经济发展战略及近期行动计划的通知》发布，提出强化政府绿色采购制度，政府机关食堂完善用餐收费制度，健全公务接待用餐管理制度等。随后，环保部印发《关于加快推动生活方式绿色化的实施意见》，围绕建立系统的制度体系，开展全民参与的绿色生活宣传教育与行动示范活动，构建推进衣、食、住、行领域绿色化，生产、流通、回收环节绿色化的机制创新与政策措施。2016年，《关于促进绿色消费的指导意见》出台，强调按照促进绿色消费，培育新的经济增长点的理念，建立健全绿色消费长效机制。在此基础上，《国务院关于加快建立健全绿色低碳循环发展经济体系的指导意见》印发，规范了绿色产品的监管机制与认证管理，加大对虚标绿色产品的行政处罚力度。2022年，国家发改委等部门印发《促进绿色消费实施方案》，系统设计了促进绿色消费的制度政策体系。从全面促进重点领域消费绿色转型、强化绿色消费科技和服务支撑、建立健全绿色消费制度保障体系、完善绿色消费激励约束政策等方面精准发力，绿色消费的政策体系和体制机制健全完善。

（二）开展绿色消费创建行动

全力构建形成节约型消费模式。开展绿色商场、绿色景区、绿色饭店、节约型机关、节约型校园、节约型医院等绿色消费创建活动。促进生态农业、新能源、节能节水、资源综合利用、环境保护与污染治理等相关行业拓展绿色消费升级。构建以绿色商场为主要试点的绿色流通体系，倡导以绿色供应链为主要载体的低碳分享经济。

1. 构建以绿色商场为主要试点的绿色流通体系

构建以绿色商场为主要试点的绿色流通体系，要从打造绿色供应链的角度，创建绿色商场、绿色饭店，培育绿色市场，发展绿色物流，实现硬件设施的节能改造、优化软性服务的智慧高效。2014—2018年，商务部连续5年出台推动绿色流通的重点工作，强调创建一批集节能改造、绿色产品销售、废弃物回收于一体的绿色商场。并以创建绿色商场为切入点，开展绿色采购、绿色流通、绿色供应链等相关试点，逐步将绿色商场创建工作引向深入。2019年，《绿色商场创建实施工作方案（2020—2022年度）》出台，进一步强调打造绿色商场，深挖流通业发展潜力，促进绿色消费。2021年，《绿色商场创建评价指标（试行）》发布，对绿色商场创建提供了量化评价标准。

表5-10　推动绿色流通发展的主要政策文件

时间	会议名或文件名	文件号	核心内容
2014.3	商务部办公厅关于印发《2014年流通业发展工作要点》的通知	流通发展司〔2014〕第52号	创建门店节能改造、节能产品销售、包装物和废弃物回收三位一体的"绿色商场"。

续表

时间	会议名或文件名	文件号	核心内容
2014.9	商务部关于大力发展绿色流通的指导意见	商流通函〔2014〕792号	提出创建绿色商场、创建绿色饭店、培育绿色市场、发展绿色物流、提供绿色服务等领域的重点任务。
2015.3	商务部办公厅关于印发《2015年流通业发展工作要点》的通知	商办流通函〔2015〕98号	开展绿色流通、绿色供应链、绿色商场等试点工作。
2016.3	商务部办公厅关于做好2016年绿色流通有关工作的通知	商办流通函〔2016〕131号	着重创建一批集节能改造、绿色产品销售、废弃物回收于一体的绿色商场。
2017.2	商务部办公厅关于做好2017年绿色流通有关工作的通知	商办流通函〔2017〕89号	以购物中心为重点开展绿色消费相关的创建工作，逐步将绿色商场创建工作引向深入。
2018.4	商务部办公厅关于做好2018年绿色循环消费有关工作的通知	商办流通函〔2018〕137号	推动消费升级的行动计划：深入开展绿色商场创建、大力发展绿色餐饮、积极推进绿色采购、着力推动绿色包装、持续推广绿色回收等。
2019.12	商务部办公厅　发展改革委办公厅关于印发《绿色商场创建实施工作方案（2020—2022年度）》的通知	商办流通函〔2019〕417号	打造一批提供绿色服务、引导绿色消费、实施节能减排、资源循环利用的绿色商场。
2021.5	商务部办公厅关于印发《绿色商场创建评价指标（试行）》的通知	商办流通函〔2021〕186号	绿色商场创建量化评价标准。

资料来源：国家商务部等官网整理所得

2. 倡导以绿色供应链为主要载体的低碳分享经济

着眼供、产、销，强化绿色供应链管理，推广普及网络购物、在线教育、远程医疗、数字家庭、全民健身、快递包装、信息服务等领域的绿色消费，从推进信息化与绿色化两化融合、规范电商等平台管理等方面，加快发展低碳分享经济。

2016年，国务院印发《"十三五"国家信息化规划》，强调将信息化作为促进资源节约利用的重要手段，推动信息化与绿色化两化融合。加快推广信息消费，发展分享经济，倡导绿色低碳的消费方式。2018年，《"无废城市"建设试点工作方案》印发，明确指出支持发展共享经济，减少资源浪费。从扩大可降解塑料的应用、推进快递业的绿色包装、推行无纸化办公、限制使用一次性用品等方面强化绿色供应链管理。2020年，国家发改委等8部门联合出台《关于加快推进快递包装绿色转型的意见》，推进快递包装"绿色革命"就此开展。2021年，商务部印发《关于推动电子商务企业绿色发展工作的通知》，强调电商作为绿色消费的主力军，要大力践行绿色发展的理念。重点推进企业的节能增效、绿色供应链管理、发挥平台绿色生态优势等工作。

根据国家信息中心发布《中国共享经济发展报告（2022）》，2021年我国共享经济继续呈现出巨大的发展韧性和潜力，全年共享经济市场交易规模约36881亿元，同比增长约9.2%。其中在线外卖收入占全国餐饮业收入比重约为21.4%，同比提高4.5个百分点；网约车客运量占出租车总客运量的比重约为31.9%，共享住宿收入占全国住宿业客房收入的比重约为5.9%，共享型服务和消费继续发挥了重要的稳增长作用①。

---

① 国家信息中心. 信息化和产业研究＞共享经济《中国共享经济发展报告（2022）》正式发布［EB/OL］. 2022-2-22. http：//www.sic.gov.cn/News/568/11277.htm.

第四节　建设绿色城市的政策示范

积极推进绿色低碳城市建设，不断加强绿色低碳城市的政策示范效应。以丽水市为代表的生态之都，践行"两山"理念、持续推进生态环境保护与修复；以山东省为代表的绿色生态城区，实施绿色建造行动、推进形成清洁生产方式；以上海市为代表的精致之城，开展垃圾分类行动、倡导节约低碳生活方式。

一、丽水：践行"两山"理念的生态之都

丽水市是中国生态第一市，是"绿水青山就是金山银山"思想的发源地之一。近些年来，丽水市委、市政府始终以浙江省委"八八战略"为总纲，执行"深化千万工程、建设美丽乡村"的决策部署，努力探索实践"两山"理念，不仅促进经济社会快速发展，生态环境也得到不断改善。

（一）层层推进政策措施

2013年，为加快推进生态城市建设，《丽水市创建省级生态市实施方案（征求意见稿）》《丽水生态产业集聚区提升发展方案》印发，落实省级生态产业集聚区"六个一"要求的重要举措。2015年，丽水市开展深化22个小城市和中心镇"六边三化三美"行动方案，创建和提升4个生态旅游产业镇、4个生态农业产业镇、14个生态工业产业镇，形成各具特色的美丽城镇。2016年，《中共丽水市委关于补短板、增后劲，推动"绿色发展、科学赶超、生态惠民"的决定》印发，标志着生态立市战略进入生态惠民的新阶段，"绿水青山就是金山银山"逐渐成为丽水人民的共同意愿和自觉行动。2017—2020年，丽水市积极开展生态环境部气候适应型城市试点工作，在28个省级城市试点绩效评估中位居第一，开创了一条独具特色的气候韧性发展之路。2021年，《丽水市生态环境保护"十四五"规划》出台，提出构建"12345+N"的生态发展格局。10月，市政府宣布制定

《丽水市绿色低碳示范行动方案》，提出创建"中国碳中和先行区"和"零碳城市"。

多年来，丽水市坚持不懈推进生态经济，先后赢得了首批国家生态文明先行示范区、中国优秀旅游城市、国家森林城市、国家园林城市、国家卫生城市等诸多亮丽城市名片。可持续生态经济体系建设取得了可喜的成绩。

（二）大力发展生态农业

推进现代农业园区的发展。丽水市结合当地山多的特点，引导当地居民发展家庭农场，深入实施生态精品农业"361"工程，建设生态精品农业种养区、特色优势农产品加工区、农业休闲发展区和农业生态功能区，培育标准化、基地化、产业化的生态精品农业产业带、产业群。丽水市成为省级现代生态循环农业示范市和农产品质量安全示范市，建立省级生态循环农业示范县。

深耕"丽水山耕"区域公用品牌。"丽水山耕"是全国率先推出的覆盖全区域、全品类、全产业链的地市级区域公用品牌。近些年，"丽水山耕"入驻天猫旗舰店，丽水样板入选改革开放40年地方改革创新40案例，"丽水山耕"连续三年蝉联中国区域农业品牌影响力排行榜区域农业形象品牌类榜首（2018—2020年）。截至2021年4月，全省"丽水山耕"品字标认证企业共390家，"丽水山耕"品牌影响力不断加深。

构建生态循环农业生产技术体系。青田"稻鱼共生"系统是中国第一个被联合国粮农组织认定的"全球重要农业文化遗产"。为了继承和发扬这一农业文化遗产，丽水市通过设立专门机构、制定规划和服务平台形成"稻鱼共生"生态循环农业生产技术体系，通过政策支持、品牌建设、智力支持和技术保障，"青田田鱼"获评国家地理标志证明商标，青田田鱼和田鱼干被列入国家生态原产地保护产品名单。

（三）加快培育生态工业

为了保护丽水市的生态环境，近年来丽水市整治淘汰低小散企业以及落后产能，按照"园区外无工业，园区内无非生态工业"的理念发展生态工业，生物医药、节能环保、新型材料、绿色能源等环境适宜型产业得到较好发展。

丽水市率先出台"生态工业发展负面清单管理制度"，重点改造开发区、生态产业集聚区。丽水开发区成为省级生态化建设试点园区、循环化改造示范试点园区。龙泉汽车空调零部件产业基地、丽水智能装备及机器人成为国家火炬特色产业基地。龙泉、缙云工业园区升格为省级经济开发区，丽缙获批成为省级智能装备高新技术产业园区和智慧小镇科创园。2017年，丽水市制定实施生态工业"31576"五年行动计划，积极推进企业上市，浙江股权交易中心专门设立了"丽水生态经济板"。2018年，丽水市发布"浙江制造"标准21项，缙云成为"浙江制造"品牌培育试点县，丽水市成为省级生态工业试点市，战略性新兴产业、装备制造业、健康制造业增加值增幅均居浙江省第一。

（四）做强做优生态旅游

充分利用生态资源。丽水市作为历史文化名城，有历史文化村落471个，具有较高保护利用价值的历史文化村落137个，占全省14%。为了唤醒"沉睡资本"、将其发扬光大，丽水市创建了松阳模式和下南山村模式，通过科学规划、政策帮扶、"互联网+"等模式，促进了乡村旅游、生态旅游、文化旅游的融合发展。

促进农旅融合发展。近年来，丽水市在农业和旅游业的融合发展上进行了一系列创新。一是通过"六边三化三美"工程，做好乡村大环境绿化、洁化和美化。二是创建农家乐综合体模式，并提出2020年全市创建农家乐综合体不少于100家。三是大力发展农家乐民宿经济，打造"丽水山居"民宿县域公用品牌。

做优生态旅游品牌。2014年，丽水市获得全国第一个"气候养生之乡"称号，并发布多项养生养老行业地方标准。2015年，九龙湿地成为"国家湿地公园"；2016年，全市1区1市7县均列入省全域旅游示范县创建名单，并入选第二批国家旅游业改革创新先行区。2017年，莲都区被评为全国休闲农业和乡村旅游示范区，成功举办丽水山居·湾民宿交流合作活动周系列活动。2021年，"全国县域旅游综合实力百强县"名单中，遂昌、缙云、龙泉三县榜上有名，丽水市全域旅游格局初步形成，生态旅游品牌成功打响①。

二、山东：绿色建造的政策推进与实践

（一）以绿色设计为蓝图

为深入贯彻《山东省人民政府办公厅关于印发山东省城市品质提升三年行动方案的通知》部署要求，充分发挥城市设计在提升城市品质中的重要作用，山东省发布了以绿色建筑、被动式超低能耗建筑为导向的绿色设计政策文件和技术标准。如《绿色建筑设计标准》《绿色建筑施工图设计专篇模板》《被动式超低能耗居住建筑节能设计标准》《山东省绿色建筑施工图设计审查技术要点》等，推动了全省绿色建筑设计要求和技术升级，绿色建筑得以高质量发展。

（二）以绿色施工为示范

近些年，山东省绿色施工的政策措施快速落地实施，绿色建造进入快车道发展。山东省住建厅发布了绿色施工科技示范工程技术指标与实施办法，开展了绿色施工科技示范工程及绿色智慧建造示范工程。《建筑与市政工程绿色施工管理标准》《建筑与市政工程绿色施工评价标准》《建筑与市政工程绿色施工技术标准》等省级工程建设标准，进一步规范了全省绿色施工评价工作。另外，山东土木建筑学会绿色施工专家库成立，以政府购买服务的形式，为山东省绿色施工工作提供了智力支持。《山东省绿色施工新技术推广目录》列入12类100项适用山东省的绿色建造技术。

截至2021年，山东省共计创建了10批绿色施工科技示范工程，覆盖全省16个地级市，涵盖了住宅建筑、公共建筑、市政道路、市政桥梁、城市轨道交通、高速铁路等多种工程类型，创造直接经济效益近14亿元，减

---

① 蒋金荷，马露露. 中国城市绿色低碳转型路径差异性研究［M］. 北京：中国社会科学出版社，2021：27—64；郑艳. "丽水模式"的生态经济学思考［J］. 南京林业大学学报（人文社会科学版），2022（3）：13—18.

少二氧化碳近20万吨，助推近百个典型项目获得詹天佑大奖、鲁班奖、国家优质工程奖、全国绿色建筑创新奖等国家级工程奖励，有力推动了低碳城市的建造。

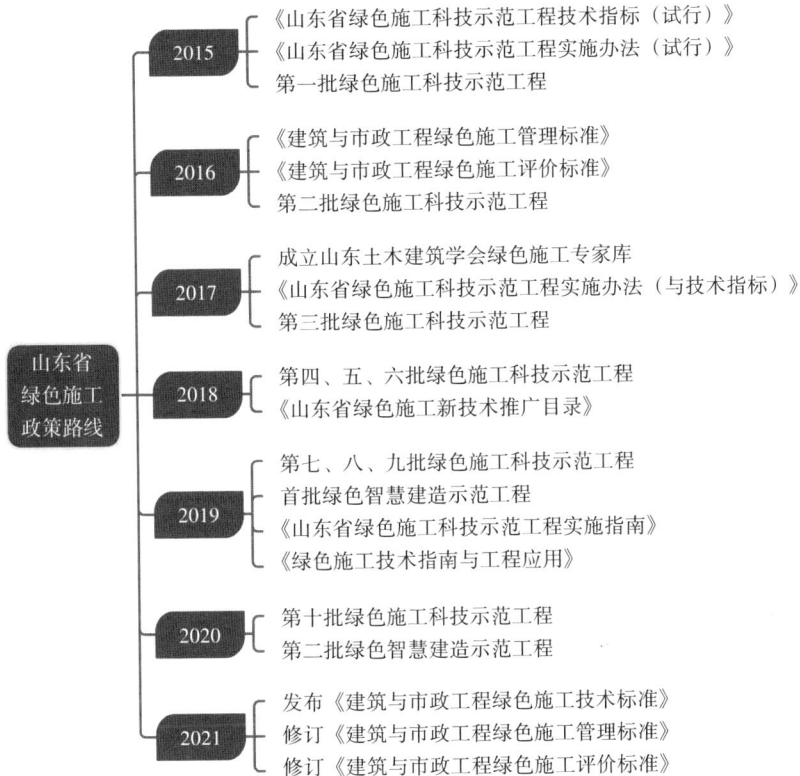

山东省绿色施工政策路线

2015
《山东省绿色施工科技示范工程技术指标（试行）》
《山东省绿色施工科技示范工程实施办法（试行）》
第一批绿色施工科技示范工程

2016
《建筑与市政工程绿色施工管理标准》
《建筑与市政工程绿色施工评价标准》
第二批绿色施工科技示范工程

2017
成立山东土木建筑学会绿色施工专家库
《山东省绿色施工科技示范工程实施办法（与技术指标）》
第三批绿色施工科技示范工程

2018
第四、五、六批绿色施工科技示范工程
《山东省绿色施工新技术推广目录》

2019
第七、八、九批绿色施工科技示范工程
首批绿色智慧建造示范工程
《山东省绿色施工科技示范工程实施指南》
《绿色施工技术指南与工程应用》

2020
第十批绿色施工科技示范工程
第二批绿色智慧建造示范工程

2021
发布《建筑与市政工程绿色施工技术标准》
修订《建筑与市政工程绿色施工管理标准》
修订《建筑与市政工程绿色施工评价标准》

图5-7 山东省绿色施工主要政策文件

（三）以装配式建筑为工业化抓手

为了贯彻落实《国务院办公厅关于大力发展装配式建筑的指导意见》要求，山东省人民政府办公厅印发了《关于贯彻国办发〔2016〕71号文件大力发展装配式建筑的实施意见》《山东省装配式建筑产业基地管理办法》《山东省绿色建筑促进办法》等，出台了《山东省装配式建筑发展规划（2018—2025）》。住建厅等13部门联合印发了《关于推动钢结构装配式住宅发展的实施意见》，单独发布了《装配整体式混凝土结构工程施工与质量验收规程》《装配式建筑评价标准》等。一系列的文件措施规范完善了全省装配式建筑技术标准和监管体系，提高了装配式建筑覆盖比例，加快形成一批以优势企业为核心、涵盖全产业链的装配式建筑产业集群，实现工业化、标准化、绿色化、智能化的建造方式。

"十三五"期间，山东省在政策机制、创新技术、完善标准、培育产业、试点示范等方面，持续推进装配式建筑深入发展，累计开工建设装配式建筑1.76亿平方米，投产各类装配式建筑部品部件生产企业232家，为新型建筑工业化全产业链发展打下良好基础。截至2021年，济南、青岛、烟台、潍坊、聊城、日照、济宁7个城市入选国家级装配式建筑示范（范例）城市。全省共有省级装配式建筑产业基地122家。装配式建筑规模化效应明显。

（四）形成绿色建筑与绿色生态城区

截至2020年底，山东省累计建成绿色建筑5.46亿平方米，获得绿色建筑星级标识项目共1382项，其中公共建筑482项、住宅建筑891项、工业建筑9项。一星级项目262项、二星级项目1021项、三星级项目99项。全省累计创建临沂市北城新区、烟台高新技术产业开发区、济南高新技术产业开发区（汉峪片区）等23个省级绿色生态示范城区，威海环翠区温泉镇、济南玉皇庙镇、潍坊安丘市景芝镇等67个省级绿色生态示范城镇，走在全国前列[①]。

三、上海：推行垃圾分类倡导绿色生活

（一）上海市垃圾分类的政策推进

垃圾分类是我国城市环境治理亟须解决的重要问题之一。上海市作为第一个将生活垃圾强制分类法治化的城市，近些年，积极探索垃圾分类的政策方案。在社会层面，通过设立"绿色账户"的方式加强对居民的激

---

① 宋义仲. 绿色建造进展及体系构建——以山东省为例 [J]. 施工企业管理，2021（12）：34—37.

励、利用电视台、互联网等新兴媒体加强宣传引导；在政府层面，将生活垃圾分类列入政府年度考核计划，设立专门部门管理生活垃圾分类工作。上海市从推进以"干湿分类"为基础的"2+X"模式，到现行的干垃圾、湿垃圾、可回收垃圾、有害垃圾四分法，分类模式逐渐科学化、合理化。

2000年，北京、上海、广州等8市被列为"首批生活垃圾分类"试点城市。2014年，《上海市促进生活垃圾分类减量办法》印发，确定了新的生活垃圾分类标准。2019年，《上海市生活垃圾管理条例》在全国率先施行，首次以地方立法的形式强制执行垃圾分类，上海市垃圾分类迎来了"强制时代"。随后垃圾分类的专项政策、管理办法、行动方案等文件陆续出台。如在多行业的专项治理方面，上海市发布了《上海市公园生活垃圾分类减量工作指导意见》《上海市餐厨废弃油脂处理管理办法》《上海市建筑垃圾处理管理规定》《关于进一步规范住宅小区装修垃圾清运相关行为的通知》等。在生活垃圾管理办法方面，上海市出台了《上海市生活垃圾计量管理办法》《上海市生活垃圾中转处置设施运营监管办法》等。在强制分类行动方案落实方面，上海市印发了《上海市单位生活垃圾强制分类实施方案》《关于进一步落实生活垃圾源头减量推行光盘行动的实施方案》《上海市生活垃圾全程分类体系建设行动计划（2018—2020年）》等。

从上述政策推进来看，上海市生活垃圾的政策制度与配套管理始终围绕着垃圾分类来进行，通过小规模的试点、政策法规的探索、组织机构间的协作、体制机制的完善，逐步形成以减量化、资源化、无害化为目标，科学化、合理化的垃圾分类模式，构建了"不分类不收运，不分类不处置"的倒逼机制，形成全链条、可推广的政策体系。其示范经验有三：一是立法先行，顶层设计。二是全民发动，部门协调。三是全程分类，源头减量。

自实行垃圾分类政策以来，上海市居民响应程度高，部分小区分类投放率达100%，城市整体垃圾无害化处理已达100%。前端垃圾分类质量明显提升。2020年7月，上海市政府新闻发布会晒出"成绩单"，居民区垃圾分类达标率达到90%以上，单位分类达标率达到90%；6月上半月，可回收物回收量、有害垃圾分出量、湿垃圾分出量同比分别增加71%、11.2倍、38%，干垃圾处置量下降19.7%；完成2.1万余个分类投放点规范化改造；干垃圾焚烧和湿垃圾处置总能力达到24350吨/日，垃圾分类正在成为上海都市新时尚。

（二）上海模式的"长三角"推广实践

江苏省

2017年，江苏省发改委、省住建厅联合发布《江苏省生活垃圾分类制度实施办法》，提出按照省"两减六治三提升"专项行动、城市治理与服务十项行动要求，加快推动生活垃圾分类，不断促进人居环境改善和资源回收利用。在此基础上，《江苏省城乡生活垃圾分类和治理专项行动实施方案》《江苏省城市居民生活垃圾分类投放与收运设施设备配置指南（试行）》印发，从源头分类到终端处理的系统垃圾分类行动方案进一步细化落实。另外，《城市生活垃圾分类投放设施覆盖率统计与计算方法（试行）》《城市居民生活垃圾分类投放与收运设施设备配置指南（试行）》《生活垃圾分类小区评价标准》《公共机构生活垃圾分类指导手册》等十余项标准规范出台，初步建立起全省垃圾分类和治理标准规范体系，为垃圾分类提供技术支撑。

"十三五"以来，江苏省生活垃圾分类工作取得了积极进展。截至2021年6月，全省累计建成1800个省级垃圾分类达标小区、近100个示范街道（片区），同时以点带面、示范带动了1.94万个小区、2.95万个单位推行垃圾分类，小区和单位的分类覆盖率分别达到98.5%和91.3%。徐州、江阴等7家循环产业园被列为国家资源化循环利用基地建设试点。

浙江省

2019年，浙江省发布《城镇生活垃圾分类标准》，这是全国第一部城镇生活垃圾分类省级标准，标志着浙江省垃圾分类进入标准化、规范化时代。《浙江省生活垃圾管理条例》于2020年12月在浙江省第十三届人民代表大会常务委员会第二十六次会议上通过，自2021年5月起施行。这两个核心政策构成浙江省垃圾分类的顶层设计。浙江省政府高度重视垃圾分类工作，一抓源头管控，推进垃圾减量。二抓基础设施建设，提升垃圾处置能力。三抓宣传教育，开展全市总动员。为此，浙江省建立了生活垃圾治理领导小组并设立分类办公室。省住建厅等相关部门，对照条例，制定和完善生活垃圾分类实施方案、编制生活垃圾治理专项规划技术导则、印发年度全省生活垃圾分类工作要点及考核评估办法等。全省持续开展"五大"专项行动等，深入推进生活垃圾治理行动计划。

截至2021年9月，浙江省生活垃圾分类覆盖率超过95%，城乡生活垃圾增长率为-3.41%，率先成为全国生活垃圾"零增长"的省份。全省建成省级高标准分类示范小区2698个、示范片区158个、分拣中心222个、回收网点7600多个。全省共有焚烧和餐厨垃圾处理设施130座，总处理能力9.43万吨/日，实际处理约7.2万吨/日，基本实现了县县"全覆盖"，在全国率先实现原生垃圾"零填埋"①。

① 孙岩，等.政策工具视角下上海生活垃圾分类政策文本量化［J］.资源科学，2021，43（11）：2224—2235；沈欣，等.上海市垃圾分类经验以及对长三角地区的启示［J］.再生资源与循环经济，2020，13（9）：19—22.

第六章 推进新型城市建设与治理

转变城市发展方式、推进城市治理现代化是推进新型城市建设与治理的重点任务。要强化依法治理，善于运用法治思维和法治方式解决城市治理顽症难题，努力形成城市综合管理法治化新格局。要加快补齐城市短板，聚焦影响城市安全、制约经济发展的突出问题，完善基建网络、提高精细化管理，努力让城市更安全、更宜居、更有韧性。要提升城市的科技含量，增强城市的创业创新能力，更多运用互联网、大数据等信息技术手段，提高城市科学化、精细化、智能化管理水平。要发挥社会各方面作用，激发全社会活力，群众的事同群众多商量，大家的事人人参与。

第一节 保障市民生活安心

保障市民生活安心，是推进以人为核心的新型城镇化建设最基本、也是最根本的要求。一是要建设有韧性的城市。完善城市基建网络的建设，增强公共卫生防控救治能力，完善防洪排涝体系建设，提升城市防灾减灾水平，不断提升城市安全能力。二是要持续改善城市的人居环境。增加普惠便捷的公共服务，推动可持续社区建设，确保人人可以获得适当、安全和负担得起的基本公共服务保障。

一、持续改善城市的人居环境

（一）增加普惠便捷的公共服务

公共服务关乎民生、连接民心。完善城市公共服务供给体系，加强教育、医疗、养老、住房、托育等公共服务资源有效配置，把普惠且便捷的公共服务落到实处。要加快形成科学有效的公共服务管理体制，发挥政府优化资源配置、健全保障机制的优势，关注群众多方面、多层次需求，有效化解群众各项"急难愁盼"。

2014年，《国家新型城镇化规划（2014—2020年）》发布，明确提出增加基本公共服务供给，统筹布局、合理配置公共资源及便民利民服务设施建设，增强公共服务对人口集聚的支撑力。2021年，"十四五"规划《纲要》出台，进一步对"深入推进以人为核心的新型城镇化战略""健全国家公共服务制度体系""基本公共服务均等化"以及"基本公共服务平台建设"等方面进行了详细部署。2022年6月，最新发布的《"十四五"新型城镇化实施方案》从义务教育学校布局、公立医院医疗水平提升、公办养老机构服务水平提高、婴幼儿托育服务设施供给、公共设施适老化适幼化改造等方面提出增加普惠便捷公共服务供给的具体措施。政策推进由

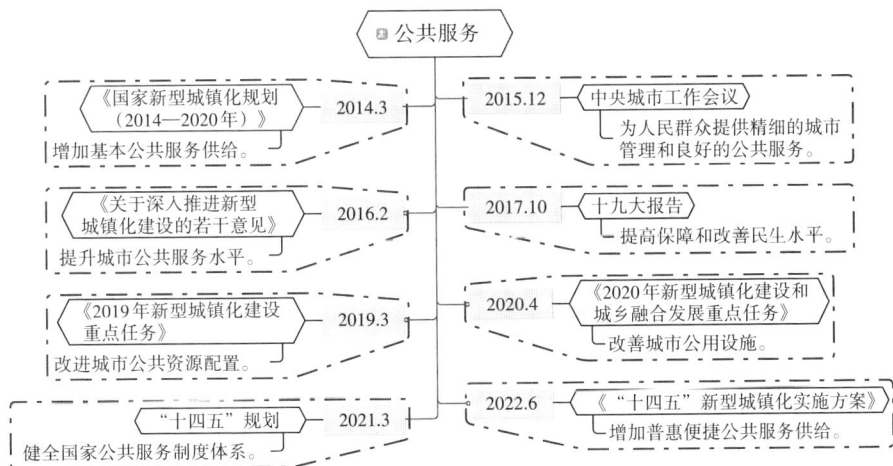

图6-1 增加普惠便捷公共服务的主要政策文件

面及线、由线及点，愈实愈细。

目前，我国公共服务体系日益健全完善，基本民生底线不断筑牢兜实，公共服务供给水平全面提升，多层次多样化需求得到更好满足。到"十三五"末，覆盖全学段的学生资助政策体系更加完善，普惠性幼儿园覆盖率达到84.7%，九年义务教育巩固率达到95.2%，高中阶段教育毛入学率达到91.2%，高等教育毛入学率54.4%，进入普及化发展阶段。全民健康保障能力显著提升，每千人口医疗卫生床位数达到6.5张，每千人口拥有执业（助理）医师数达到2.9人。公共文化体育设施更加完善，每万人口拥有公共文化设施建筑面积达到444.1平方米，人均体育场地面积2.2平方米，公共体育服务网络基本形成。养老服务能力加快提升，全国养老机构和设施总数达到31.9万个，养老服务床位数达到823.8万张。婴幼儿照护服务加快发展，每千人口拥有3岁以下婴幼儿托位数1.8个。

各地政府也致力于构建优质均衡的基本公共服务体系。北京市密云区统筹十余所中小学体育场馆资源，实现在寒暑假、节假日及课余时间向社会开放，服务全民健身事业。引入北京大学第一医院等外部医疗资源，与密云区医院合作共建，大幅增强医疗卫生服务能力。除此之外，建立8家"1+N"服务模式养老照料中心，建成"幸福晚年驿站"100家。建成19个市区两级标准化社区卫生服务中心，人均公共文化服务设施建筑面积增至1.9平方米。吉林省梅河口市大力推动教育医疗服务普惠发展。在普惠教育方面，与东北师范大学共建"东北师范大学梅河口基础教育创新发展基地"；与吉林师范大学开展管理人才和优秀教师引进合作；成立梅河口市未来教育集团公司，引进高层次教育人才80余人。在提高医疗服务水平方面，吉林大学白求恩第一医院与梅河口市中心医院合作，派驻执行院长、医疗专家和医务人员30余人，通过团队支援、定期支援、帮扶创新、远程诊疗等，共同打造吉林省东南部医疗服务中心[1]。

---

[1] 国家发展和改革委员会. 国家新型城镇化报告（2020—2021）[M]. 北京：人民出版社，2022：124.

（二）建设包容友好的"完整居住社区"

社区不仅是因地缘联系形成的人际关系纽带，同时也是党和政府联系群众、服务群众的神经末梢，是城市治理的"最后一公里"。要健全社区管理和服务体制，引导社会组织、社会工作者和志愿者等参与社区治理，整合各种资源，提高城市社区综合服务设施覆盖率，更好为群众提供精准化、精细化服务。

1. 构建全龄友好型社区

构建全龄友好型社区，关注妇女、儿童、老年人和残疾人等特殊群体的需求，推动社区建设重人本，人文关怀进家庭。围绕政策友好、公共服务友好、权利保障友好、成长空间友好、发展环境友好五个维度开展儿童友好社区及城市的创建工作，引导和规范我国儿童友好社区立体化、生态化、可持续化建设。全面实施老年人居家适老化改造工程，持续完善居家为基础、社区为依托、机构为补充、医养相结合的养老服务体系。围绕老年人居住环境、日常出行、服务质量、社会参与、精神文化生活、为老服务科技赋能等方面提供精细化服务与管理保障，营造安全、包容、无障碍、绿色的晚年生活。

实施老年人居家和社区适老化改造工程是《国务院办公厅关于推进养老服务发展的意见》部署的重要任务。2019年9月，民政部印发《关于进一步扩大养老服务供给促进养老服务消费的实施意见》，落实任务部署，指导各地在社区层面建立嵌入式养老服务机构和日间照料机构。同时财政部等6部门发布《关于养老、托育、家政等社区家庭服务业税费优惠政策的公告》，配合制定落实社区养老服务业税费优惠政策。2020年，《关于加快实施老年人居家适老化改造工程的指导意见》《关于推动物业服务企业发展居家社区养老服务的意见》出台，鼓励"居家养老""物业+养老服务"的模式被挖掘探索。同年12月，国家卫健委、全国老龄办印发《关于开展示范性全国老年友好型社区创建工作的通知》，明确指出2021年全国将首批创建1000个示范性城乡老年友好型社区。

"十三五"期间，中央财政安排专项彩票公益金50亿元，支持203个地级市开展居家和社区养老服务改革试点，支持老城区和已建成居住（小）区通过购置、置换、租赁等方式开辟养老服务设施，支持依托农村敬老院、行政村、较大自然村利用已有资源建设日间照料中心、养老服务互助幸福院、托老所、老年活动站等农村养老服务设施。截至2020年，全国养老机构和设施总数为31.9万个，床位823.8万张；民办养老机构占到养老机构总数的54.5%，床位数占到总数的55.8%。累计培训康养相关职业技能人员80万人次。

与此同时，儿童友好型城市同步启动。2015年底，长沙、深圳率先启动了儿童友好城市的规划与建设。2018年，中国城市规划学会联合长沙市规划部门联合翻译并发布《联合国儿童友好型城市规划手册》，上海、成都、北京等城市陆续开展相关研究和实践。2021年3月，"十四五"规划《纲要》在"一老一小"服务项目专栏部署儿童友好城市建设，对落实"幼有所育"和"弱有所扶"采取重要举措。10月，国家发改委联合22部门印发《关于推进儿童友好城市建设的指导意见》，提出"十四五"期间在全国范围内开展100个儿童友好城市建设试点。地方层面，北京市儿童友好城市的规划体系将儿童权益融入城乡规划理论体系与实践路径，通过自上而下的价值传导与自下而上的基层探索相结合，在城乡规划建设中实现全方位促进儿童发展和全过程保障儿童权利的目标。温州市将"儿童友好城市建设"纳入《温州市儿童发展"十四五"规划》《温州打造高质量发展建设共同富裕示范区市域样板的行动方案（2021—2025年）》等战略规划，深入推动完善"一老一小"服务体系。深圳市出台了《关于先行示范打造儿童友好型城市的意见（2021—2025年）》，这是全国首个关于建设儿童友好城市的地方指导性意见[1]。

2. 打造完整居住社区

"完整居住社区"是未来社区的发展方向，要求社区致力于"以人为

---

[1] 李寅，叶林. 城市会客厅：基于社会关系圈层下的儿童友好城市构建［EB/OL］. 2022-08-23. https://mp.weixin.qq.com/s/i52sOnHyDFMfABS1XpO1YQ.

核心"的理念，完善城市居住区基础设施和公共服务有机更新，创造宜居的社区空间环境，营造体现地方特色的社区文化，推动建立共建共治共享的社区治理体系，营造更全面、更融合、更有温度的社区氛围。

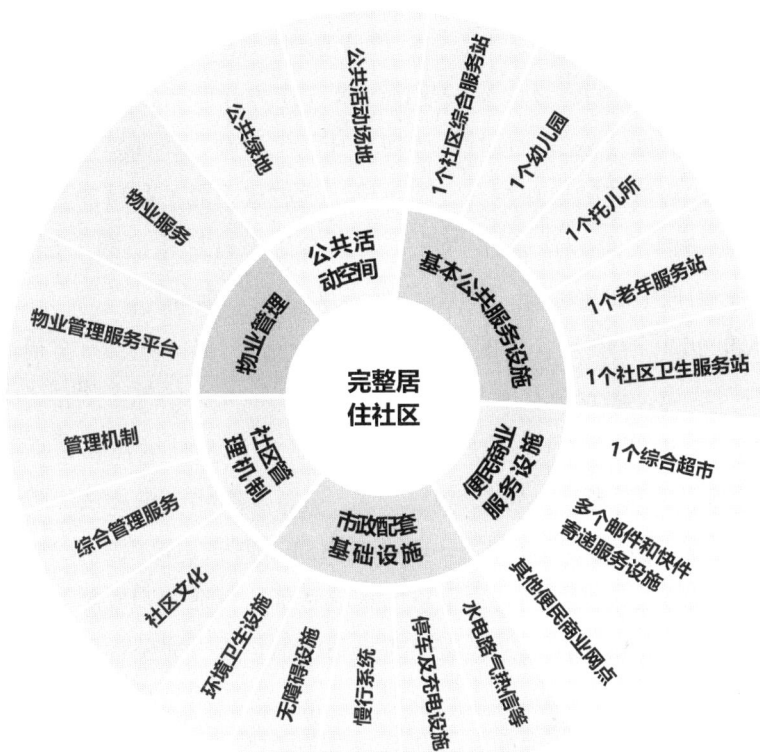

图6-2 完整居住社区示意图

"完整社区"概念是吴良镛院士于2010年首次提出的。2019年，住建部发布《关于在城乡人居环境建设和整治中开展美好环境与幸福生活共同缔造活动的指导意见》，就提升人民群众的获得感、幸福感、安全感，打造共建共治共享的社会治理格局，组织开展"共同缔造"活动，实现居民为主体、社会多方参与的社区治理目标。2020年7月，《国务院办公厅关于全面推进城镇老旧小区改造工作的指导意见》印发，提出从人民群众最关心的利益问题出发，确定老旧小区的改造重点，推动安全健康、设施完善、管理有序的完整居住社区建设。同年8月，住建部等13部门联合印发《关于开展城市居住社区建设补短板行动的意见》和《完整居住社区建设标准（试行）》，进一步明确了"完整居住社区"的内涵，并从基本公共服务设施完善、便民商业服务设施健全、市政配套基础设施完备、公共活动空间充足、物业管理全覆盖和社区管理机制健全6个方面明确了20条"完整居住社区"的建设内容和建设要求，作为开展居住社区建设补短板行动的主要依据。完整居住社区体现"社区生活圈"的理念，强调城市公共服务模式从单纯的居住配套设施建设，发展成多元的品质提升诉求与高效的资源协同配置，并通过"5—15—30分钟"社区生活圈的探索实践，提升社区治理精细化水平，回应人民对美好生活的向往。

截至2020年12月，全国多个省市持续开展"美好环境与幸福生活共同缔造"活动，通过公众参与、互动式设计、多元共治等方式推进"完整居住社区"建设。浙江省政府印发了《浙江省未来社区建设试点工作方案》，全面启动未来社区建设试点工作。聚焦人本化、生态化、数字化三维价值坐标，构建以未来邻里、教育、健康、创业、建筑、交通、低碳、服务和治理等九大场景创新为重点的集成系统，打造有归属感、舒适感和未来感的新型城市功能单元。厦门市是我国最早进行完整社区建设的城市之一，在"美丽厦门共同缔造"试点行动中，涌现出一批"完整社区"典型，探索出创新社区治理的有效载体和可行路径。并形成了"六有、五达标、三完善"的完整社区指标体系，改善了人居环境、基础设施、管理制度、活动建设等方面社区治理，提升了居民生活的满意度[①]。

二、补齐基础设施的韧性短板

近十年，韧性城市作为国家战略规划被重点强调与布局。2014年、2016年，四川省德阳市、湖北省黄石市、浙江省义乌市与海盐市入选"全

---

① 国际欧亚科学院中国科学中心，等. 中国城市状况报告2020/2021可持续城镇化与高质量转型［M］. 北京：中国建筑工业出版社，2021：27—32.

球 100 韧性城市"。2017 年 6 月，国家地震局提出"韧性城乡"建设计划。2017 年 9 月，北京成为全国首个将"韧性城市"建设纳入城市总体规划的城市。2018 年 1 月，上海市《城市总体规划（2017—2035 年）》强调提高城市韧性，让人民群众生活得更安全、更放心。2020 年 10 月，"韧性城市"作为新型城市建设重点首次纳入"十四五"规划。基础设施作为韧性城市建设的硬件支撑和安全保障，在日常生活、防洪排涝、防控救治、防灾减灾等方面发挥重要的安全守护作用，完善城市基建网络，是满足人民群众最直接、最现实的利益诉求。

（一）健全城市交通设施体系建设

1. 公共交通网络建设成效

公共交通是绝大多数居民首选的出行方式。加快构建以公共交通为主体的城市机动化出行系统，科学有序推进城市轨道交通建设，优化公交地铁站点线网布局，完善"最后一公里"公共交通网络。按照窄马路、密路网、微循环方式，构建级配合理的城市路网体系，完善机动车道、非机动车道、人行道"三行系统"，改善行人过街设施。

截至 2021 年，全国城市公共汽电车运营线路 75770 条，运营线路总长度 159.38 万公里，完成城市客运量 993.84 亿人，比上年增长 14.0%[1]。50 个城市开通城轨交通运营线路 283 条，运营线路总长度达 9206.8 公里。2021 年当年新增城轨交通运营线路长度 1237.1 公里。完成客运量 236.9 亿人次，同比增长 34.7%。北京、上海、天津、重庆、广州、深圳、武汉、成都、苏州、宁波、南宁、济南、太原、芜湖等 14 市开通了全自动运行系统线路，已形成了 554 公里的全自动运行线路规模[2]。

2. 加快新型智能交通设施建设

加快建设智能交通设施是城市解决交通拥堵的重要手段，是提升道路

---

① 交通运输部. 2021 年交通运输行业发展统计公报 [EB/OL]. 2022-05-25. https://xxgk.mot.gov.cn/2020/jigou/zhghs/202205/t20220524_3656659.html.

② 中国城市轨道交通协会. 城市轨道交通 2021 年度统计和分析报告 [EB/OL]. 2022-04-22. https://www.camet.org.cn/tjxx/9944.

承载力、促进城市交通高效、安全发展的重要途径。面对车辆运行安全和车路协同组织需求，许多城市开展了智慧信号灯、智路感知设施、车路协同路侧设施等建设。如北京、深圳、雄安新区建成了"多杆合一"的智能化集成设施，视频、雷达、5G和RFID等技术广泛应用于车辆运行状态的感知和运行组织。全国大多数城市已经建成了电子收费等智慧停车系统，路外停车场及停车库基本实现了包括微信、支付宝、银联等网络化、无接触电子缴费。另外，随着ETC的普及，交通运输部开展了ETC智慧停车城市建设试点。北京等27个城市作为试点城市、江苏省作为省级示范区，先期开展了试点工作。截至2020年，北京市有300个停车场约15万个停车位实现了ETC缴费，覆盖全市24家医院、23个枢纽场站、95家商业综合体、66个居住社区、20个景区公园等①。郑州主城区已实现近300家停车场支持ETC停车缴费。

3. 优化公共充换电设施建设布局

优化城市充换电设施规划布局，根据中长期新能源汽车保有量、区域分布、类型结构等，梳理总结行驶停放及充电规律，分析充电需求场景。按照"桩站先行、适度超前"的原则，优化车桩匹配，完善居住小区和公共停车场充电设施，新建居住小区固定车位全部建设充电设施或预留安装条件。

2015年，国家发改委联合三部门出台《电动汽车充电基础设施发展指南（2015—2020年）》，明确2020年电动汽车充电基础设施发展目标和重点任务。在此基础上，国务院办公厅印发《关于加快电动汽车充电基础设施建设的指导意见》，提出结合不同领域、不同层次的充电需求，按照"桩站先行"，分类有序推进充换电设施建设，确保建设规模适度超前。中央财政落实《关于新能源汽车充电设施建设奖励的通知》《关于"十三五"新能源汽车充电基础设施奖励政策及加强新能源汽车推广应用的通知》的

---

① 人民网. 北京300个公共停车场实现ETC缴费［EB/OL］. 2020-12-31. http：//bj.people.com.cn/n2/2020/1231/c82840-34504516.html.

指导意见，安排资金对充电基础设施建设、运营给予奖补，进一步推动充换电设施科学有效的配置。2021年，《国务院办公厅转发国家发展改革委等部门关于推动城市停车设施发展意见的通知》印发，从停车规划引导、装备水平提升、智能化和信息化停车技术推广、用地资金政策保障和相关管理法规体系建设等方面，系统、全面地提出了推动停车设施发展的若干意见，为今后城市停车设施的高质量发展指明方向。

目前，我国充电基础设施政策导向明确，相关可操作性经验逐步累积完善。截至2020年，全国充电基础设施达到168.1万台，同比增长37.9%。北京、广东、上海、江苏等保有量前10的地区建设的公共充电基础设施占比达72.3%。新能源公交车正逐渐取代传统燃油公交车，成为未来公共客运的主体[①]。

（二）构建公共卫生防控救治体系

2020年，突如其来的新冠肺炎疫情是对我国重大公共卫生事件防控应急能力的一场大考。加快补齐城市公共卫生突出的软硬件短板，构建专业的卫生防疫体系成为保障城市安全的重要工作。

1. 卫生防疫法律体系初步建立

2012年以来，我国先后出台了《中华人民共和国中医药法》《中华人民共和国疫苗管理法》等涉及卫生防疫某一领域的专门法律，还颁布了《中华人民共和国药品管理法》《中华人民共和国基本医疗卫生与健康促进法》等有关卫生健康及药品管理的基本法、综合法。新冠肺炎疫情暴发后，《中华人民共和国传染病防治法》加速修订，《中华人民共和国生物安全法》出台，标志着我国卫生安全、生物安全进入依法治理新阶段。当前，我国已有卫生防疫相关法律30余部，涉及传染病防治、药品与疫苗管理、食品安全、动物保护等多个领域，卫生防疫法律体系初步建立。

---

① 中国电动汽车充电基础设施促进联盟. 2020-2021年度中国充电基础设施发展报告（简报）［EB/OL］. 2021-07-12. https://mp.weixin.qq.com/s/8SxR-xLim70ra3ZOp_tMpQ.

表6-1　公共卫生防控救治的主要法律法规

卫生防疫主要法规	目前颁布状况
《中华人民共和国中医药法》	中华人民共和国主席令第59号，2017
《中华人民共和国疫苗管理法》	第十三届全国人民代表大会常务委员会第十一次会议通过，2019.6
《中华人民共和国药品管理法》	中华人民共和国主席令第31号，2019
《中华人民共和国基本医疗卫生与健康促进法》	第十三届全国人民代表大会常务委员会第十五次会议通过，2019.12
《中华人民共和国传染病防治法》	2020年10月国家卫健委发布修订征求意见稿
《中华人民共和国生物安全法》	中华人民共和国主席令第56号，2020

资料来源：卫健委官网、国务院官网等

2. 城市公共卫生安全体系日趋完备

面对新冠肺炎疫情在全球高位流行、输入性风险居高不下的态势，补短板、堵漏洞、强弱项成为未来一段时间我国城市公共卫生安全体系建设重点任务。健全国家公共卫生应急管理体系建设，围绕公共卫生安全的预警措施、应急处置、协同防控、实施救治层层推开，从基层医疗卫生机构的建设、公共卫生工作人员的配备、社区参与防控救治的服务等方面着力，有效提升城市公共卫生防控救治的能力与水平。

2017年，《国家突发事件应急体系建设"十三五"规划》出台，对应急基础能力、核心救援能力、综合保障能力、协同应对能力、应急管理体系等做了重要部署。2018年3月，卫健委、应急管理部成立。2020年，国家发展改革委联合二部门印发实施《公共卫生防控救治能力建设方案》，围绕疾病预防控制体系现代化建设、县级医院救治能力全面提升、城市传染病救治网络健全完善、重大疫情救治基地改造升级、公共设施平战两用改造等任务，部署七项能力、三个保障。2021年6月，国家发改委会同卫健委、中医药管理局、疾病预防控制局印发《"十四五"优质高效医疗卫生服务体系建设实施方案》，强调"十四五"期间重点支持公共卫生防控救治能力提升、公立医院高质量发展、重点人群健康服务补短板、促进中医药传承创新工程等4大工程建设。目前，我国逐步建成了组织架构基本完善、法律法规初具规模、基础设施较为完备、人员队伍总体增长、社区服务畅通贴心的专业化卫生防疫体系，且在公共卫生防疫体系建设中，党统一领导、全国一盘棋、以人民健康为中心的制度优势卓越明显，切实保障了人民生命健康权益。

3. 公共卫生防疫体系建设经验与成效

"十三五"期间，我国公共卫生防疫体系建设成效显著。国家累计安排中央预算内投资1415亿元支持包含乡镇卫生院、医院、妇幼保健机构、公共卫生机构在内的8000多个医疗卫生机构建设，较"十二五"期间总投资增长22.8%。全国财政公共卫生累计支出11697亿元，年均增长23%，高于同期GDP增幅。2020年全国财政一般公共预算卫生健康支出19201亿元，同比增长15.2%，其中与疫情防控直接相关的公共卫生支出3868亿元，增长74.9%。中央、省、市、县四级的卫生防疫组织体系基本形成。全国有专业公共卫生机构14492个，其中疾病预防控制中心3384个，卫生监督所（中心）2934个。公共卫生专业人员队伍不断壮大，全国有卫生技术人员1067.8万人。每千人拥有执业（助理）医师2.90人，每千人拥有注册护士3.34人，每万人拥有专业公共卫生机构人员6.56人，超过中等收入国家平均水平，为卫生防疫事业提供了人才支撑。

地方层面，广东省英德市致力于增强公共卫生防控救治能力。一是加快建设医疗卫生设施。筹集10亿元用于急救医疗体系建设、县级医院升级改造、乡镇卫生院和村卫生站标准化建设，新建扩建医疗业务用房面积23万平方米，规范化改造英德市人民医院等5家医院，推进各医疗机构发热门诊和发热诊室升级改造。二是为应对新冠肺炎疫情，英德市人民医院建设核酸检测PCR实验室，投入600余万元购置设备、建设实验室及废水处理系统。英德市各医院及卫生院具备了独立开展核酸检测的能力，日均最大检测量达到5500份，基本满足检测需求①。

（三）完善防洪排涝体系建设

1. 防洪排涝的政策与成效

推进城市防洪排涝建设，要坚持防御外洪与治理内涝并重、工程措施与生态措施并举，因地制宜、压实责任，基本形成源头减排、管网排放、蓄排并举、超标应急的排水防涝工程体系。老城区强调补齐防洪排涝基础设施短板，新城区强调高标准规划、建设，不再出现"城市看海"现象。

2020年1月，国家发改委、住建部联合印发《关于做好县城排水防涝设施建设有关工作的通知》，部署县城排水防涝设施建设工作，要求做好项目储备，加快前期工作。随后，《关于2020年全国城市排水防涝安全及重要易涝点整治责任人名单的通告》下发，要求建立城市重要易涝点整治责任制，落实责任到岗、到人。2021年，《国务院办公厅关于加强城市内涝治理的实施意见》出台，就进一步加强城市排水防涝体系建设，推动城市内涝治理提出行动计划。2022年，国家发改委印发《2022年新型城镇化和城乡融合发展重点任务》，强调健全防洪排涝设施建设，整体提升城市洪涝灾害防御能力。

四川省金堂县在提高防洪排涝能力方面积累了经验。金堂县按照"上蓄、中防、侧分、长疏"思路，统筹实施筑堤、拓卡、清障、疏浚等工程，系统推进毗河3号橡胶坝改扩建工程和沱江团结水利枢纽项目建设，实现了标本兼治。项目实施后，金堂县2020年的受灾面积和直接经济损失同比2018年分别降低10%、44%。毗河河道从90米拓宽至210米，降低局部最高水位1.2米，有效地缓解了防洪排涝压力②。

2. 全速推进海绵城市建设

2013年，《国务院关于加强城市基础设施建设的意见》和《国务院办

---

① 国家发展和改革委员会. 国家新型城镇化报告（2020—2021）［M］. 北京：人民出版社，2022：129.

② 国家发展和改革委员会. 国家新型城镇化报告（2020—2021）［M］. 北京：人民出版社，2022：130.

公厅关于做好城市排水防涝设施建设工作的通知》印发，对新型城镇化水安全战略提出更高要求。12月，中央城镇化工作会议召开，提出优先考虑更多利用自然力量排水，建设自然积存、自然渗透、自然净化的海绵城市。2015年4月、2016年4月，财政部、住建部和水利部分两批对30个城市开展海绵城市试点工作。中央财政给予3年的专项资金补助，其中直辖市每年6亿元、省会城市每年5亿元、其他城市每年4亿元。一系列政策与资金的支持，有序推进海绵城市的建设，在有效防治城市内涝、保障城市生态安全等方面取得了积极成效。

　　2015年，《国务院办公厅关于推进海绵城市建设的指导意见》下发，明确通过海绵城市建设，最大限度地减少城市开发建设对生态环境的影响，将70%的降雨就地消纳和利用。2018年12月，《海绵城市建设评价标准》印发，海绵城市国家标准确立。2021年，财政部联合三部委开展系统化全域推进海绵城市建设示范工作，确定"十四五"期间，通过竞争性选拔确定示范城市，并系统化全域推进海绵城市建设，中央财政给予示范城市定额补助。2022年4月，住建部印发《关于进一步明确海绵城市建设工作有关要求的通知》，从深刻理解海绵城市建设理念、明确实施路径、科学编制海绵城市建设规划、因地制宜开展项目设计、严格项目建设和运行维护管理、建立健全长效机制六个方面，对完善海绵城市建设工作提出具体要求，使城市在适应气候变化、抵御暴雨灾害等方面具有良好"弹性"和"韧性"。

表6-2　全国已批复海绵城市试点名单

批次	批准时间	个数	城市
第一批	2015年4月	16	迁安、白城、镇江、嘉兴、池州、厦门、萍乡、济南、鹤壁、武汉、常德、南宁、重庆、遂宁、贵安新区、西咸新区
第二批	2016年4月	14	北京、天津、大连、上海、宁波、福州、青岛、珠海、深圳、三亚、玉溪、庆阳、西宁、固原

资料来源：财政部官网整理所得

四川省遂宁市大力推进海绵城市建设。2015年4月，四川遂宁市成功申报成为全国首批16个海绵城市建设试点。《遂宁海绵城市建设专项规划》随后下发并推进落实。市政府针对老旧、新建、拟建"三类城区"分类施策，因地制宜地采用4类28种海绵设施，新改扩建雨水管网355公里，完工海绵城市面积43平方公里。布设350套海绵城市监测平台。通过政府资金引导，吸引企业、债券、银行等各类资金投入200余亿元。通过一系列整治，遂宁市建成环湖城市湿地公园群，中心城区绿化覆盖率达42%，人均公园绿地面积达15平方米，黑臭水体整治全面完成，45个易涝点内涝隐患全部消除。2200个老旧小区实现了"小雨不积水、大雨不内涝"，满足了"路平、灯亮、水通、景美"的民生诉求①。

（四）增强城市防灾减灾能力

随着城市规模的扩大和现代化程度的日渐提高，城市面临着各类风险冲击。如何提升城市安全承载能力、应对灾害风险响应能力以及灾后恢复重建能力，是推动韧性城市建设，实现可持续发展关键性问题。2012年以来，党中央、国务院对防灾减灾救灾工作做出一系列决策部署，各地区各部门狠抓落实，社会各界广泛参与，防灾、减灾、救灾体系建设取得明显成效。

1. 防灾减灾救灾治理体系不断优化

一是深化体制机制改革。2016年12月，国务院印发《关于推进防灾减灾救灾体制机制改革的意见》，着力从统筹协调体制、属地管理体制、社会力量和市场参与机制三方面推进防灾减灾救灾体制机制改革。随后，应急管理部组建，省、市、县、乡、村五级灾害信息员体系构建完成，至此我国已基本形成统筹协调、防治结合的管理体制；齐抓共管、协同配合的防灾减灾救灾格局；信息互通、资源共享、需求对接、行动协同的应急救援模式。二是健全法律标准体系。为了完善中央和地方各级自然灾害类应

---

① 国家发展和改革委员会. 国家新型城镇化报告（2020—2021）［M］. 北京：人民出版社，2022：131.

急预案，落实防灾减灾责任和措施，强化动态监测与管理，我国加快修订防洪法、消防法、《地震安全性评价管理条例》等法律条例，《城市综合防灾规划标准》（GB/T51327—2018）《防灾避难场所设计规范》（GB51143—2015）两项国家级标准修订实施。2021年，《建设工程抗震管理条例》出台，更是填补了农村建设工程抗震管理的立法空白，奠定了农村建设工程抗震设防的制度基础。三是强化政策顶层设计。为全面贯彻落实中共中央、国务院关于防灾减灾救灾工作重要指示精神和决策部署，积极推进自然灾害防治体系和防治能力现代化，2016年住建部印发《城乡建设抗震防灾"十三五"规划》、2022年国家减灾委印发《"十四五"国家综合防灾减灾规划》，这是指导新时代我国防灾减灾救灾事业发展的纲领性文件，对建立统筹高效、职责明确、防治结合、社会参与的自然灾害防治体系具有顶层指导意义。

2. 防灾减灾救灾工作取得实效

"十三五"时期，我国防灾、减灾、救灾工作取得重大成就，积累了应对重特大自然灾害的宝贵经验，国家综合减灾能力实质性提升。组织实施山水林田湖草沙生态保护修复工程试点、海岸带保护修复工程、特大型地质灾害防治等重点工程，自然灾害防治能力明显增强。房屋市政设施减隔震工程和城乡危房改造等加快推进建设。灾害监测预报预警水平稳步提升。基本建成中央、省、市、县、乡五级救灾物资储备体系。综合监测预警、重大风险研判、物资调配、抢险救援等多部门、跨区域协同联动更加高效。创建全国综合减灾示范社区6397个，确定首批全国综合减灾示范县创建试点单位13个，建设12个国家级消防科普教育馆，有序推进防灾减灾科普宣传网络教育平台建设，公众防灾减灾意识和自救互救技能明显提升。2016—2020年，我国年均因灾直接经济损失占国内生产总值的比重和年均每百万人口因灾死亡率分别为0.4%、0.7，大幅低于"十三五"时期提出的规划目标。年均全国因灾死亡失踪人数、倒塌房屋数量、农作物受灾面积、森林草原火灾受害面积、直接经济损失占国内生产总值的比重，与"十二五"时期相比分别下降37.6%、70.8%、22.7%、55.3%、38.9%。

除此之外，"十三五"时期，我国防灾减灾救灾体系经受了严峻考验，成功应对了九寨沟地震、"利奇马"超强台风、2020年南方洪涝灾害等重特大自然灾害，最大程度减少了人民群众生命财产损失，为经济社会发展提供了安全稳定环境。

第二节　强化城市治理效力

强化城市治理效力，要树立全周期管理意识，把全生命周期管理理念贯穿城市规划、建设、管理全过程各环节，聚焦城市空间治理、社会治理、行政管理、投融资等领域，提高城市治理科学化、精细化、智能化水平，推进城市治理体系和治理能力现代化。

一、树立城市全周期治理理念

中央城市工作会议强调，城市建设和发展要统筹空间、规模、产业三大结构，统筹规划、建设、管理三大环节，统筹改革、科技、文化三大动力，统筹生产、生活、生态三大布局，统筹政府、社会、市民三大主体，这很好地阐释了城市全周期系统治理的理念和内容。也就是说，全周期治理理念要立足城市发展各阶段、各环节，尊重城市发展规律，统筹城市发展全局，推动城市管理理念、管理手段、管理模式全方位的创新，把以人为本、尊重自然、传承历史、绿色低碳理念融入城市规划及建设的全过程，建设宜居、创新、智慧、绿色、人文、韧性城市。

二、提升城市空间治理水平

空间治理是城市治理体系的重要组成部分。通过建立韧性、宜居的空间规划体系，可以优化生产、生活、生态空间的功能布局，促进产业、城区、人口的结构和资源合理配置。通过推进"多规合一"，统筹空间管控机制，实现一张蓝图干到底，提升城市的空间治理能力。

（一）强化"三区三线"①管控与布局

引导空间资源合理有效配置是提升城市空间治理能力的重要途径。强调空间规划的底线思维，以"三区三线"为规划管控核心，严格划定发展边界，确保农业、生态空间功能不降低、面积不减少。按照资源环境承载能力合理确定城市规模和空间结构，优化居住、工业、商业、交通、生态等功能空间布局，合理控制老城区开发强度，推动新城新区高质量高标准建设，统筹布局各类市政公用设施和公共服务设施，促进产城融合、职住平衡。2012年以来，我国在一系列的政策推动与实施中反复强调"三区三线"的管控，经过近十年的锤炼，"三区三线"的政策不断完善，规划结构日趋合理。制度的顶层设计为提高"三生"空间的韧性程度、推进城镇化健康发展提供有力支撑。

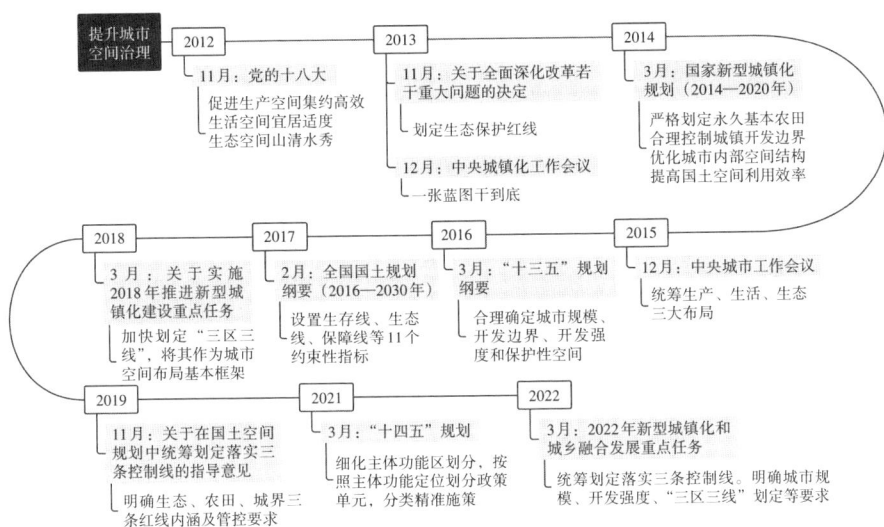

图6-3　提升城市空间治理的主要政策文件

---

① "三区"即城镇空间、农业空间、生态空间三种类型的国土空间；"三线"分别对应在城镇空间、农业空间、生态空间划定的城镇开发边界、永久基本农田、生态保护红线三条控制线。

（二）一张蓝图推进"多规合一"

"多规合一"是近年来城市提升空间治理水平的重点工作之一。通过改革规划管理机构，整合协调各类规划信息，采取国家指导、地方组织，自上而下和自下而上相结合的方式，构建统一的空间管制体系，重点解决各级各类空间规划不协调的矛盾，发挥空间规划的基础性作用，有效推进规划纵向传导与横向协调。目前，我国已初步建立"五级三类"空间规划体系[①]。原主体功能区规划、土地利用规划、城乡规划等融合为统一的国土空间规划，新的国土空间规划是"多规合一"的规划体系，强调原规划编制内容、管理机构、技术规范、体制机制等内容整合优化，强调部门之间的合作，并纳入全国统一、多规合一的国土空间基础信息平台，形成一张底图，实现部门信息共享，实行严格管控。

三、提高城市精细化管理手段

（一）强调依法治理

法治是国家治理体系和治理能力的基础性机制，是治国理政的基本方式。城市法治化治理是完善城市治理体系、提高城市治理能力的根本，是打造共建共治共享的城市治理格局的必经之路。

一是要培育社会主义法治文化。提高领导干部运用法治思维和法治方式开展工作、解决问题、推动城市发展。积极培育社会主义法治文化，引导广大群众自觉守法、遇事找法、解决问题靠法，深化基层依法治理，让依法办事蔚然成风。二是强化社会信用体系建设。政务诚信、个人诚信体系和电子商务领域诚信建设，是社会信用体系建设的重要内容。要大力弘扬诚信文化，以建立诚信记录、实施守信激励和失信惩戒措施作为诚信建设的重点，加大对各级政府和公务员失信行为惩处力度，将危害群众利益、损害市场公平交易等政务失信行为作为治理重点，发挥政务诚信对其

---

① "五级"对应国家、省、市、县和乡镇五个行政层级。"三类"对应强调综合性的总体规划、侧重实施性的详细规划和突出专题性的专项规划。

他社会主体诚信建设的重要表率和导向作用。以重点领域、重点人群为突破口，推动建立各地区、各行业个人诚信记录，强化应用，奖惩联动，使守信者受益，失信者受限。三是要创新完善法治工作的协调机制。统筹好政法系统和相关部门的资源力量，形成问题联治、工作联动、治安联创的良好局面。健全社会矛盾风险防控协同、矛盾纠纷多元化解机制，充分发挥调解、仲裁、行政裁决、行政复议、诉讼等作用，建设一站式矛盾纠纷调处平台。加强基层人民调解组织和队伍建设，推进警官、检察官、法官、律师进社区。推进社会治安防控体系建设，强化重点地区排查整治，健全协调联动机制等。要深入推进社区治理创新，构建富有活力和效率的新型基层社会治理体系。

厦门市从居民的需求出发制定政策，出台《厦门市流动摊贩整治行动方案》，按照"按需设置、方便群众、疏堵结合、规范设置、依法治理"的原则，在不影响市容、交通的前提下，在流动摊贩比较集中的地方或空闲地划定可经营区域，引导合理的业态设置与经营时间，鼓励摊贩业主签订规范经营承诺书，促进摊贩自治，带火"地摊经济"。

（二）强调源头治理

规划、建设、运行管理是新型城市建设三个重要时序环节。城市运行管理是城市规划、建设的成效检验。但是在现实的城镇化建设中，很容易发生哪痛医哪的末端治理现象，忽略源头治理。中央城市工作会议指出，政府要创新城市治理方式，把矛盾和问题尽早排解疏导，化解在萌芽状态。城市治理也应该疏堵结合、以疏为主，惩防并举、以防为先，标本兼治、重在治本。

源头治理，核心就是要以人为本，坚持和发展新时代"枫桥经验"[①]，构建源头防控、排查梳理、纠纷化解、应急处置的社会矛盾综合治理机

---

① 20世纪60年代初，浙江省绍兴市诸暨县枫桥镇干部群众创造了"发动和依靠群众，坚持矛盾不上交，就地解决，实现捕人少，治安好"的"枫桥经验"。经验一："小事不出村，大事不出镇，矛盾不上交，就地化解"；经验二：帮扶刑满释放人员自食其力；经验三：为外来务工人员解决住房和子女入学等问题管理新模式。

制。通过及时反映和协调人民群众各方面、各层次的利益诉求，从源头上解决影响社会和谐稳定的各种深层次问题。比如，开通民生热线、绿色邮政、网上信访、视频接访等做法，方便市民便捷、高效地表达诉求，提出意见建议。尊重市民对城市发展决策的知情权、参与权、监督权，鼓励企业和市民通过各种方式参与城市建设、管理。完善前置介入管理机制，将治理关口前移，即便琐碎小事，也要尽量抓早抓细。重庆市璧山区推进"城市生活网"建设。引导260余个居住小区入驻"城市生活网"综合服务平台，提供议事选举、物业测评、财务公开等线上功能。

（三）强调科学、智慧、精细治理

科学、智慧、精细治理是城市治理现代化的驱动力和支撑力。一流城市要有一流治理，要注重在科学化、精细化、智能化上下功夫。既要善于运用现代科技手段实现智能化，又要通过绣花般的细心、耐心、巧心提高精细化水平，绣出城市的品质品牌。

1. 构建城市管理标准

构建系统化、全覆盖的城市管理标准。以精细化管理为导向，全面梳理城市行业管理标准、业务考核标准、运行管理流程、作业规程等各类标准规范。以国家、省市的行业标准为基准，制定适合本市本区特点和实际的城市管理标准体系。完善城市网格化综合管理标准，实现城市管理由突击整治向制度化、常态化转变，达到全覆盖、精细化、长效化目标，提高群众满意度。

北京市是城市管理标准化的探路者。2011年，北京市制定《首都标准化战略纲要》，2015年，实施《北京市人民政府关于进一步加强城市管理与服务标准化建设的意见》，2017年，北京累计批准发布159项地方标准，城市管理类占比高达87%。其中落实了城市规划与建设标准化、城市基础设施运行管理标准化、城市公共安全与应急管理标准化、节能减排和生态环保标准化、城市公共服务标准化、社会信用体系建设标准化等一系列城市管理标准。2022年，《首都标准化战略纲要2035（征求意见稿）》公开征求意见，提出到2025年，北京将制定地方标准800项以上，实现地方标准全面覆盖。深圳市是城市管理标准国际化的先行者。2016年，深圳市实施《深圳标准国际化创新型城市示范创建工作方案（2016—2018年）》，从标准国际化程度、标准创新体系、城市管理标准、社会管理标准、标准工作机制5个方面提出15项可量化、可考核的具体示范创建目标，打造城市管理的"深圳标准""深圳品牌"①。

2. 激发社会组织活力

通过创新社会治理方式，激发社会组织活力。培育包括社会公众、社区、志愿者、社会自治组织、企业、行业中介组织等多元主体参与城市管理，构建"政府主导、企业经营，政企分开、管养分离，市场运作、社会参与"高效的城市管理运行机制。开通公众互动议事平台、市民行动参与平台、城市政务信息服务平台、公共决策参与平台等，扩大居民自助服务、自治管理的空间，完善了政府、社会和市民和谐的城市治理关系。2016年，中办、国办发布的《关于改革社会组织管理制度促进社会组织健康有序发展的意见》为城市基层治理创新、培育新型治理主体提供了政策支持。上海开展"老伙伴计划"、北京开展"好街坊暖心团"等工作，通过社区帮扶、邻里互助方式为特殊人群提供定制化服务，使基层政府的服务更精细化、更人性化。以阿里、京东、腾讯为代表的互联网公司，在疫情期间提供健康码功能，负责生活用品与防疫物资的运送，开展云办公、云课堂等，发挥企业在城市治理中的助力作用，有效地提升了城市的公共安全应急能力。

3. 运用智慧化管理

抓住发展智慧城市新机遇，将智慧产业、技术运用于城市管理，利用信息化手段破解"城市病"，实现城市管理精细化、公共服务精准化、环境品质精致化。建立健全数据共享协调机制，全面构建数据共享的安全制度体系、管理体系、技术防护体系，打破各部门之间信息壁垒，推动创新

---

① 杨雪锋. 城市精细化管理理论与实践［M］. 北京：中国建筑工业出版社，中国城市出版社，2020：112—113.

型城市建设、智慧城市建设等。上海市松江区会同 G60 科创走廊的 9 个城市，率先推进 30 个涉企事项"一网通办"。通过"一网通办"，上海市松江区在 9 个城市 80 余个县级以上行政服务中心完成专窗全覆盖，有效地降低长江三角洲区域制度性交易成本，推动区域内政务服务一体化。

四、健全城市投融资保障机制

城市的开发、建设、运营是一项系统性工程，具有资金需求大、涉及利益主体多、规划程序复杂、开发周期长、收益回报不确定等特点，所以其对投融资主体、投融资模式、风险回报率均有较高的要求。

（一）发挥政府投资引导作用和放大效应

政府与市场都是推进城市建设与更新的重要力量。政府聚焦的是市场不能有效配置的资源，如环境保护、城市敞开式道路、园林绿化、城市防灾系统、公共卫生、棚户区改造等公共领域或公益性项目。通常采取政府直接投资、发行地方政府专项债券或地方政府授权国企实施等投融资方式。

苏州市政府通过发挥财政资金杠杆作用，撬动保险资金参与城市建设。一是组建国寿（苏州）城市发展产业投资基金，苏州市政府与国企中国人寿共同出资 100 亿元联合筹建。二是引导太平集团设立"太平资产——苏州工业园区区镇一体化项目债权投资计划"，投资苏州产业园区公共配套设施建设项目。三是支持保险资金通过购买市属国有企业公司债券，支持轨道交通、旅游开发和保障性住房建设项目。四是引导中国人寿投资 30 亿元、泰康人寿投资 16 亿元，支持建设养老基地[1]。

（二）引导社会资金参与城市开发建设运营

夯实企业及个人作为投资主体地位，放宽放活社会投资，引导社会资金参与城市开发建设运营。支持企业自筹资金开发城市建设项目，规范推

---

[1] 国家发展和改革委员会. 国家新型城镇化报告（2020—2021）[M]. 北京：人民出版社，2022：158—159.

广政府和社会资本合作（PPP）模式，逐步实现全产业链和项目全生命周期的PPP合作，形成可复制、可推广的创新融资经验模式。

2014年，《国务院关于创新重点领域投融资机制鼓励社会投资的指导意见》下发，鼓励在公共服务、资源环境、生态建设、基础设施等重点领域创新投融资机制，充分发挥社会资本特别是民间资本的积极作用。随后，《中共中央国务院关于深化投融资体制改革的意见》《关于开展重大市政工程领域政府和社会资本合作（PPP）创新工作的通知》《关于进一步做好重大市政工程领域政府和社会资本合作（PPP）创新工作的通知》陆续出台，详细解读深化市政领域相关行业PPP创新工作，并从中筛选一批重点项目、制定PPP建设规划、总结推广经验，加快政策落实脚步。截至2022年7月，全国政府和社会资本合作（PPP）综合信息平台管理库PPP项目累计入库项目10337个、投资额16.5万亿元；累计签约项目8185个、投资额13.4万亿元。PPP模式在城市的开发建设运营中发挥了巨大的作用。广州市永庆坊历史街区"微改造"项目，就是引入社会资本参与投资。当地政府采用BOT模式，通过公开招商引入广州万科房地产公司参与建设运营，在项目建成完工后的运营期内，其经营所得作为广州万科的投资收益，运营期结束后公司将项目移交给广州市政府。

另外，为进一步盘活存量资产，拓宽个人投资者作为投资主体的可投融资产范围，证监会、国家发改委联合发布《关于推进基础设施领域不动产投资信托基金（REITs）试点相关工作的通知》，启动了公募REITs在基础设施领域的试点。2021年6月，首批9只基础设施REITs正式上市，这标志着基础设施公募REITs试点进入落地阶段。徽杭高速REITs于2019年9月在金融市场上顺利发行，作为我国第一只交易所内以高速公路为底层资产发行的类REITs产品，徽杭高速REITs创新融资工具，扩大有效投资，有效缓解地方政府债务压力，为推动我国基础设施公募REITs的探索和发展积累了经验。

（三）全面改善城市投融资环境

全面改善城市投融资环境，从城市建设的全周期、全流程制定专门的城市基础设施法律法规，明晰各相关责任人，规范项目实施过程中的各项行为。持续深化投资审批制度改革，加强与用地、环评、报建等制度的协同衔接，有效提升流程效率。拓宽融资渠道，充分利用国开行或农发行等政策性银行贷款、地方政府专项债券等，鼓励银行、保险等金融机构增加中长期贷款投放，通过发行中期票据、企业债券、资产证券化融资等方式，推动城市基础设施建设。防范化解城市债务风险，强化政府预算约束和绩效管理，合理处置和分类化解存量债务，严控增量债务。

山东省德州市政府致力改善城市的投融资环境，实施一揽子强有力的政策支持。一是构建市县两级政府融资担保体系，设立国有参股控股融资担保公司10家，覆盖德州市城区和8个县（市、区）。二是制定"担十条"、政府融资担保机构尽职免责管理办法等制度细则，降低企业担保费率、提高担保效率。三是创新贷款担保业务类型，开展无还本续贷，开展制造业中期流动资金贷款担保，缓解企业贷款期限错配难题①。

第三节　提升科技赋能水平

党中央、国务院一直高度重视科技发展，大力发展数字经济，试点智慧城市、创新型城市，并将其上升为国家战略。目前，数字经济、科技创新不断融入国民经济的各个领域，为城市发展注入新动能。发展智慧城市、创新型城市也成为新型城市建设的重要骨架。

一、增强城市的创新能力

（一）国家创新型城市部署及建设

2016年5月，国务院印发《国家创新驱动发展战略纲要》，提出"三步

---

① 国家发展和改革委员会. 国家新型城镇化报告（2020—2021）［M］. 北京：人民出版社，2022：156—157.

走"到2050年建成世界科技创新强国。科技部、国家发改委为深入贯彻全国科技创新大会精神和《国家创新驱动发展战略纲要》部署，联合印发《建设创新型城市工作指引》，提出开展创新型城市试点，建设若干具有强大带动力的创新型城市和区域创新中心，并下发创新型城市指标体系。2017年1月，科技部创新发展司、国家发改委高技术产业司联合印发《关于进一步做好2017年创新型城市建设有关工作的通知》，对61个试点城市开展评估、总结、探索差异化的创新发展路径及普适的经验做法。2018年，新一批17个城市开展创新型城市试点建设。

表6-3　国家创新型城市（区）名单

序号	地区	城市（区）	序号	地区	城市（区）
1	北京	海淀区	17	湖北	武汉市、襄阳市、宜昌市
2	天津	滨海新区	18	湖南	长沙市、株洲市、衡阳市
3	河北	石家庄市、唐山市、秦皇岛市	19	广东	广州市、深圳市、佛山市、东莞市
4	山西	太原市	20	广西	南宁市
5	内蒙古	呼和浩特市、包头市	21	海南	海口市
6	辽宁	沈阳市、大连市	22	重庆	沙坪坝区
7	吉林	长春市、吉林市	23	四川	成都市
8	黑龙江	哈尔滨市	24	贵州	贵阳市、遵义市
9	上海	杨浦区	25	云南	昆明市、玉溪市
10	江苏	南京市、无锡市、徐州市、常州市、苏州市、南通市、连云港市、盐城市、扬州市、镇江市、泰州市	26	西藏	拉萨市
11	浙江	杭州市、宁波市、嘉兴市、湖州市、绍兴市、金华市	27	陕西	西安市、宝鸡市、汉中市
12	安徽	合肥市、芜湖市、马鞍山市	28	甘肃	兰州市

续表

序号	地区	城市（区）	序号	地区	城市（区）
13	福建	福州市、厦门市、泉州市、龙岩市	29	宁夏	银川市
14	江西	南昌市、景德镇市、萍乡市	30	青海	西宁市
15	山东	济南市、青岛市、东营市、烟台市、潍坊市、济宁市	31	新疆	乌鲁木齐市、昌吉市、石河子市
16	河南	郑州市、洛阳市、南阳市			

资料来源：中华人民共和国科学技术部官网整理所得

根据科技部和中国科学技术信息研究所最新公布的"国家创新型城市创新能力评价报告2021"显示，全国78个创新型城市以占全国1/10的国土面积、1/3的人口、汇聚了全国78%的研发经费投入和70%的地方财政科技投入，集聚了全国95%的中央级高校和科研院所、94%的国家重点实验室和80%以上的大科学装置，产出了全国94%的重大原创性科技成果，拥有全国80%以上的有效发明专利，培育和产出了全国80%的高新技术企业，取得了一批创新发展的好经验好做法，辐射带动区域乃至全国高质量发展[1]。

（二）城市的创新创业能力推动路径[2]

1. 主动融入国家区域发展战略

要积极构建和完善区域创新体系，深入落实京津冀、长三角、粤港澳大湾区等国家区域发展战略，发挥创新型城市对区域创新辐射带动作用，积极打造区域科技创新中心。同时，不断完善科技资源共享和核心技术联合攻关机制，共建产业合作示范区，探索共同投入、共担风险、共享收益

---

[1] 中国科学技术信息研究所. 国家创新型城市创新能力评价报告2021 [M]. 北京：科学技术文献出版社，2021：1—5.

[2] 中国科学技术信息研究所. 国家创新型城市创新能力评价报告2021 [M]. 北京：科学技术文献出版社，2021：1—5，252—277.

的协同创新模式，推动区域创新共同体建设，促进城市之间协同联动发展。

2021年2月，湖北省启动光谷科技创新大走廊建设，以武汉市东湖高新区为核心承载区，辐射带动鄂州、黄石、黄冈、咸宁发展。截至2021年，光谷科技创新大走廊集聚了近百所高校、73名"两院"院士，拥有3个国家重大科技基础设施、1家国家研究中心、20余家国家重点实验室、30余家产业技术研究院。高新技术企业近5000家，引领武汉城市圈同城化发展。2021年4月，国家发改委等6部门印发《长三角G60科创走廊建设方案》，推动上海、嘉兴、杭州、金华、苏州、湖州、宣城、芜湖、合肥9个城市协同打造G60科创走廊，成为我国重要创新策源地及区域协调发展战略实施的城市群载体。

2. 不断优化创新体制机制改革

创新型城市要不断优化创新体制机制改革，坚持科技创新和制度创新"双轮驱动"。要深入分析自身城市的特色优势和差距短板，精心谋划和组织实施创新型城市改革蓝图；要强化组织领导，统筹创新发展的决策部署；要深化政策措施的普惠性和精准性供给，搭建创新平台、推动优质服务；要推进资源开放共享，为各类创新主体松绑减负、清障搭台，激发全社会创新创业活力。

浙江省绍兴市委、市政府高度重视国家创新型城市建设工作。在强化组织领导方面，成立市委科技创新委员会，全面统筹谋划创新型城市重点工作、重大项目、重要举措等。科技创新委员会下设办公室，具体负责协调、指导创新型城市建设工作，各职能部门负责具体项目方案的制定、实施和深化。此外，绍兴市不断推进体制机制改革。建立了区、县（市）主要领导抓创新的工作机制，形成各级、各部门联动推进的工作体系。建立健全一套符合市场化的长效运作机制——服务保障机制、正向激励机制、引才用才机制，推动科技项目管理从"全市域宏观计划"向"精准化攻关需求"转变，"企业自主研发"向"企业+人才联合攻关"转变。

3. 强化平台载体的创新能力

强化以创新策源地、创新增长极、创新集聚区及专精特新小巨人企业、科技平台为载体的创新能力，集聚高端科技创新资源。强化国家战略科技力量的建设，打造重大国家级基础研究基地、中央级科研院所等科研平台，在承接国家重大战略科技任务、突破关键核心技术方面发挥作用。激发国家自主创新示范区、高新技术产业开发区、经济技术开发区等创新动力，推动科研平台和数据向企业开放，鼓励大企业向中小企业开放资源、场景和需求。围绕产业链打造创新链、围绕创新链布局产业链，加快产业基础高级化、产业链现代化建设。支持大中小企业和各类主体融通创新，促进科技与经济深度融合，探索各具特色的创新发展路径。建设成本低、要素全、便利化、开放式的孵化器等众创空间，支持创新型中小微企业新三板上市，助力其成长。目前，创新型城市拥有全国47%的国家高新区，培育了全国80%的高新技术企业和76%的科技型中小企业，贡献了全国76%的高新技术企业营业收入，科创板上市企业占全国的93%，产业不断向中高端迈进。

表6-4 国家创新型城市分类[①]

类别	分类标准	城市
创新策源地（15个）	重大原创性成果产出较多，原始创新力排名前15位等	深圳、南京、西安、武汉、广州、杭州、成都、长沙、长春、青岛、合肥、沈阳、兰州、哈尔滨、大连
创新增长极（25个）	高新技术产业发展较好，技术创新力排名前40位等	苏州、济南、无锡、常州、厦门、芜湖、东莞、南通、贵阳、太原、郑州、株洲、昆明、马鞍山、扬州、镇江、南昌、潍坊、绍兴、湖州、宁波、洛阳、嘉兴、石家庄、徐州

---

① 中国科学技术信息研究所. 国家创新型城市创新能力评价报告2021［M］. 北京：科学技术文献出版社，2021：11.

续表

类别	分类标准	城市
创新集聚区（32个）	原始创新力和技术创新力较弱	佛山、烟台、福州、济宁、泰州、南宁、盐城、乌鲁木齐、宜昌、连云港、唐山、襄阳、海口、东营、金华、西宁、呼和浩特、银川、拉萨、宝鸡、泉州、景德镇、秦皇岛、包头、龙岩、遵义、衡阳、南阳、汉中、萍乡、玉溪、吉林

资料来源：国家创新型城市创新能力评价报告2021

二、推进城市智慧化建设

扎实推进智慧城市、数字中国的顶层设计，加快5G、互联网、大数据、区块链等新型基础设施建设，构建以数据为关键要素的城市大脑、超算中心、云平台等数据服务中心，深化数字基础设施的建设与应用，有效地将社会治理、民生服务、产业经济从"碎片化"转变为"一体化"，优化办事流程，提高城市智能化水平。

（一）推进智慧城市建设的顶层设计

2012年11月，住建部印发了《住房城乡建设部办公厅关于开展国家智慧城市试点工作的通知》，制定了《国家智慧城市试点暂行管理办法》《国家智慧城市（区、镇）试点指标体系（试行）》，正式拉开我国智慧城市建设的序幕。2013年开始，国家陆续开展三批共计290个智慧城市的试点。2014年，国家发改委等八部委联合印发《关于促进智慧城市健康发展的指导意见》，这是全面指导我国智慧城市健康发展的系统性文件，基本形成我国智慧城市政策体系构建基础。

2015年开始，《新型智慧城市评价指标》《智慧城市技术参考模型》《智慧城市顶层设计指南》《智慧城市软件服务预算管理规范》《智慧城市信息技术运营指南》《信息安全技术智慧城市建设信息安全保障指南》等一系列国家标准陆续出台，智慧城市标准体系框架基本形成。2017年，党的十九大报告明确提出建设"网络强国、数字中国、智慧社会"。2021年，

"十四五"规划《纲要》专篇部署"加快数字化发展、建设数字中国"，随后《"十四五"国家信息化规划》《"十四五"数字经济发展规划》等重大战略规划相继出台，战略规划的统筹运作，擘画了"十四五"时期数字中国建设的美好蓝图。

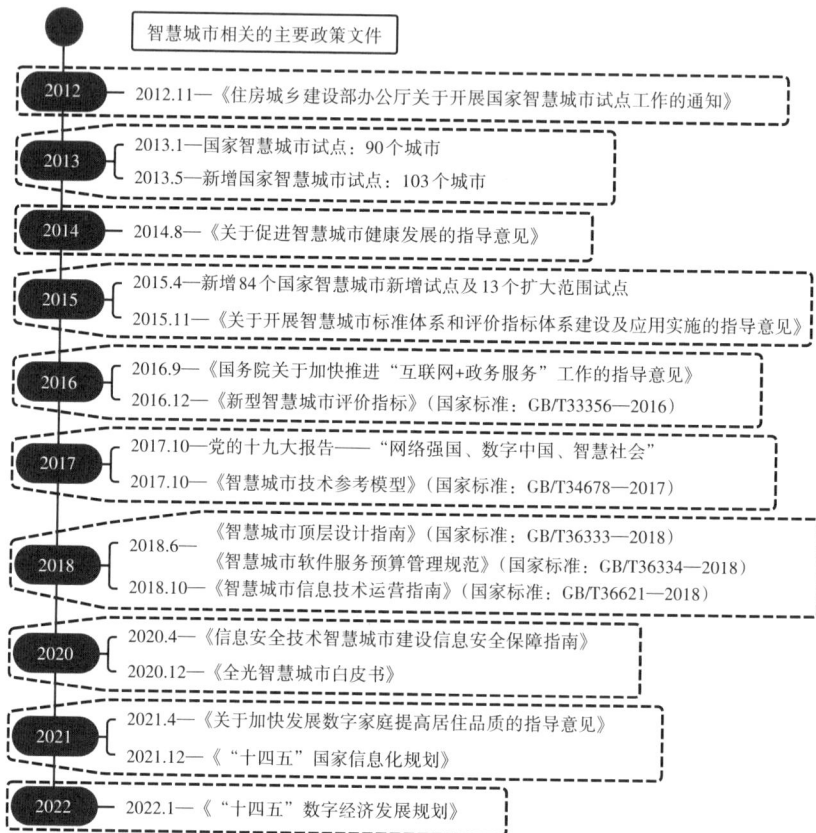

智慧城市相关的主要政策文件

2012 — 2012.11—《住房城乡建设部办公厅关于开展国家智慧城市试点工作的通知》

2013 — 2013.1—国家智慧城市试点：90个城市
2013.5—新增国家智慧城市试点：103个城市

2014 — 2014.8—《关于促进智慧城市健康发展的指导意见》

2015 — 2015.4—新增84个国家智慧城市新增试点及13个扩大范围试点
2015.11—《关于开展智慧城市标准体系和评价指标体系建设及应用实施的指导意见》

2016 — 2016.9—《国务院关于加快推进"互联网+政务服务"工作的指导意见》
2016.12—《新型智慧城市评价指标》（国家标准：GB/T33356—2016）

2017 — 2017.10—党的十九大报告——"网络强国、数字中国、智慧社会"
2017.10—《智慧城市技术参考模型》（国家标准：GB/T34678—2017）

2018 — 《智慧城市顶层设计指南》（国家标准：GB/T36333—2018）
2018.6—《智慧城市软件服务预算管理规范》（国家标准：GB/T36334—2018）
2018.10—《智慧城市信息技术运营指南》（国家标准：GB/T36621—2018）

2020 — 2020.4—《信息安全技术智慧城市建设信息安全保障指南》
2020.12—《全光智慧城市白皮书》

2021 — 2021.4—《关于加快发展数字家庭提高居住品质的指导意见》
2021.12—《"十四五"国家信息化规划》

2022 — 2022.1—《"十四五"数字经济发展规划》

图6-4　建设智慧城市的主要政策文件

截至2021年，我国数字经济规模达到45.5万亿元，较"十三五"初期扩张了1倍多，占GDP比重达到39.8%。疫情成为城市智慧治理、数字经济发展的"试金石"，无论在疫情防控的阻击战中，还是在疫情多点散发的常态化防控中，作为宏观经济的"加速器""稳定器"的作用愈发凸显。2022年7月，最新发布的"中国数字经济发展报告"中由表及里，深度剖析做强做优做大我国数字经济的关键举措。

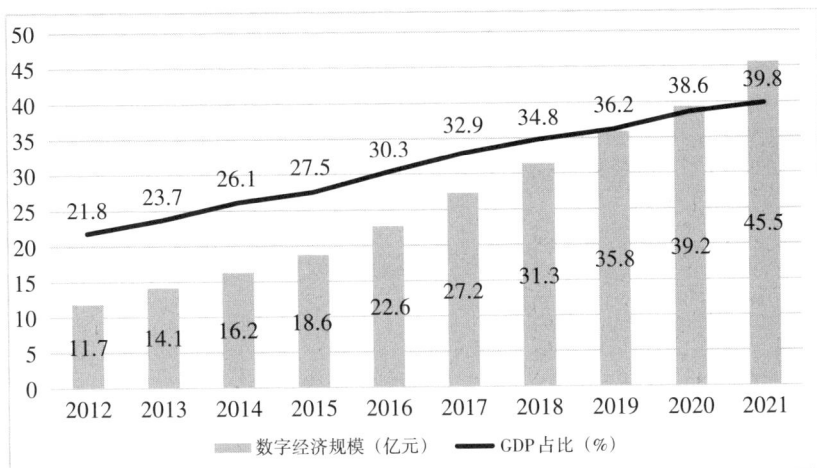

图6-5　2012—2021年中国数字经济规模与GDP占比
数据来源：中国信息通信研究院官网发布的中国数字经济发展报告（2013—2022年）

　　另外，各地区、各部门扎实推进数字基础设施、数字技术、数字经济、智慧政府和智慧社会建设，一系列跨层级、跨地域、跨系统、跨部门、跨业务的政策与措施、规划与指导意见、指标体系与评价标准等陆续出台。截至2020年3月，全国31个省级政府相继出台智慧城市的指导意见及示范工程，有600多个城市在建设智慧城市，涵盖直辖市、副省级城市、地级市和县级市[①]。许多城市在智慧城市管理模式、运营模式、业务应用等方面进行了积极探索。2021年，全国各省市共出台216个数字经济相关政策，其中，32个顶层设计政策、6个数据价值化政策、35个数字产业化政策、54个产业数字化政策、89个数字化治理政策[②]。数字发展政策环境不断优化，智能合作领域不断加深，为我国智慧城市建设、治理、服务提供强而有力的支撑。

---

　　① 金江军．智慧城市：大数据、互联网时代的城市治理［M］．北京：电子工业出版社，2021：31．
　　② 中国信通院．中国数字经济发展报告（2022年）［EB/OL］．2022-07．http：//www.caict.ac.cn/kxyj/qwfb/bps/202207/t20220708_405627.htm．

（二）推进新型数字基础设施建设

新型基础设施的智能化水平，对政府部门的行政管理、企业的经营管理、人民群众的生产生活，产生了深刻的影响。加快5G、物联网、云计算、大数据、区块链、人工智能、移动互联网等新一代信息技术的发展，将这些新技术的有效的推广及应用，为智慧城市、数字中国建设储备重要战略资源。

2016年，中共中央政治局第三十六次集体学习时指出，建设全国一体化的国家大数据中心。政府数据中心作为新型数字基础设施纳入国家的战略规划。2018年，中共中央政治局第九次集体学习强调，要推动智能化信息基础设施建设，提升传统基础设施智能化水平，形成适应智能经济、智能社会需要的基础设施体系。随后中央经济工作会议进一步明确，加快5G商用步伐，加强人工智能、工业互联网、物联网等新型基础设施建设。《2022年新型城镇化和城乡融合发展重点任务》指出，推进第五代移动通信（5G）网络规模化部署和基站建设，推行城市数据一网通用，建设国土空间基础信息平台，因地制宜部署"城市数据大脑"，促进行业部门间数据共享、构建数据资源体系，增强城市运行管理、决策辅助和应急处置能力。以5G、物联网、工业互联网、数据中心、人工智能等为代表的"新基建"，成为建设智慧城市、数字中国的重要支撑。

根据"数字中国发展报告（2021年）"显示[1]，截至2021年底，我国已建成全球规模最大、技术领先的网络基础设施。142.5万个5G基站，占全球总量60%以上，5G用户数达到3.55亿户。农村和城市实现"同网同速"，行政村、脱贫村通宽带率达100%。IPv6地址资源总量位居世界第一，活跃用户数达6.08亿。算力规模全球排名第二，近5年年均增速超过30%。另外，数据资源价值加快释放。大数据产业规模增长至1.3万亿元，实现跨越式增长。全国省级公共数据开放平台增至24个，开放的有效数据

---

① 国家互联网信息办公室. 数字中国发展报告（2021年）[EB/OL]. 2022-08-02. http://www.cac.gov.cn/2022-08/02/c_1661066515613920.htm.

增至近25万个。科技部批准建立8个国家超级计算中心，分别是国家超级计算天津中心、广州中心、深圳中心、长沙中心、济南中心、无锡中心、郑州中心、昆山中心。以5G为代表的数字技术实现技术、工业、应用全面领先。人工智能、云计算、大数据、区块链、量子信息等新兴技术，跻身全球第一梯队。

（三）推进城市智慧化管理与服务

1. 智慧城市的管理服务体系

智慧城市的功能体系涵盖社会治理、市民服务、产业经济三大领域。在社会治理方面，要推行城市运行一网统管，探索建设"数字孪生城市"。推进市政公用设施及建筑等物联网应用、智能化改造，部署智能交通、智能电网、智能水务、智慧安防和智慧应急等感知终端。在市民服务方面，要依托全国一体化政务服务平台，推行政务服务一网通办，提供市场监管、税务、证照证明、行政许可等线上办事便利。推行公共服务一网通享，促进学校、医院、养老院、图书馆等公共服务机构资源数字化，提供全方位即时性的线上公共服务。另外，要丰富数字技术应用场景，发展远程办公、远程教育、远程医疗、智慧出行、智慧街区、智慧社区、智慧楼宇、智慧商圈等。在产业经济方面，要提高传统工业、农业和服务业智能化水平，加快新旧动能转换，推动产业智慧化发展。如发展智能制造、智慧农业、智慧旅游、智慧物流等。

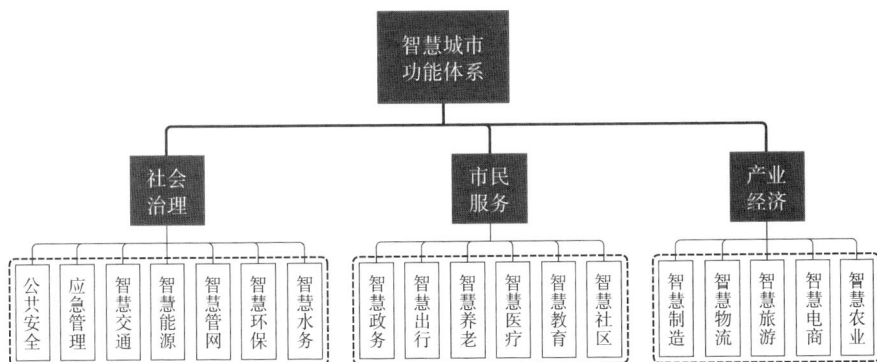

图6-6 智慧城市功能体系

　　近十年，我国数字化社会治理与市民服务效能显著增强。截至2021年，我国电子政务在线服务指数全球排名升至第9位，"掌上办""指尖办"成为各地政务服务标配，"一网通办""跨省通办"取得积极成效。超过90%的省级行政许可事项实现网上受理和"最多跑一次"，平均承诺时限压缩超过一半。2020年，新冠疫情暴发，数字抗疫推动部门之间以及中央和地方之间的数据互通共享，健康码普及和使用让复工复产更加精准、科学、有序。疫情加速了数字化的进程，数字化有力支撑了疫情下经济社会发展和政府公共服务。与此同时，数字社会服务更加普惠便捷。国家智慧教育平台加快建设，所有中小学全部实现联网。全国统一的医保信息平台建成，实现跨省异地就医自助备案和住院直接结算，远程医疗县区覆盖率超过90%。网络扶贫和数字乡村建设接续推进，城乡居民共享数字化发展成果。

　　2. 推进城市智慧管理服务的应用实践

　　（1）以区块链为代表的技术支撑智慧城市建设

　　区块链不可篡改的特点为解决城市发展的"疑难杂症"提供了可行方案。目前，区块链技术在知识产权保护、司法公信、政务服务、市场监管等领域的应用，可以实现跨部门、跨行业的集约部署和共建共享，支撑智慧城市建设。

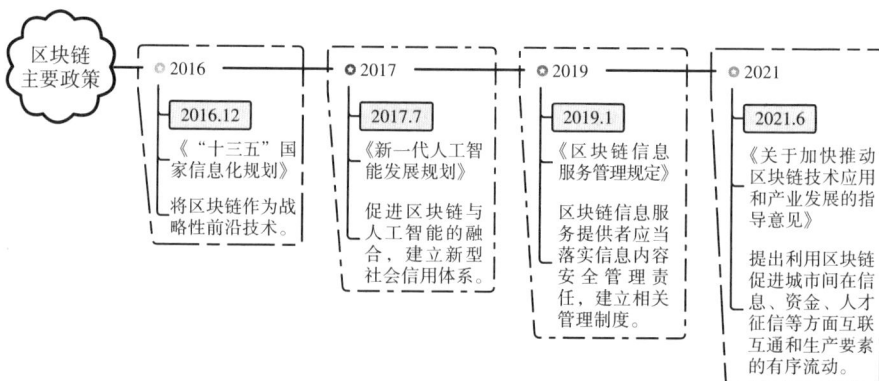

图6-7　区块链重要政策文件

2018年4月，陕西省咸阳市通过"陕数通"将公安、民政、社保、医院、银行等市县镇三级1300多个单位涉及的85类数据上链，在保障数据安全和权属不变的情况下，实现数据一桥链通、数权不变、融合应用，并成功应用在多个民生领域。2018年9月，山东省荣成市政府与企业合作打造了区块链智慧城市平台，并广泛用于荣成智慧城市多个项目。2019年1月，福州市与比特大陆公司合作，运用区块链技术共同打造福州"城市大脑"。2019年10月，北京首个线上数据共享流程依托"目录区块链"开启，利用区块链将全市53个政府部门的职责、目录和数据结合在一起，解决了数据缺位、越位的问题。

另外，北京、杭州、广州等地的一些互联网法院应用区块链技术解决侵权、公证、监管、鉴定等案件，开启司法办案的新模式。青岛、深圳、开封等地开展"链湾""i深圳""链政通"等"区块链+政务服务"，实现数字身份、电子证照、扫码授权上百项等政务数据共享。济南、重庆、广州、天津、深圳、杭州等地利用区块链技术，实施产品质量监管、食品药品监管、海关监管、金融监管、信用监管、知识产权保护等方面的市场监管。雄安新区、乐山、北京将区块链技术应用于房屋租赁、不动产管理、二手房交易等方面。在新冠疫情期间，以区块链为底层技术的"防疫链"解决了健康出行、复工复产、应急管理等一系列城市急事难题①。

（2）以城市大脑为代表的数字平台推进城市高效治理

城市大脑的理念于2016年诞生于杭州，杭州从缓解交通拥堵切入，从"治堵"开始，运用城市大脑开展多个领域的尝试，形成旅游领域的"多游一小时"，医疗领域的"最多付一次"，应急领域的"一键护航"等48个场景的有效治理。

除了杭州，上海、北京、海口、郑州等城市也建设了城市大脑，从城市自身的痛点和难点出发，打造不同特色城市治理新亮点。上海"一网统

---

① 金江军. 智慧城市：大数据、互联网时代的城市治理 ［M］. 北京：电子工业出版社，2021：128—140.

管"打造了超大城市"像绣花一样精细治理"样板；北京以环保为切入点，引入城市大脑建设，通过全面感知、智能识别、流程创新推动通州区在数字生态城市建设方面的突破和创新；海口通过数据融合实现了交通、政务、医疗、文旅、城市治理五大领域、多个智慧应用场景创新，建立了较为完善的智慧城市治理机制，为我国自贸港探索新治理模式；郑州则通过"人数城"融合建造"思考力"城市，数字治理能力迅速提升，郑州城市治理指数排名全国第七，数字生活服务排名仅次于上海、北京、杭州，位列全国第四。这些城市的数字治理实践各具特色，很多做法都值得推广①。

第四节 "以人为本"的慧治与精治

2012年以来，为了积极推进城市现代化治理，从国家到各省市都在推动政策的精准实施及有效落地。以黄石市为代表的韧性城市建设，聚焦城市公共安全、居住品质、产业创新，实现资源枯竭城市的全方位转型。以杭州为代表的精致城市建设，强调全周期的治理理念，以标准化促进精细化，实现以人为本、多元共治的现代化治理。以浙江省为代表的智慧城市建设，推进"四张清单一张网""最多跑一次""整体智治、唯实惟先"改革，实现数字政府的华丽转身。

一、韧性黄石：资源枯竭城市的韧性重生

黄石市是典型的老一批工业城市，由于矿产资源的枯竭，2009年黄石被认定为我国资源枯竭型城市，经济社会面临巨大的压力。经过十余年磨砺，黄石在蛰伏中谋求城市的可持续发展，不断探索城市的全方位转型，

---

① 张建锋. 数字治理：数字时代的治理现代化［M］. 北京：电子工业出版社，2021：290—328.

历经阵痛，终破茧重生。

2013年，黄石市确立"生态立市、产业强市，建设现代化特大城市"的城市发展战略。2014年，黄石市入选"全球100韧性城市"。以此为契机，黄石市开始社会经济、文化生态和城市功能的全方位转型。首先成立了工作专班，在半年内举办了7场专题研讨会，从解决自身问题出发，确定了三个重点转型的领域，并在城乡建设委员会设立黄石市韧性城市建设工作领导小组，落实此项工作，同时积极成立专家小组，聘请海归专家夏云龙博士为"首席韧性官"，全面负责黄石市的韧性城市建设工作。2015年9月、10月，黄石市先后成功召开"全球100韧性城市国际研讨会"及韧性城市建设专家组全体成员第一次会议。这为黄石市制定城市韧性建设计划、确定城市"韧性建设路线"打下了坚实的基础。11月，黄石市成功加入"全球100韧性城市"的"10%韧性承诺"①，获得"全球100韧性城市"总部无偿支持价值500万美元的物资或服务。2019年5月，"100韧性城市"项目宣布"韧性黄石"战略，这为黄石市创新发展、生态保护及为市民创造现代化宜居环境描绘了蓝图。

（一）提升具有韧性的人居环境

提升老城区的居住环境品质。黄石市对老城区的空间进行梳理，将以往的工业园区做合理的搬迁，并在搬迁空地上建设公园、文化体育设施等城市公用设施。同时，加快棚户区与老旧危居民楼征收改造工作，及时创新房屋征收机制等。2020年完成全市城镇棚户区、城中村和危旧房改造的目标，实现全市7.5万户棚户改造搬迁，大大改善了城市居民的居住环境和生活质量。

优化新区建设水平。黄石市通过合理规划街区路网结构，建设开放便捷、尺度适宜、配套完善的生活街区。在新型住宅建设中推广街区制，不再建设封闭住宅小区，打造方便快捷生活圈。同时，通过建设交通骨干网

---

① 10%韧性承诺：城市承诺把每年全市预算的10%用来支持已制定的韧性建设目标和活动。

络加强新区和老城区的联系。构建快捷内环、快速中环、高速外环三环七射的交通网络、合理建设智慧公交系统、科学设置班次密度和站点分布，确保居住生活区、商务区、工业区间便捷沟通。

保障住有所居。黄石市推进创新住房供应体系行动计划，推进租购并举、租售同权住房制度，打通住房租赁市场和产权市场通道。建立政府、企业和个人三方共担的新型住房租赁市场，着力解决新生代、新就业人员、外来务工人员等住房问题。另外，为优化新区建设水平，黄石市倡导混合包容的住宅布局，满足多样性差异化的住房需求，有效提升了城市住房弹性。

优化城市公共环境。黄石市出台了多种举措，全面加大长江保护力度，加强对工矿废弃地和开山塘口的绿色治理，有效落实大气污染防治计划，坚持江堤路景、岸线修复、城市整理、塘口治理、村庄整治相结合；强化对已破坏生态环境的修复，打造绿色生态的宜居环境。

（二）强化具有韧性的基建网络

一是重点启动了城市管网设施更新改造。黄石市积极推动城市地下排水设施等管网建设，改善普及给排水电力网络和煤气暖气等市政设施，建设地下综合管廊，为提升城市基础设施韧性贡献了力量。同时，黄石市全面推广市政应急设施建设，包括应急照明系统、应急疏散地点建设和重点防灾区域建筑加固工作，积极运用信息化手段，加强社区交流系统与网络，确保信息通道链接到每一社区、每一户。另外，基层自主防灾体系有序推进，建成了应急救援志愿者队伍，大大增强了社会救援力量和城市安全水平。

二是强化城市道路交通设施改造水平。为系统性提升城市基础设施建设质量，黄石市积极推动老城区道路改造，按照实际需要对老城区相关道路进行拓宽和翻修；加强新区和其他片区的交通联系度，建设轻轨和BRT系统，重点加强大冶湖新区与团城山片区、下陆片区、黄石港片区和胜阳港片区的交通联系，有机连接主城区、大冶市和阳新县，打造市内1小时工作生活交通圈。

三是深化城市基本公共服务设施建设。黄石市积极推进养老工程的建设。建设老年人医养设施，构建起以市区大型医院为龙头，各个县级医院和乡镇卫生所多级参与的老年人医疗服务联网体系；国土规划部门单独批复养老院、老年活动中心等民众养老设施建设。一系列的建设强度和建设宽度，切实提升了黄石市基本公共服务的水平。

（三）推进具有韧性的产业经济

一是加快推进资源枯竭型城市转型。黄石市制定了"生态立市、产业强市"的发展战略，明确了城市的性质和定位。从韧性城市建设角度制定了城市发展规划，并逐步减少对采矿业等资源型产业的依赖。通过梳理旧矿区历史文脉、挖掘历史价值，将废旧矿山打造成工业旅游景区，积极发展包括生态改造、生态旅游等生态产业，且依托黄石市的人文历史和自然资源，走旅游城市与文化城市的发展道路，贯彻生态立市的战略目标。

二是找准自身优势，推进产业创新。黄石市作为内陆沿江对外开放城市，充分利用"一带一路"、长江经济带、中部崛起和武汉城市圈"两型"社会建设综合配套改革试验区等区域发展战略，加快推进新旧动能转换、新旧产业续接。目前，黄石市已形成农业"6"、制造业"4+4+4"、现代服务业"6+4"的产业布局体系，三产产业链完整，精细程度不断加深。2021年黄石市地区生产总值1479.4亿元，比上年增长7.7%。以"闻泰科技"为代表的8家上市企业发挥着龙头企业的产业带动作用，经济韧性不断增强。

三是推进物流基地的建设。黄石市地理位置优越，紧邻长江航道，衔接九省通衢。近年来，黄石紧紧抓住长江中游城市群建设的重大机遇，按照立足鄂东、支撑湖北、辐射长江中游的思路，持续打造公路、铁路、空运、水路无缝衔接的长江中游区域性综合交通枢纽和物流基地。同时，黄石市在这一规划的指引下，加快新港铁路二期山南铁路建设，积极对接湖北国际物流核心枢纽，实现陆海空交通联通。物流基地建设和物流产业的发展，为黄石市城市经济韧性的提升提供了充分的市场空间和实体支撑[①]。

二、精治杭州：精致管理与贴心服务

杭州作为江南水乡的代表性城市，素以精致闻名。精致是植根于历史、体现于现实、引领于未来的杭州市的市魂。近年来，杭州围绕破解"四治难题"，在城乡环境治理方面开展了诸如五水共治、五废共治、五气共治、三改一拆、三边四化、三化四分等一系列活动，全面改善环境品质。在城市创新性治理上，河长制、特色小镇、未来社区、城市大脑、交通V1.0平台、六个实名制等举措成为全国典范，甚至部分措施上升至国家治理策略。通过法治、慧治、精治、共治，杭州市提高精细化服务和管理水平，推进城市治理能力和治理体系的现代化。

（一）树立以人为本、多元共治的管理理念

近年来，杭州市城市管理局将精细化管理文化和以人为本的管理理念贯穿城市管理全过程，努力打造城市管理精细化品牌。市委、市政府以"有限政府"、简政放权为改革方向，坚持"服务型政府"的理念，突出人民群众的价值属性，培养民众的公共精神。推行"四问四权"，重大民生事项广泛征求民意；构建复合型社会治理主体，实行执法和管理服务重心下移；推动"一中心四平台"落地，形成系统的治理经验和治理模式。在城市基层治理方面，探索"一核多元、协商共治"的社区治理模式，涌现出"老娘舅""老舅妈""武林大妈""西湖护景使者""西湖女子巡逻队"等具有杭州特色的基层治理创新典范，"城管驿站""城市眼，云共治"等管理服务模式。杭州连续多年被评为"最具幸福感城市"。

（二）推动落实标准化、精细化管理措施

杭州市围绕城市管理标准化、精细化做了大量创新性工作。通过贯彻"标准化+创新驱动""标准化+政府管理""标准化+公务服务"等理念，将各地创新经验固化，形成一大批可复制的管理样板。如江干区的"城管驿

---

① 张明斗. 中国韧性城市建设研究［M］. 北京：人民出版社，2022：91—102.

站标准""美丽河道标准"，拱墅区"美丽街容标准""生态廊道建设标准"等，形成多点开花、示范引领的局面。

为了落实精细化的管理措施，杭州市加强顶层设计，起草了《中共杭州市委杭州市人民政府关于推进城市管理工作全面精细化的实施意见》，从总体要求、重点任务以及保障措施等方面对全市城市精细化管理工作进行总体部署。为了补齐管理短板，杭州市制定了《精细化管理三年行动计划（2018—2020）》，并按专题编制"公厕管理、亮灯提升、垃圾治理、道路修缮"等三年行动计划。而且，为了践行"两山"理论，杭州市还开展打造美丽杭州的政策落实行动。全面开展"五水共治""五废共治""五气共治"环境治理行动，成立了专门的协调工作机构，系统推进环境提升工程，"三五"行动纳入各区和相关部门的绩效考核，取得了较好的成效①。

（三）运用"城市大脑"实现协同治理

杭州作为全国首批"三网融合"和"云计算"的试点城市，近年来，围绕数字基建和智能发展，努力打造国内领先、世界一流的智慧城市。杭州城市大脑诞生于2016年，致力解决城市治理问题与民生问题，实现跨部门、跨层级的协同运作。2017年，杭州城市大脑入选国家新一代人工智能开放创新平台。2018年，杭州发布全国首个城市数据大脑规划，并于12月向社会发布杭州城市大脑（综合版），全面接入警务、交通、城管、卫健、应急、基层治理等业务系统。2019年，杭州城市大脑有限公司成立，负责"城市大脑"项目运营，并以云栖小镇作为城市大脑产业协同创新基地，打造覆盖经济、政治、文化、社会、生态五大领域"531"城市大脑体系，成为城市数字化的核心引擎。2020年，"杭州健康码"上线。杭州国内首创的健康码、亲清在线、民生直达等数字化服务平台，开启数字治疫征程，为复工复产提供数据服务和技术支撑。2021年，杭州城市大脑APP正

---

① 杨雪锋. 城市精细化管理理论与实践［M］. 北京：中国建筑工业出版社、中国城市出版社，2020：253—277.

式上线。《杭州城市大脑赋能城市治理促进条例》自3月1日起施行。杭州城市大脑将散落在城市各个角落的各种数据——政务的、企业的、社会的、网络的……归集起来，进行融合计算，在城市运行、生命体征感知、公共资源配置、宏观决策指挥、事件预测预警、城市病治理等方面发挥重要作用。

三、慧治浙江：数字政府的华丽转身

随着大数据、云计算、区块链、人工智能等新一代技术运用到城市管理中，"数字浙江"的内涵得到不断丰富和拓展。从"四张清单一张网"到"最多跑一次"再到"整体智治、唯实惟先"，慧治浙江逐渐形成了涵盖数字经济、数字社会和数字政府"三位一体"的现代化城市治理体系。

（一）"四张清单一张网"

在"八八战略"指引下，浙江大力开展数字经济建设，政府数字化转型走在全国前列。2013年11月，浙江作为全国唯一的试点省份，启动以权力清单为基础的"三张清单一张网"建设。2014年7月，浙江省率先部署"责任清单"，"三张清单一张网"扩展为"四张清单一张网"。在逐步"瘦身"权力清单、"强身"责任清单、"创新"专项资金管理清单、"完善"企业投资项目核准目录清单、"提升"政务服务网的过程中，"放管服"改革持续深化，初步建成集行政审批、便民服务、政务公开、数据开放、互动交流等功能于一体，省市县统一架构，省市县乡四级联动的电子政务平台。"四张清单一张网"撬动新一轮政府改革向纵深挺进。

（二）"最多跑一次"改革

2016年12月，浙江省经济工作会议首次提出实行"最多跑一次"改革，这场改革于2017年1月写入浙江省政府工作报告。2017年2月，《加快推进"最多跑一次"改革实施方案》正式推出。3月，《浙江省人民政府办公厅关于开展政务移动办公系统建设的通知》印发，随后，《关于加快推进企业投资项目"最多跑一次"改革的实施意见》《关于印发企业投资项目"最多跑一次"改革实施方案》相继出台，提出最大限度减少审批事项、环节和材料,以"数据跑路"代替"企业跑腿",集成式优化审批事项。"最多跑一次"改革是一场"以政府为中心"向"以人民为中心"转变的公共管理创新,较为有效地解决了政府部门"办事难,办事慢,办事繁"问题。

2018年,为了进一步深化"最多跑一次"改革,两月一次的"打破信息孤岛、实现数据共享"专题会议升级为"推进政府数字化转型"专题会议。11月,浙江省人大常委会通过了《浙江省保障"最多跑一次"改革规定》,在地方立法权限内将"一窗受理、集成服务""标准地""告知承诺""证照分离"等一批行之有效的经验做法和改革成果以法律的形式固化下来,为今后进一步深化"最多跑一次"改革提供了法治保障。

2019年4月,《中共浙江省委办公厅关于推广"浙政钉"移动办公应用的通知》印发,要求全省整合搭建统一移动办公平台,建设"掌上办公之省",推进简约、高效型政府。另外,围绕"好办事、易办事",浙江省创新性开展"一证通办"服务,即群众可以凭身份证在全省统一的移动政务服务平台——"浙里办"APP上,办理社保、医疗、公积金、教育、民政、养老、税务等各项与自身利益相关的民生业务。截至2022年6月25日,"浙里办"已汇聚3638项全省统一的政务服务事项、1500项便民惠

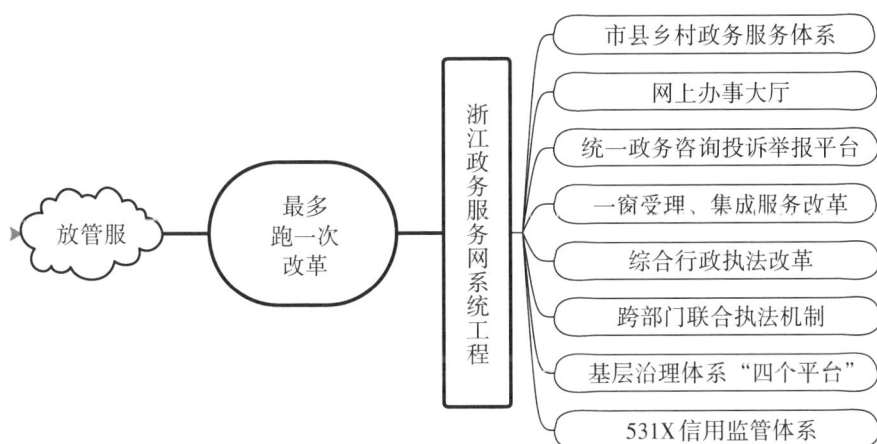

图6-8 浙江智慧政务:"最多跑一次"改革整体设计框架

企服务、40件多部门联办"一件事"。"浙里办"实名注册用户突破8200万，日均活跃用户280万。

（三）"整体智治、唯实惟先"

2020年，时任浙江省省长袁家军提出，打造"整体智治、唯实惟先"的现代政府。政府通过整体、智治，推动政府治理更加协同高效；通过唯实、惟先，打造干在实处、走在前列的现代政府文化。在防控新冠肺炎疫情的战"疫"大考中，浙江省依托数字经济优势，仅用一天时间便搭建出了全省疫情信息采集系统。全省群众足不出户便可了解疫情权威信息、进行疫情申报、线索提供等，而疫情防控管理系统则在48小时内搭建完成。因防疫需求而生的"健康码"和复工复产平台，在实践中精准地解决了群众及企业的难题，发挥了窗口示范作用①。

---

① 张建锋. 数字治理：数字时代的治理现代化 [M]. 北京：电子工业出版社，2021：240—282；金江军. 智慧城市：大数据、互联网时代的城市治理 [M]. 北京：电子工业出版社，2021：176—185.

第七章 推动历史传承与文化再生

文化是城市发展重要的软实力标识。2012年以来，针对快速城镇化出现的自然文化遗产"建设性"破坏问题，党中央、国务院从文化资源保护传承、提升城市品位魅力、鼓励城市文化创新发展等方面提出一系列的政策举措，进一步促进历史文化遗产的活化利用，推动城市文化产业多元融合发展，城市彰显人文魅力。

第一节 保留城市记忆

历史古迹、文化遗产是一部厚重的史书，是一本鲜活的档案，是一座城市的金名片。正视快速城镇化造成的大拆大建问题，以内涵集约、绿色低碳发展为路径，转变城市开发建设方式，保留城市记忆，保持老城区及街巷的尺度格局，让文物说话，让历史说话，构筑有认同、有记忆、有生气的城市文化。

一、构筑有认同有记忆人文城市

（一）紫线是城镇化建设的底线

文化是城市的灵魂。中央城镇化工作会议指出，近年来，不少城市为了一年一变样、几年大变样，由几个大房地产开发商搞建设，就像计算机复制功能键一样，拿一张图在各个城市搞粘贴，哪都一样。很多城市低头是铺装，平视见喷泉，仰头看雕塑，台阶加旗杆，中轴对称式，终点是政府。会议直击城镇化建设中出现的让老百姓诟病的问题：大拆大建，造成千城一面；贪大求洋，一些干部只追求任期内的视觉效果；漠视文化保护，毁坏城市古迹和历史记忆。

历史建筑的古老风貌、工业遗产的时光齿轮，兼收并蓄的景观街区、繁荣宜居的邻里小巷，书写着城市的自然肌理与个性变迁，是嵌入这个地区的人文价值理念。过度商业化只会出现复制城市、建假拆真、浮华西化等问题，瓦解了文化基因、泯灭了文化传统、淡化了文化特色，使人居空间与传统文化不断割裂。2014年3月，《国家新型城镇化规划（2014—2020年）》提出，加强城市"三区四线"规划管理，划定历史文化街区、历史建筑保护范围界线，发展有历史记忆、文化脉络、地域风貌、民族特点的美丽城镇，形成符合实际、各具特色的城镇化发展模式。2015年12月，中央城市工作会议进一步强调，要保护好前人留下的文化遗产，包括文物古迹、历史文化名城、名镇、名村，历史街区、历史建筑、工业遗产，以及非物质文化遗产，不能搞'拆真古迹、建假古董'那样的蠢事。所以，本着对历史负责、对人民负责的精神，正视城市建设过程中的文化遗失问题，牢牢把握"城市紫线"的硬约束，建设有温度、有情感的人文城市。

（二）强调城市文化安全与认同

1. 守护城市文化安全

随着全球一体化发展趋势及互联网开放的加剧，中国文化思想同其他国家文化思潮的交流愈发频繁，西方普世的价值观及意识形态潜移默化地向我国输出侵蚀，一定程度上削弱了广大群众的民族认同感。2014年4月，中央国家安全委员会第一次会议上提出，要构建集政治安全、国土安全、军事安全、经济安全、文化安全、社会安全、科技安全、信息安全、生态安全、资源安全、核安全等于一体的国家安全体系。其中，政治安全是根本，经济安全是基础，文化安全同军事安全、科技安全、社会安全共同成为维护总体国家安全的重要保障。文化安全是城市历史文脉得以延续的基石，强调的是守护文化主权。守护文化主权重在培育和践行社会主义核心价值观，铸牢中华民族共同体意识，在价值领域为人民群众树立新标杆，进行积极引导。对于一个城市来讲，要保护好前人留下的文化遗产，传承弘扬中华优秀传统文化，加强红色传统、红色基因、红色资源等红色文化教育，以强大的民族向心力应对外部文化渗透，这就是文化安全重要的顶层设计和抓手。

2. 树立高度文化自信

党的十八大报告指出，要树立高度的文化自觉和文化自信，扎实推进社会主义文化强国建设。推进文化强国建设，不仅要增强文化产品、文化产业、文化供给、文化输出等国家文化软实力的综合水平，最根本的，要树立文化自信。一个民族需要有民族精神，一个城市需要有城市精神，而文化认同是一个国家最基本的文化自觉，也是最深层次的文化自信，是民族团结之根、公民凝聚之魂。

党的十九届五中全会提出，要在2035年将我国建设成为中国特色社会主义文化强国。建设文化强国，对内要表现高度的文化自信，对外要展示强大的文化吸引。中华文化独具特色、博大精深，有着强大的感染力和创造力，要在传承中华优秀传统文化基础上发展社会主义先进文化，把传承和弘扬中华优秀传统文化与时代发展结合起来，做好中华优秀传统文化的创造性转化和创新性发展，推动中华文化走出去，进而推动文化产业综合实力的提升。

（三）留住城市的历史文化记忆

历史文化遗产记录着城市的肌理和脉络，是不可再生、不可替代的。要珍爱城市的古建筑、老宅子、老街区……切实做到在保护中发展、在发展中保护。2013年12月，中央城镇化工作会议中指出，传承文化不是要简单复古，城市建设会不断融入现代元素，但必须同步保护和弘扬传统优秀文化，延续城市历史文脉。所以，保护城市的历史文化风貌，要将实施有机更新同保护历史文脉统一起来，既要改善人居环境，又要保护历史文化底蕴，让历史文化和现代生活融为一体。2015年12月，中央城市工作会议中指出，城市建设，要让居民望得见山、看得见水、记得住乡愁。乡愁、乡音、乡情蕴含了人们对故土的文化认同与精神依恋，映射的是城镇化过程中人们对"守望家园"的文化情结。要想记得住乡愁，必然要保护好中华优秀传统文化，留下朝代更迭的历史基因和中国精神的价值符号。

2021年5月，中央全面深化改革委员会第19次会议提出，要加强制度顶层设计，统筹保护、利用、传承，坚持系统完整保护，既要保护单体建筑，也要保护街巷街区、城镇格局，还要保护好历史地段、自然景观、人文环境。要强化各级党委和政府在城乡历史文化保护传承中的主体责任，统筹规划、建设、管理，加强监督检查和问责问效。会议强调建立分类科学、保护有力、管理有效的历史文化保护传承体系，要做好保护规划，也要做好遗产修复修缮及有效管理利用；要落实政府责任，也要充分调动市场和民众保护的积极性；要探索历史文脉的深层价值研究，也要生动、立体、全面地讲好中国故事。

二、保护城市历史文化的政策体系

（一）保护城市历史文化的法律条例

历史文化遗产的法律保护条例是维护、保存、修复、重建城市文化的重要准则。从1982年我国通过《中华人民共和国文物保护法》、建立国家历史名城保护体系、公布第一批国家历史文化名城名单开始，我国先后出台了《中华人民共和国城市规划法》（1990）、《城市紫线管理办法》（2004）、《历史文化名城名镇名村保护条例》（2008）、《风景名胜区条例》（2006）、《中华人民共和国非物质文化遗产法》（2011）等。2012年以来，关于文化遗产保护的政策法规加紧修订，日益完善。其中，修正修订了《中华人民共和国文物保护法实施条例》《中华人民共和国文物保护法》《历史文化名城名镇名村保护条例》《中华人民共和国水下文物保护管理条例》。颁布了《国家级文化生态保护区管理办法》，通过了《国家级非物质文化遗产代表性传承人认定与管理办法》。

表7-1 历史文化遗产的法律条例

颁布或修订年份	法律条例名称	颁布或修订号令
2017	《中华人民共和国文物保护法实施条例》	中华人民共和国国务院令第377号
2017	《中华人民共和国文物保护法》	中华人民共和国主席令第5号
2017	《历史文化名城名镇名村保护条例》	中华人民共和国国务院令第524号
2017	《国务院关于修改部分行政法规的决定》	国务院令第687号
2018	《国家级文化生态保护区管理办法》	中华人民共和国文化和旅游部令第1号
2019	《国家级非物质文化遗产代表性传承人认定与管理办法》	中华人民共和国文化和旅游部令第3号
2022	《水下文物保护管理条例》	国务院令第751号

资料来源：根据国务院等官方网站发布的法律条例进行整理所得

目前，以《中华人民共和国文物保护法》《中华人民共和国城乡规划法》《中华人民共和国非物质文化遗产法》《历史文化名城名镇名村保护条例》《中华人民共和国文物保护法实施条例》为核心的"三法两条例"成为我国城市历史文化保护法律法规体系的骨干，在历史文化名城名镇名村保护工作中发挥了基础性的重要作用。各地区也不断加强立法和制度建设。截至2019年8月，12个省（区、市）颁布历史文化名城保护省级法规；5个省（区、市）启动立法程序；109座国家历史义化名城制定了保护类法规，建立了名城保护的领导协调机制。这些法律条例的颁布、修订及实施，为城市历史文脉的保护传承、合理开发、永续利用提供了切实的保障。

（二）历史文化名城（镇、村）的推进措施

为了促进历史文化名城（镇、村）规范化发展，国家从建档规划、划定范围、制定标准、实施细则等全方位推进政策落地。并在准确评估历史文化名城保护状况的同时，进一步推进落实保护责任，固化经验推广、强化问责问效、开展问题整改，切实提高名城保护能力和水平。

2012年，住建部、国家文物局出台《历史文化名城名镇名村保护规划编制要求（试行）》，强调历史文化名城、历史文化街区、历史文化名镇、名村保护应该更加规范化、正规化。2013年，《关于做好2013年中国传统村落保护发展工作的通知》《传统村落保护发展规划编制基本要求（试行）》推出，兼顾文化保护及活态传承的传统村落建档规划工作进一步落实。2014年，《历史文化名城名镇名村街区保护规划编制审批办法》出台，要求保护规划应当确定核心保护范围和建设控制地带界线，并制定相应的保护措施。2017年，住建部联合文物局组织开展全国历史文化名城名镇名村保护工作评估检查，及时督促地方做好保护与整改工作。2018年10月，《历史文化名城保护规划标准》颁布，对历史文化名城核心保护范围和建设控制地带的划定及管控提出具体要求，并规定历史文化名城保护内容应包括"非物质文化遗产以及优秀传统文化"。

截至2021年9月，我国先后累计公布国家历史文化名城137座，省级历史文化名城190座。中国历史文化名镇名村7批共799个，其中中国历史文化名镇312个，中国历史文化名村487个。6819个村落被列入中国传统村落保护名录，形成了世界上规模最大、内容和价值最丰富、保护最完整、活态传承的农耕文明遗产保护群。全国共划定历史文化保护街区970片，确定历史保护建筑4.27万处。

表7-2 国家历史文化名城

批次/座数	公布时间	国家历史文化名城
第一批：24座	1982	北京 承德 大同 南京 苏州 扬州 杭州 绍兴 泉州 景德镇 曲阜 洛阳 开封 荆州 长沙 广州 桂林 成都 遵义 昆明 大理 拉萨 西安 延安

续表

批次/座数	公布时间	国家历史文化名城
第二批:38座	1986	天津　保定　济南　商丘　安阳　南阳　武汉　襄阳　潮州 重庆　阆中　宜宾　自贡　镇远　丽江　日喀则　韩城　榆林 武威　张掖　敦煌　银川　喀什　呼和浩特　上海　徐州 平遥　沈阳　镇江　常熟　淮安　宁波　歙县　寿县　亳州 福州　漳州　南昌
第三批:37座	1994	正定　邯郸　新绛　代县　祁县　哈尔滨　吉林　集安　衢州 临海　长汀　赣州　青岛　聊城　邹城　临淄　郑州　浚县 随州　钟祥　岳阳　肇庆　佛山　梅州　雷州　柳州　琼山 乐山　都江堰　泸州　建水　巍山　江孜　咸阳　汉中　天水 同仁县
2000年后增补41座	2001	山海关　凤凰县
	2004	濮阳
	2005	安庆
	2007	泰安　海口　金华　绩溪县　吐鲁番　特克斯县　无锡
	2009	南通
	2010	北海
	2011	宜兴　嘉兴　太原　中山　蓬莱　会理县
	2012	库车县　伊宁
	2013	泰州　会泽县　烟台　青州
	2014	湖州　齐齐哈尔
	2015	常州　瑞金　惠州
	2016	温州　高邮　永州
	2017	长春　龙泉
	2018	蔚县
	2020	辽阳
	2021	桐城　黟县　通海县
	2022	抚州

资料来源：根据国务院发布的政策文件整理所得

（三）实施重点工程及多元投入保障

1. 实施文化传承发展重点工程

中华优秀传统文化传承发展工程是动态、开放的系列工程。2021年，国家发改委等7部门联合印发《文化保护传承利用工程实施方案》，明确"十四五"时期，重点支持国家文化公园建设、国家重点文物保护和考古发掘、国家公园等重要自然遗产保护展示、重大旅游基础设施建设、重点公共文化设施建设等5方面项目。4月，中宣部印发《中华优秀传统文化传承发展工程"十四五"重点项目规划》，明确了中华优秀传统文化传承发展工程的23个重点项目，包括15个原有项目和8个新增项目。《规划》及《实施方案》描绘了未来5年中华优秀传统文化传承发展蓝图，提出了行动路线及具体要求。

表7-3 中华优秀传统文化传承发展工程的23个重点项目

分类	个数	项目名称
原有项目	15	中华文化资源普查工程、国家古籍保护及数字化工程、中华经典诵读工程、中国传统村落保护工程、非物质文化遗产传承发展工程、中华民族音乐传承出版工程、中国民间文学大系出版工程、戏曲传承振兴工程、中国经典民间故事动漫创作工程、中华文化广播电视传播工程、中华老字号保护发展工程、中国传统节日振兴工程、中华文化新媒体传播工程、系列文化经典、革命文物保护利用工程
新设项目	8	国家文化公园建设工程、黄河文化保护传承弘扬工程、大运河文化保护传承利用工程、中华古文字传承创新工程、农耕文化传承保护工程、中医药文化弘扬工程、城市文化生态修复工程、历史文化名城名镇名村街区和历史建筑保护利用工程

资料来源：中宣部发布的《中华优秀传统文化传承发展工程"十四五"重点项目规划》

2. 城市文化遗产多元投入保障

为进一步促进城市文化遗产的有效保护，国家发改委、文物局、财政部等多部门建立协调机制，相互配合，不断完善资金的筹划利用。国家文物局加速推进文保单位保护性设施及展示利用设施建设，建立多元化的资金筹措机制，引导社会资本参与历史文化名城（镇、村）的活化传承项目。财政部指导地方统筹使用中央补助资金和自有资金，做好关于历史文化保护传承的资金保障工作。国家发改委采取多措施推进全国重点文物保护单位、国家文化公园、重要文化遗址遗迹、历史文化名城（镇、村）及街区的保护设施建设。乡村振兴局负责统筹各项支持政策，加大项目、资金等支持力度。

"十三五"时期，中央累计安排预算内投资超过34亿元，支持全国重点文物保护单位、历史文化名城和历史文化街区保护性基础设施和展示利用设施项目建设。中央财政从2014年起累计安排131亿元，对纳入中国传统村落名录的4350个传统村落，按每村300万元标准给予补助。2020年，财政部会同住建部启动实施传统村落集中保护利用示范工作，支持各市整合资金，吸引带动民间资本参与，并选定安徽黄山、江西抚州等10个示范市，由中央财政拨付每个城市1.5亿元补助资金。国家文物局会同财政部印发《国家文物保护专项资金管理办法》，将国家文物保护专项资金支持范围扩大到市县级文物保护单位，部分缓解了地方政府文物保护修缮资金不足的困难。据统计，中央财政用于非遗保护的资金从2011年的4.14亿元增长到2021年的8.08亿元，累计达77.66亿元。

第二节　提升城市品位和魅力

提升城市品位和魅力，要提高城市规划设计水平，塑造城市的特色风貌。要加强历史文化街区的修复性更新，推进历史建筑、工业遗产的活化利用。要坚持以用促保，让历史文化和现代生活融为一体，实现永续传承。要发展有地域特色、民族特点的美丽城镇，适度推进文化旅游。要加强国家文化公园、革命文物、红色遗迹、考古遗址等文化遗产的保护，切实做到在保护中发展、在发展中保护。

一、提高城市规划设计水平

（一）城市规划要保留文化底蕴

城市规划要保留历史文化底蕴。要在融入现代元素的同时保留民族传统文化，使城市功能品质和特色风貌相得益彰。既符合城市规划的政策性、引导性，又顺应城市肌理的协调性、差异性。

2015年，中央城市工作会议提出，城市规划要因地制宜，"因风吹火，照纹劈柴"，留住城市特有的地域环境、文化特色、建筑风格等"基因"。会议强调要将城市的人文底蕴与经典元素符号贯穿城市规划的全过程，保留每个城市特有的精神气质，求同也要存异。2021年，自然资源部、国家文物局联合印发《关于在国土空间规划编制和实施中加强历史文化遗产保护管理的指导意见》，明确把历史文化遗产保护管理纳入国土空间规划编制和实施，在市、县、乡国土空间总体规划中统筹划定历史文化保护线，纳入国土空间规划"一张图"，对历史文化遗产及其整体环境实施严格保护和管控。2022年6月，《"十四五"新型城镇化实施方案》印发，强调推动非物质文化遗产融入城市规划建设。人文城市的传承创新被进一步强调。

综上，城市规划要加强对空间立体性、平面协调性、风貌整体性、文脉延续性等方面的规划和管控，因地制宜、求同存异，使城市修复性设计与传承性设计浑然天成，并将历史文化专项规划与各级国土空间总体规划有机衔接。

（二）城市设计要塑造特色风貌

当前，我国的城市已进入到高质量发展阶段。城市设计作为落实城市规划建设、指导建筑设计创新、塑造城市特色风貌的有效手段，对提升城市品质、彰显城市文化、体现城市特质起着至关重要的作用。推动开展城市设计，要加强城市风貌塑造和管控，促进新老建筑体量、风格、色彩相协调。落实适用、经济、绿色、美观的新时期建筑方针，治理"贪大、媚洋、求怪"等建筑乱象。

2016年，中共中央、国务院印发《关于进一步加强城市规划建设管理工作的若干意见》，提出鼓励开展城市设计工作，通过城市设计，统筹城市建筑布局，协调城市景观风貌，体现城市地域特征、民族特色和时代风貌。2017年，住建部起草《城市设计管理办法》《城市设计技术导则》等文件，确定城市设计标准，筹备成立全国城市设计专家委员会。同时，提出分层次、有重点开展城市设计，总结以北京、上海为代表的57座试点城市的城市设计示范经验，探索建立有利于塑造城市特色的管理制度。2019年、2020年、2022年，国家发改委发布的新型城镇化建设重点任务中均强调了要加强城市设计创新和城市风貌管理，顺应城市发展逻辑和文化传承，将城市的历史建筑、历史格局、传统风貌等要素融入城市空间。

另外，在城市风貌管控制度化建设中，除了完善标准化的刚性管控，也要保留弹性的自由裁量，形成柔韧并存的风貌管控手段。2020年，住建部、国家发改委联合下发《关于进一步加强城市与建筑风貌管理的通知》，明确提出城市与建筑风貌管理重点和管理制度要求，并对超大体量公共建筑、超高层地标建筑、重点地段建筑做重点管控。2021年，《关于加强县城绿色低碳建设的意见》印发，提出在顺应原有地形地貌、保持山水脉络和自然风貌等约束下，各地区因地制宜，根据自身的风貌禀赋与特色差异，形成更细化、更符合自身格局的保护措施和实施细则。

二、推进文化遗产的活化利用

（一）加强历史文化街区的修复性更新

历史文化街区和历史建筑是城市记忆的物质留存，是人民群众乡愁的见证。采用"绣花""织补"方式、以小规模、渐进式的节奏，实施保护性改造，织补老旧城区、街区的文化肌理，激活城市机能。引导商业型步行街、文化街、古城古街打造市民消费升级载体，因地制宜发展新型文旅商业消费聚集区。持续提升居住型历史文化街区的宜居性，完善安全、卫生、方便、舒适的生活功能。不得违背群众意愿搬空原住民进行商业、旅游开发，要增强人民群众的幸福指数。

2012—2014年，住建部陆续印发《历史文化名城名镇名村保护规划编制要求（试行）》《传统村落保护发展规划编制基本要求（试行）》《历史文化名城名镇名村街区保护规划编制审批办法》等文件，强调历史文化名城、历史文化街区应建档规划，正规化保护。2015年，北京市皇城历史文化街区、天津市五大道历史文化街区、吉林省长春市第一汽车制造厂历史文化街区等30个街区入选首批中国历史文化街区。2016年，《中共中央、国务院关于进一步加强城市规划建设管理工作的若干意见》印发，提出用五年时间完成所有城市历史文化街区的划定和历史建筑的确定。7月，住房和城乡建设部办公厅跟进工作，出台《历史文化街区划定和历史建筑确定工作方案》，按照"五年计划三年完成"总体安排推进落实。至此，历史文化街区划定和历史建筑确定工作全面推开。

加强历史文化街区的修复性更新，要强调以人为本的保护理念，建立具有中国特色的历史文化保护制度，形成政府引导、群众参与、社区共建、试点先行的实施路径，采用"微改造"的"绣花"功夫，对历史文化街区进行修复。2017年，住建部印发《关于加强历史建筑保护与利用工作的通知》，引导社会力量参与历史建筑的保护和利用。同时，鼓励各地开展历史建筑保护利用试点工作，探索建立历史建筑的保护利用规划、标准体系及管理机制，形成可复制、可推广的经验示范。2021年，《关于进一步加强历史文化街区和历史建筑保护工作的通知》下发，提出开展历史文化街区保护修复工作。结合老旧小区改造，完善基础设施和公共服务配套；坚持以用促保，加强城市和城区生活有机融合；尊重街区整体格局和风貌，进行创新性的更新改造。

2020年，南京市颐和路在《南京颐和路历史文化街区保护规划》基础上启动历史文化街区复兴计划。作为首批公布的中国历史文化街区，颐和路现存近代军政名人故居222处，省、市、区级文保单位52处，不可移动文物171处①。复兴工程立足文化是灵魂、产业是核心、空间是载体，突出

---

① 国际欧亚科学院中国科学中心，等. 中国城市状况报告2020/2021 可持续城镇化与高质量转型［M］. 北京：中国建筑工业出版社，2021：157.

文化与科技、金融、教育结合，开展公共属性的文史博览等文化形式，发展市场属性的时尚游憩商业模式。通过引入合理的业态迭代更新，既提升街区内原住民的幸福感，同时将总量的40%用于开放，置换新的城市功能，形成主客共享的格局，成为南京历史街区保护与复兴的创新样本。

近年来，北京市重新修订《北京历史文化名城保护条例》、编制《北京中轴线风貌管控城市设计导则》，推动北京中轴线文化遗产保护立法工作，立足可持续发展，保护城市历史景观整体性。雍和宫大街一、二期改造工程通过治拥堵、治违建，洗外墙、换门窗，古建修缮、下水改造，留白增绿、架线清理，将曾经老旧小区化身为"网红打卡地"，形成了"慢街素院、儒风禅韵、贤居雅巷、文旅客厅"的街道治理样本[①]。

（二）推动工业文化遗产的活化利用

镌刻着时代记忆与技术进步的工业遗产，记载着城市古老的工业文明，是具有历史、科学和艺术价值的景观再现。推动城市工业遗产的保护及活化利用，要在阐释工业遗产价值、发扬城市工业精神的基础上，发挥工业文化对制造业的柔性支撑作用，促进工业遗产与产业融合发展，将"工业锈带"改造为"生活秀带"，向社会提供更为丰富、有内涵的文化服务。

2016年12月，工信部联合财政部印发《关于推进工业文化发展的指导意见》，明确提出要推动工业遗产保护和利用，夯实制造强国发展战略。2017年12月，为了抢救濒危工业文化资源，传承中国特色工业精神，"国家工业遗产"的申报与认定工作正式开展。随后，《国家工业遗产管理暂行办法》《文物保护利用规范——工业遗产》印发，推动了工业遗产的标准先行和规范管理。2020—2021年，《推动老工业城市工业遗产保护利用实施方案》《推进工业文化发展的指导意见（2021—2025年）》印发，从政治站位、工业文化价值内涵挖掘、载体和传播渠道拓展、产业融合发

---

① 国际欧亚科学院中国科学中心，等. 中国城市状况报告2020/2021可持续城镇化与高质量转型［M］. 北京：中国建筑工业出版社，2021：156—157.

展、制度和标准建设等主要环节着手，推进"实施文化+产品系列行动""创建工业旅游示范基地""推出工业旅游精品线路""培育工业文化研学实践基地""创建工业博物馆"等重点工程，打造一批集城市记忆、知识传播、创意文化、休闲体验于一体的'生活秀带'。

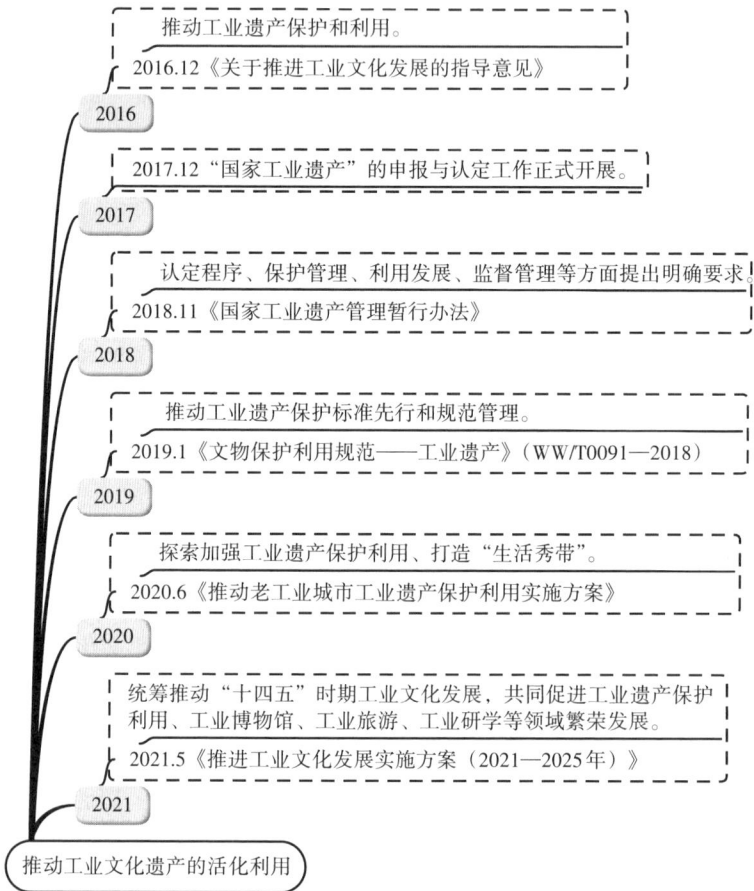

图7-1 工业文化遗产活化利用的主要政策文件

截至2021年12月，工业和信息化部公布五批共计194项国家工业遗产，地域覆盖全国，涉及装备制造类、原材料、能源类、消费品生产类等多个领域。实施了一系列的政策举措，包括完善工业遗存的保护及修复、开发工业遗产的线性旅游、推动工业博物馆的保护性再生、打造工业文化创意产业园区、开展工业文化研学基地交流活动、开展工业艺术作品的"云+""元宇宙+"等，既明确了工业遗产保护范围，活化利用的目标原则，也指出了具体的有效实施路径，对传承弘扬优秀工业文化，促进企业转型和城市更新协同发展具有重要的指导意义。

成都东郊记忆（原成都东区音乐公园）作为工业遗产集聚区的典型代表，承载了成都近代的城市发展历程和工业文明的痕迹，是保留城市记忆的重要载体。在东郊记忆城市文化更新中，成都市确定将原红光电子厂旧址进行升级改造，引入创意产业进行工业区更新，陆续腾挪出工业文明遗址点位14处，以不可复制的工业文明遗址发展文创产业的城市更新模式，东郊记忆的园区定位也从音乐产业集聚园、音乐文化体验园向"一基地、多名片"方向的转变，对成都工业遗产的活化再造起到重要的推动作用①。

（三）推进国家文化公园的保护性建设

国家文化公园建设是一项重大的文化创新。积极推进国家文化公园保护性建设，以长城、大运河、长征、黄河沿线的文物和文化资源为主线，围绕保护传承、研究发掘、环境配套、文旅融合、数字再现5个重点领域，积极打造文化保护传承利用与区域经济协调发展的范式。

2014年6月，"中国大运河"被批准列入《世界遗产名录》。作为目前仍在使用的活态线性文化遗产，大运河突出的普遍价值得到了世界遗产委员会和国际专业咨询机构的一致认可。2017年1月，中办、国办发布了《关于实施中华优秀传统文化传承发展工程的意见》，从文化建设出发，提出系统规划建设一批能够展示中华文化且主题不一的文化型国家公园。2019年7月，《长城、大运河、长征国家文化公园建设方案》审议通过，提出到2023年底基本完成以长城、大运河、长征为主题的国家公园建设任务。9月，黄河流域生态保护和高质量发展座谈会召开，黄河文化遗产的系统性保护被提上日程。2020年10月，国家发改委启动了黄河国家文化公

---

① 齐骥. 城市文化更新——如何焕发城市魅力 [M]. 北京：知识产权出版社，2021：137—146.

园建设。与此同时，长城、大运河、长征国家文化公园建设全面提速。2022年6月，《"十四五"新型城镇化实施方案》再次强调，要推进长城、大运河、长征、黄河等国家文化公园建设，加强革命文物、红色遗址、世界文化遗产、文物保护单位、考古遗址公园保护。

纵观近些年的政策演进，国家文化公园建设已形成由国家公园管理局主导建设，地方政府负责具体管理事务，社会团体共同参与的多元管理体制。国家文化公园的保护性建设及适度的产业开发，盘活了地域独特的文化资源，带动了地方旅游业、配套产业的发展及相关人员的就业，并对门户城镇的消费形成积极的虹吸效应。

第三节　提高城市文化服务质量

优化城市文化服务质量，要完善城市文化的政策环境，创新政策的扶持角度、加大资金的扶持力度。要实施文化惠民工程，推进图书馆、文化馆、美术馆、博物馆等公共文化资源免费开放、均等化覆盖。要推动城市现代文化与传统产业耦合发展，探索以文塑旅、以旅彰文新思路。要促进城市文化与信息技术、新媒体平台深度融合，做强新型主流媒体，推进数字文化的发展。要鼓励社会力量参与公共文化服务供给和设施建设运营，满足人民群众多元的文化需求。要促进传统文化与现代文化、本土文化与外来文化交融，形成多元开放的现代城市文化。

一、推动城市公共文化发展成效

文化生产、文化生活、文化生态构成城市文化指标体系[①]。本节分别从文化生产、文化生活、文化生态中选取文化产出效益、文化消费与参

[①]《中国城市文化报告》对城市文化指标体系（C-CHINA版）形成了文化生产、文化生活、文化生态等3个一级指标、8个二级指标与105个三级指标。

与、基本公共文化资源配置三个重要维度，对2012年以来中国城市文化发展成效进行解析。

（一）城市文化产出效益维度

2012年以来，我国的文化产业繁荣发展，文化产业在深度融入国民经济体系、服务国家重大战略、培育新的经济增长点等方面发挥更大作用。

2012—2019年[①]，全国文化及相关产业增加值从1.81万亿元增加到4.50万亿元，年均增速接近14%。占同期国内生产总值比重从3.36%上升到4.54%，文化产业在促进国民经济转型升级和提质增效方面发挥了积极作用。同期，进出口总额增加至1114.5亿美元，同比2012年增长了25.6%，其中出口额呈增长态势，进口额略有下滑，说明我国的文化输出正提供强劲动力融入世界，国家文化发展核心竞争力、软实力水平有了质的提升。旅游业整体发展态势良好，回看2012—2019年，全国国际旅游收入、国内旅游收入分别增长了1.6倍、1.5倍，以文塑旅、以旅彰文格局基本形成，文旅产业深度融合更上一个台阶。另外，全国电影票房收入、艺术表演团体收入的成绩单也格外抢眼，作为城市泛娱乐文化的代表，电影、艺术表演收入不仅保持逐年上扬的态势，而且分别实现了3.09、1.98的翻倍增长。对满足人民精神文化生活期待、顺应数字化发展趋势、推进基层文化建设起到积极作用。

表7-4　2012—2020年中国城市文化产出维度的重点指标

年份	文化及相关产业增加值（亿元）	占GDP比重（%）	进出口总额（亿美元）	出口额（亿美元）	进口额（亿美元）	国际旅游收入（亿美元）	国内旅游收入（亿元）	全国电影票房收入（亿元）	艺术表演团体收入（亿元）
2012	18071	3.36	887.5	766.5	121.0	500.3	22706.2	208.20	64.15
2013	21870	3.69	1070.8	898.6	172.2	516.6	26276.1	217.69	73.55

---

① 2020年因为新冠疫情的不可抗力，整体数据缺乏连续统计的合理性依据，故只做梳理，未计入此次指标评价范围。

续表

年份	文化及相关产业增加值（亿元）	占GDP比重（%）	进出口总额（亿美元）	出口额（亿美元）	进口额（亿美元）	国际旅游收入（亿美元）	国内旅游收入（亿元）	全国电影票房收入（亿元）	艺术表演团体收入（亿元）
2014	24538	3.81	1273.7	1118.3	155.4	569.1	30311.9	296.39	75.70
2015	27235	3.95	1013.2	870.9	142.3	1136.5	34195.1	440.69	93.93
2016	30785	4.12	881.5	784.9	96.6	1200.0	39389.8	492.83	130.86
2017	35427	4.26	971.2	881.9	89.3	1234.2	45660.8	559.11	147.68
2018	41171	4.48	1023.8	925.3	98.5	1271.0	51278.3	609.76	152.27
2019	45016	4.54	1114.5	998.9	115.7	1312.5	57250.9	642.70	126.78
2020	44945	4.43	1086.9	972.0	114.9	—	22286.3	204.17	86.63

数据来源：中国文化及相关产业统计年鉴2013—2021

（二）城市基本公共文化配置

城市文化生产主体包括出版机构、书店、剧场、图书馆、博物馆、美术馆、电影院等。2012年以来，"三馆一站"①遵循"保基本，广覆盖"的原则，全部免费开放，总体运行平稳，基本形成覆盖城乡、服务全民的公共文化设施体系，成为满足人民基本文化需求，促进文化消费的前提与保障。档案馆等其他生产主体也快速发展，在提升公共文化服务效能方面展示出强大的后劲。

截至2020年末，我国共有博物馆5452个，相较2012年增长了77.7%。艺术表演馆2770个，同比2012年增长117%。公共图书馆3212个，比2012年末增加136个。文化馆3327个、乡镇（街道）文化站40366个，对比2012年整体相差不大。另外，国家综合档案馆3341个，国家专门档案馆260个，文物保护管理机构3373个，出版物印刷单位数9271个，这些基

---

① 三馆一站：文化馆、图书馆、博物馆、镇综合文化站。

本公共文化服务机构或单位相较于2012年均有不同程度的增长，是有机衔接城市文化生产与城市文化生活的桥梁，对打通公共文化服务的"最后一公里"起着举足轻重的作用。而且随着数字化进程加快，数字图书馆、数字博物馆、数字文化馆建设全面铺开，以体制内"三馆一站"为核心阵地的公共文化服务体系迎来一个全民参与、全社会共建共享、全生态链创新融合的新时代。

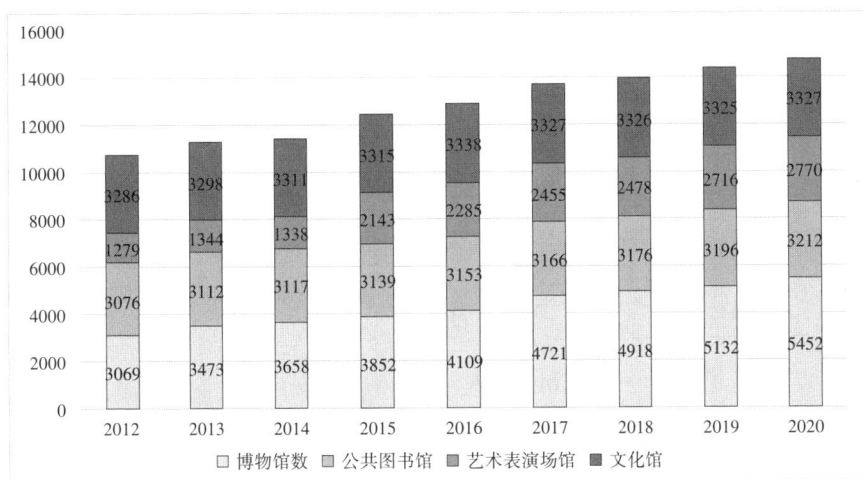

图7-2　2012—2020年城市重要文化场馆的数量指标
数据来源：中国文化及相关产业统计年鉴2013—2021，中国统计年鉴2013—2021

（三）城市文化消费与参与维度

城市文化生活可以划分成文化消费、文化参与两部分。文化消费维度可以通过"城镇居民人均文化教育娱乐消费支出、农村居民人均文化教育娱乐消费支出"两个指标来衡量。文化参与维度，通常涵盖文化场馆参与、文化活动参与情况等数据指标。

2012年以来，我国居民消费持续扩大升级，文化融入城市生产生活的脚步越来越快。截至2019年，全国居民人均文教娱乐消费支出将近翻了一番。其中农村居民人均文教娱乐消费支出从445.5元增长到1481.8元，年均增长18.7%。城镇居民人均文教娱乐消费支出年均增长7.3%，占人均消费支出总额的11.86%。农村居民人均文教娱乐消费支出的年均增长率高于城镇居民，说明农村居民的文化消费需求正以较快的速度释放，居民的文化消费意愿在进一步增强。城镇居民人均文教娱乐消费支出逐年递增，源于公共文化服务体系优化升级，文化产业的创新融合，在满足居民多元文化需求的同时，提高了文化消费参与度与品位。同时近十年来，我国博物馆的参观人次、图书馆的流通人次、图书借阅次数、国内演出观众人次、文物保护管理机构陈列展览参观人次等指标一直在稳步上升。越来越多的人将休闲时间花费到文化享受、教育提升上，民众的文化参与度与日俱增，文化的经济溢出效应也愈加显现。

表7-5　2012—2020年中国城市文化消费与参与维度的重点指标

年份	农村居民人均文教娱乐消费支出（元）	城镇居民人均文教娱乐消费支出（元）	全国居民人均文教娱乐消费支出（元）	博物馆参观人次（万人次）	图书馆流通人次（万人次）	书刊文献外借册次（万册次）	国内演出观众人次（万人次）	文物保护管理机构陈列展览参观人次（万人次）
2012	445.5	2033.5	—	56401	43437	33191	82805	10433
2013	485.6	2294.0	1397.7	63777	49232	40868	90064	10711
2014	859.5	2142.3	1535.9	71774	53036	46734	91020	12182
2015	969.3	2382.8	1723.1	78112	58892	50896	95799	14001
2016	1070.3	2637.6	1915.3	85061	66037	54725	118138	15798
2017	1171.3	2846.6	2086.2	97172	74450	55091	124739	17304
2018	1301.6	2974.1	2225.7	104404	82032	58010	117569	17616
2019	1481.8	3328.0	2513.1	112225	90135	61373	123020	19136
2020	1308.7	2591.7	2032.2	52652	54146	42087	88952	8741

数据来源：中国文化及相关产业统计年鉴2013—2021，中国统计年鉴2013—2021

二、完善公共文化服务政策指引

（一）城市公共文化服务政策演进脉络

1. 政策的发展期

2012—2015 年，城市公共文化服务体系建设处于发展阶段。随着《国家基本公共服务体系"十二五"规划》《文化部"十二五"文化科技发展规划》《全国公共图书馆事业发展"十二五"规划》《国务院关于推进文化创意和设计服务与相关产业融合发展的若干意见》等一系列规划意见的发布，公共文化服务体系的内涵不断向纵深延展，图书馆（室）、文化站、博物馆等场馆建设更加多样化，公共电子阅览室等公共数字文化建设提上了政策议事日程。同时激发社会活力撬动参与文化服务也受到较高的关注度，公共文化事业对群众需求回应也从满足基本需求提升到提供均等便利的服务。

2. 政策的完善期

2015—2021 年，公共文化服务体系建设迈上政策的快车道。一是完善法律条例。制定并实施了《博物馆条例》《中华人民共和国公共文化服务保障法》《中华人民共和国公共图书馆法》等法律法规及政策条例，初步形成了构建现代公共文化服务的法律框架体系。二是制定发展规划。"十三五"时期，文化和旅游部积极推动将公共文化服务体系建设纳入国民经济和社会发展规划和城乡规划中，配合中央宣传部制定《国家"十三五"时期文化改革发展规划纲要》。同时，结合各阶段公共文化服务的发展形势和重点工作，相继制定出台《"十三五"时期全国公共图书馆事业发展规划》《"十三五"时期繁荣群众文艺发展规划》《文化部"十三五"时期公共数字文化建设规划》《"十三五"时期贫困地区公共文化服务体系建设规划纲要》等专项规划，通过科学部署、合理安排，提高公共文化服务效能、推进基本公共文化服务标准化、均等化建设。

"十四五"时期，文化和旅游部印发《"十四五"文化产业发展规划》，作为推动文化产业高质量发展的顶层设计。专项规划及落实意见有

《"十四五"文化和旅游发展规划》《"十四五"文化和旅游市场发展规划》《关于深化"互联网+旅游"推动旅游业高质量发展的意见》《关于推动数字文化产业高质量发展的意见》《关于推进博物馆改革发展的指导意见》《"十四五"公共文化服务体系建设规划》等。从规划的演进脉络可以看出，政策的关注点逐步向公共文化服务体系完善和效能提升转变，政策涉及领域明显拓展，参与主体不断增多，各部门协同度有了较大提高。随着公共文化服务体系建设的重点转向现代化、高质量发展，文化创新、数字融合、文旅融合等实践性政策的关注度显著提升。

（二）撬动社会力量参与文化服务

在经济高速增长的带动下，群众的精神文化需求呈现出宽领域、多层次、个性化的需求趋势。撬动公共文化服务面向社会开放"政策杠杆"，鼓励利用多种主体、多种方式参与公共文化设施运营，有利于发挥文化政策的乘数效应。同时，加强对社会力量的监督管理，建立起约束机制，形成政府投入与社会参与合作共赢的协作机制。

《关于鼓励和引导民间资本进入文化领域的实施意见》《关于做好政府向社会力量购买公共文化服务工作的意见》是两个鼓励民间资本参与公共文化服务体系建设的顶层设计文件，强调了运用市场机制配置公共文化资源，建立以群众需求为导向的公共文化产品供给新机制。2017年、2018年文化和旅游部连续两年公开向社会力量购买公共文化服务目录。2019年，文旅部、文物局研究制定了《公共文化服务领域基层政务公开标准指引》，要求提高公共文化服务领域基层政务公开工作标准化规范化水平，保障人民群众知情权、参与权、表达权、监督权。2021年，国家发改委联合多部门印发了《关于推动公共文化服务高质量发展的意见》，进一步强调引导社会参与。并从多种参与方式、改革治理结构、创新监管方式、多元融资模式等方面提出加大政府购买公共文化服务力度的具体措施。

上海市静安区文化馆开展社会化运作管理方式，取得了显著的成效。首先，文化馆积极探索社会化运营"PPP模式"，引进社会主体，发挥市场对资源的配置作用。其次，文化馆致力于丰富活动形式，以增强市民的文化获得感，进一步盘活资源，打造"光影车间MADHAUS"网红打卡地。最后，静安区文化馆致力于制度创新，建立理事会机制、绩效评估机制，完善公众参与机制，健全内部治理机制，将自身定位由"办文化"向"管文化"转变，促进了文化馆健康有序发展。

（三）公共文化服务标准化、均等化发展

近十年，我国基本公共文化服务迈上一个新的台阶。2012年，党的十八大报告提出，加快形成政府主导、覆盖城乡、可持续的基本公共服务体系。公共文化服务的标准化、均等化和统筹发展被重点提及。

强调公共文化服务均等化覆盖。2013年，文化部印发《文化部"十二五"时期公共文化服务体系建设实施纲要》，强调构建覆盖城乡、结构合理、功能健全、实用高效的公共文化服务体系，满足人民群众基本文化需求、保障人民群众基本文化权益。同时，《全国公共图书馆事业发展"十二五"规划》出台，提出保障广大人民群众能够就近、便捷、均等地享受到公共图书馆的服务。2015年，《关于加快构建现代公共文化服务体系的意见》印发，对加快构建现代公共文化服务体系，推进基本公共文化服务标准化均等化，保障人民群众基本文化权益作了全面部署。2017年，党的十九大报告中再次强调深入实施文化惠民工程，丰富群众性文化活动，加快推进基本公共服务均等化建设。

强调公共文化服务标准化建设。2015年，中办、国办印发《国家基本公共文化服务指导标准（2015—2020）》，明确公共文化服务项目和服务标准。以此为准绳，31个省（区、市）在"十三五"期间制定了具体实施标准，333个地市、2846个县出台了基本公共文化服务目录。公共文化服务标准、目录的发布实施，标志着我国基本公共文化服务体系正逐步形成。2016年12月，十二届全国人民代表大会通过《中华人民共和国公共文化服务保障法》，构筑我国公共文化服务基本法律制度体系的框架。同时制定并调整国家、省级、地方三级指导标准，促进基本公共文化服务标准化建设。2021年3月，国家发改委联合多部门印发《关于推动公共文化服务高质量发展的意见》，强调深入推进公共文化服务标准化建设，实现从

量覆盖到质完善的转变。6月，文化和旅游部印发《"十四五"公共文化服务体系建设规划》，提出深入推进城乡公共文化服务标准化建设，完善城乡公共文化服务协同发展机制。

这一系列政策表述，彰显了我国现代公共文化服务体系建设正稳步推进，且在保障公平性、普遍性的基础上，创新提升了服务效能。截至2020年，全国持续推进5万余个博物馆、纪念馆、美术馆、公共图书馆、文化馆（站）等公共文化设施向社会免费开放。建成575384个综合性文化服务中心。2578个县（市、区）建成文化馆总分馆制，2397个县（市、区）建成图书馆总分馆制。城市书房、文化驿站等一批新型公共文化空间不断涌现。以铜陵市为例。铜陵市是国家公共文化服务体系示范区。近年来，铜陵市不断加大文化供给，持续推进公共文化服务均等化建设，博物馆、文化馆、图书馆和城市阅读点等文化设施，实现各级场所免费开放。并以全民阅读需求为出发点，开展各项阅读推广活动，着力打造书香城市建设。2020年铜陵市图书馆全年服务读者67.8万人次，借还图书59万册，文献总藏量74.6万册，铜陵市图书馆入选"书香安徽"全省十佳阅读推广机构。

三、促进城市文化多元融合发展

推动城市文化创新性、多元化发展，要突出品质发展、均衡发展、开放发展、融合发展的理念，重点推进公共文化服务与数字产业、创意产业、旅游产业相融合，提升城市文化在空间构建、发展业态、品牌服务等方面的格局，催生新的文化业态，促进城市文化产业提质增效。

（一）科技融合：数字文化与创意文化

数字文化。数字文化建设是我国构建现代公共文化服务体系的重要任务。2012年以来，我国陆续出台了《关于推动数字文化产业创新发展的指导意见》《文化部"十三五"时期公共数字文化建设规划》《公共数字文化工程融合创新发展实施方案》《文化和旅游部关于推动数字文化产业高质量发展的意见》等多项规划、措施，促进数字文化产业高质量发展。政策的顶层设计主要聚焦以下五方面：一是将数字文化供给纳入公共文化服务体系之内，统筹各类数字文化资源，以文化共享工程、数字图书馆推广工程、公共电子阅览室建设计划等工程项目为抓手，建立数字文化资源库，推动网络共享平台构建，向公众提供"一站式"数字文化服务体验。二是顺应"数字产业化"和"产业数字化"发展趋势，落实文化产业数字化战略。促进文化产品"上云用数赋智"，实现线上线下融合。催生新的文化业态，促进传统文化转型升级。三是促进文化资源的数字化转换及开发利用。加强知识产权保护，推动优秀作品网络传播，发展品牌授权和形象营销，进而在全社会形成推动数字文化产业创新发展的良好氛围。四是破除政府单一供给的格局。通过完善社会参与机制，加大政府和社会力量合作力度，积极促进社会力量通过多种手段参与公共数字文化建设、管理、服务。五是通过文化资源数字化、文化内容数字化、文化产业数字化、促进文化消费方式的数字化，打造沉浸式文化体验新场景。

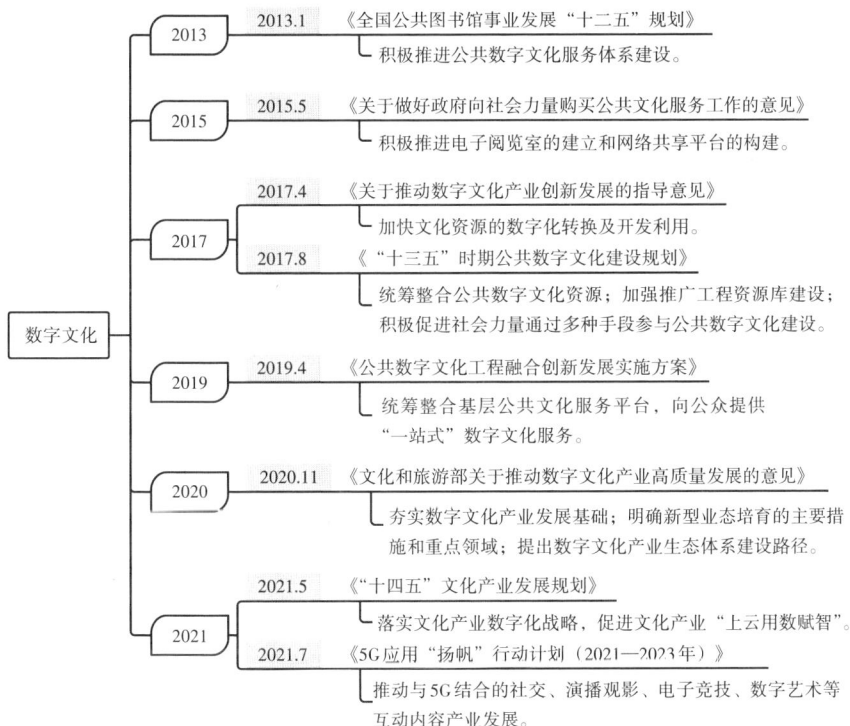

图7-3 数字文化主要政策文件

宁波市依托"互联网+全民艺术普及"的服务理念，开发了集文艺培训、艺术鉴赏、文艺活动信息、文化场馆预约、在线学习、预约演出于一体的"一人一艺"云平台，并于2017年6月正式上线。该平台提供综合性、一站式数字服务，与PC端、微信端、数字化设备、APP等多种终端无缝对接，汇聚特色、优质数字资源库，快捷高效地满足市民艺术学习和欣赏需求，为宁波市民提供便捷、高效、全面的数字文化服务。

创意文化。推动创意文化与传统文化全方位、深层次、宽领域融合，是推进文化产业创新发展的重要举措。2012年以来，我国陆续出台了《关于推进文化创意和设计服务与相关产业融合发展的若干意见》《关于推动文化文物单位文化创意产品开发的若干意见》《"十三五"国家战略性新兴产业发展规划》《关于进一步推动文化文物单位文化创意产品开发的若干措施》等规划措施，明确文化创意和设计服务的内容范畴，拓展博物馆、美术馆、图书馆等文化文物单位开发职能，并就促进数字创意产业发展作出创新数字文化创意技术和装备、丰富数字文化创意内容和形式、提升创新设计水平、推进相关产业融合发展等重点部署，创意文化产业得到长足的发展。

（二）产业融合：文旅融合与智慧旅游

1. 文旅融合

深入挖掘地域文化，把优秀传统文化、革命文化、社会主义先进文化纳入旅游的线路设计、展陈展示、讲解体验，让旅游成为感悟中华文化、增强文化自信的过程。推动博物馆、美术馆、图书馆、剧院、非物质文化遗产展示场所等成为旅游目的地。开展乡村旅游、工业旅游、文教旅游、研学旅游、健康旅游等项目，推动文化和旅游业态融合、产品融合、市场融合，建设一批国家文旅产业融合示范工程，探索推进文旅融合IP工程。

2018年11月，文化和旅游部等17部门印发《关于促进乡村旅游可持续发展的指导意见的通知》，统筹规划引领，强化产业带动，推动乡村旅游提质增效。2019年，根据文化和旅游融合发展的新要求，文化和旅游部启动了旅游服务中心和公共文化机构融合发展试点工作。制定出台《"十三五"全国旅游公共服务规划》，并配合交通运输部等部门出台《关于促进交通运输与旅游融合发展的若干意见》，对交通运输与旅游融合发展工作进行了总体部署，基本形成"快进""慢游"旅游交通基础设施网络，旅游交通产品供给能力明显增强。2021年4月，《"十四五"文化和旅游发展规划》印发，创新发展、推动文化和旅游深度融合的措施被具化阐释。

中华恐龙园地处常州，这里诞生了中国做得最成功的恐龙文化旅游产业。沿着"科普+游乐"独特发展路径，恐龙园文旅集团以前瞻性的眼光确定了打造原创自主IP的发展道路，"可宝""暴宝""旦宝""飞天宝"4款恐龙形象、衍生5部《恐龙宝贝》系列动画片，在央视少儿频道热播创下同期收视高峰，以恐龙宝贝为原型开发的衍生产品也广泛受到市场欢迎。"文化+科技=体验，IP+科技=独一无二的体验"，这种全景化沉浸式娱乐体验，将成为未来中国文旅产业融合发展的新趋势。

2. 智慧旅游

"智慧文旅"最早可以追溯到2011年，由国家旅游局提出。2012年、2013年国家智慧旅游试点城市启动建设，两批共计33个试点城市遍及全国19个省市。2014年，《国务院关于促进旅游业改革发展的若干意见》印发，明确指出要制定旅游信息化标准，加快智慧景区、智慧旅游企业建设，完善旅游信息服务体系。2015年，国家旅游局印发《关于促进智慧旅游发展的指导意见》，指出智慧旅游是游客市场需求与现代信息技术驱动旅游业创新发展的新动力和新趋势。2017年，《"十三五"全国旅游信息化规划》颁布，以推动信息技术在旅游业中的应用为方向，进一步满足游客和市场对信息化的需求，助力旅游业蓬勃发展。2020年，文化和旅游部等10部门印发《关于深化"互联网+旅游"推动旅游业高质量发展的意见》，以"互联网+"为手段，在旅游领域持续深化大数据应用创新，培育新业态新模式，加快推动旅游业高质量发展。2021年，在文旅部印发的《"十四五"文化和旅游发展规划》和《"十四五"文化和旅游科技创新规划》中，都对数字技术如何赋能文旅产业的高质量发展提供了明确路径。12月，以故宫博物院"智慧开放"项目为代表的27个典型案例成为2021年智慧旅游的经典示范。

表7-6　2021年智慧旅游典型案例

类型	经典案例
智慧旅游景区、度假区、乡村建设运营典型案例	1. 故宫博物院"智慧开放"项目 2. 唐山市南湖·开滦旅游景区智慧旅游探索 3. 大连市发现王国"智慧潮玩"新模式 4. 南京市牛首山文化旅游区智慧旅游系统建设应用 5. 南平市武夷山景区智慧管理提升服务效能 6. 青岛市崂山景区全网分时预约售检票系统智慧化实践 7. 重庆市中国三峡博物馆智慧管理平台建设 8. 安顺市黄果树景区动静结合的智慧化客流管理服务体系 9. 丽江市丽江古城"智慧小镇"数字化转型实践 10. 渭南市华山景区实名制分时预约实践 11. 智慧之翼，助力石嘴山市沙湖景区实现高质量发展 12. 昌吉回族自治州天山天池景区打造智慧旅游服务引擎 13. 日照市山海天旅游度假区智慧共享优质发展 14. "南京市乡村旅游大数据服务平台"智慧旅游实践 15. 贵阳市水东乡舍"互联网+乡村旅居"助力乡村振兴
智慧旅游公共服务平台建设运营典型案例	1. 延庆区打造"长城内外"全域旅游数字化生活新服务平台 2. 黑河市智慧旅游服务平台一站式无障碍服务 3. "君到苏州"文化旅游总入口平台提升文旅综合服务效能 4. 杭州市智慧文旅服务平台打造文旅生活服务圈 5. "易游温州"一键通智慧服务 6. 黄山市打造目的地智慧旅游运营新样板 7. 六安市文旅综合服务管理系统 8. 基于大数据的"烟台文旅云"平台 9. 宜昌市智慧旅游"精准推荐"助力旅游消费转型升级 10. "乐游南宁"APP及微信小程序智慧化服务创新 11. 乐山市文旅大数据中心数字文旅发展模式 12. "游汉中"平台促进智慧旅游服务升级

资料来源：文化和旅游部资源开发司《关于发布2021年智慧旅游典型案例的通知》（资源函〔2021〕68号）

海南省提出基于物联网建设"智慧国际旅游岛"，把物联网应用与海南国际旅游岛战略相结合，建立面向游客的旅游融合平台。《江苏省智慧旅游发展行动计划（2018—2020）》提出建设旅游大数据体系，夯实智慧旅游基础设施建设，发展旅游新兴业态。天津市提出围绕智慧旅游建设"1369工程"，实现平台、载体和系统全部智能化。云南省2018年开始建设"一部手机游云南"智慧旅游平台，实现智慧大交通、精品路线推荐、智慧导览等多种功能于一体。

（三）场景融合："图书馆+旅游"新思路

推动"图书馆+旅游"新型文旅融合的发展，主要围绕公共文化机构与旅游公共服务设施共建共享、为当地旅游发展提供文化资源支持、增加旅游宣传功能、探索与旅游服务中心等统筹建设、在符合条件的景区设立图书馆分馆、与旅游服务中心合作开展文化旅游志愿服务等方面进行探索，挖掘公共图书馆等机构推动文旅融合的特色做法和经验，形成典型示范引领效应。

为推动公共图书馆在文旅游融合的背景下拓展服务范围，2019年12月，文化和旅游部公共服务司开展文化和旅游公共服务机构功能融合试点工作，共在全国范围遴选确定了172家公共文化机构和旅游服务中心作为试点单位，探索"图书馆+旅游"的新思路。2021年4月，文化和旅游部出台《"十四五"文化和旅游发展规划》，提出推动公共文化服务与旅游融合发展，将图书馆设定为旅游目的地，培育主客共享的美好生活新空间。6月，文化和旅游公共服务机构功能融合试点工作进行验收，总结公共图书馆等机构推动文旅融合发展的特色做法和经验，树立一批有代表性和推广价值的典型案例，形成典型示范引领效应。随后，《"十四五"公共文化服务体系建设规划》印发，提出积极推动公共文化服务融合发展，结合实际推动公共图书馆等公共文化机构发挥各自优势，通过联合开展文化活动、展览品牌建设等措施，形成发展合力。

福建省图书馆与福州植物园共同打造的"清新书苑"，除设置福建文献、植物花鸟、少儿绘本等主题图书专架外，还加入了文创展示、互动体验等文化阅读推广活动。杭州西湖景区岳王庙内的"启忠书吧"，结合景区特色为读者提供了与岳飞相关的图书以及杭州人文历史类图书，读者在浏览期间能够更好感悟民族英雄的爱国情怀和当地的历史文化。铜陵滨江码头图书馆是一个由码头改建的最美"江上书屋"，完美地融合了工业风与自然元素，读者低头遨游书海，抬眼烟波浩渺，在书本与自然之间自由穿行。还有北海市图书馆与涠洲岛旅游区管委会联合建立"涠洲岛智慧书房"，山东省图书馆国学分馆位于大明湖景区，重庆市涪陵区图书馆816小镇分馆设立的"星光书院"等，都是文旅融合背景下"景区+图书馆"模式的创新尝试。

第四节　推动城市文化的传承与更新

推动历史文化传承和人文城市建设。一是要保护延续城市历史文脉。以广州市为代表的案例，强调旧城更新过程的文化传承与再造，保留了城市记忆；二是要提升城市的人文魅力。以大运河国家文化公园为代表的案例，推动城市群创新联动发展，实现文化遗产的活化利用。三是要提升城市文化质量。以北京市为代表的案例，加快文化创意产业繁荣发展，城市文化产业业态融合相互促进。

一、广州：旧城更新的文化传承与再造

广州的建城历史悠久，文化资源丰富，作为国家第一批历史文化名城，广州是岭南文化的中心地、港口贸易海丝文化的发祥地、中国近现代革命红色文化的策源地、改革开放创新文化的前沿地，城市文化源远流长、底蕴深厚。

（一）"三旧改造"时期的文化保护（2008—2015）

广州市作为全省"三旧"改造的专题试点地区，根据自身城镇"三旧"特点，编制完成了《广州市三旧改造规划纲要》，整体构建了"1+3+

N"的规划编制体系。公布了《广州市旧城更新改造规划纲要》和《"三旧"工作流程》等文件，明确了旧城更新改造的总体思路与"三旧改造"的具体工作流程。"三旧改造"政策有效推动了广州市城市更新改造工作，使历史文脉得以较好地保护传承。

2013年，《广州市文物保护规定》颁布，以制度规定方式加强文物保护。2014年，广州市开展5次城市文化遗产普查工作。《广州历史文化名城保护规划》正式复批，其中明确划定了26片历史文化街区及其保护范围。该规划在广州市域范围内建立了系统的历史文化名城保护体系，明确了广州名城保护的基本方向，成为指导广州历史文化名城保护工作的纲领性文件。在相关配套政策支持下，"三旧改造"时期广州的文脉保护工作取得了一定成效。旧村方面，重点推进了黄埔古村、朗头古村、聚龙村、小洲村等一批既具保存价值又具时代性的岭南特色村落的整治改造和保护；旧城方面，完成了恩宁路、新荔枝湾涌等一批历史文化街区的整治改造；旧厂方面，基本完成太古仓码头、广东水利水电厂（信义国际会馆）等工业遗址的保护与改造。

（二）"有机更新"时期的文化再造（2015至今）

2015年2月，广州市城市更新局正式挂牌成立，同时撤销"三旧"改造办公室，这是全国首个作为一级局的城市更新管理机构。2016年1月，广州市政府颁布了《广州市城市更新办法》及配套文件，提出采用"微改造"的方式进行城市更新，并以恩宁路永庆坊项目为试点。随后修订《广州市历史文化名城保护条例》，并颁布实施。2018年，"微改造"模式顺应广州历史文化名城的要求，为历史文化街区的更新提供了很好的路径。广州市在全市旧城改造项目中选出了25个项目作为历史建筑保护利用试点。2020年，《广东省人民政府关于公布广东省历史文化街区名单的通知》印发，明确了广州市26片历史文化街区为广东省历史文化街区，广州市历史文化街区保护范围总规模达到669.29公顷。截至2020年4月，广州市有不可移动文物3868处，其中全国重点文物保护单位33处、省级文物保护单位49处、市级文物保护单位342处、区级文物保护单位303处、登记文物保护单位 3141 处。

城市有机更新时期，广州城市更新从以经济效益为导向转向以公共利益为导向，在城市更新中避免过度的大拆大建，更多采用"绣花"功夫延续文脉。其中，荔湾、越秀、海珠三个老城区通过广义"博物馆"，实现历史街区场景重塑。南国红豆鉴赏、红色羊城主题、广府古驿道等通过文化遗产，构建线性历史游径；北京路步行街、上下九、第十甫路步行街等通过传统商业空间，推动生产生活功能延续再造；还有盘福路、越华路等口袋公园，陶陶居、广州酒家等老字号茶楼，传承延续了街巷市井的民俗生活。这些重点老城区、重要文化遗产、重点地段、重点街区无不注重文明传承、文化延续，让城市留下记忆，让人们记住乡愁[①]。

二、北京：政策助力文化创意产业繁荣

近年来，北京牢牢把握全国文化中心战略定位，文化产业发展成果丰硕。在中国人民大学和新华社联合发布的"2020 年中国省市文化产业发展指数"排名中，"十三五"期间北京稳居第一位，文化产业高质量发展领跑全国。

从行业细分来看，2020 年，北京市新闻信息服务领域收入 4149.5 亿元，内容创作生产领域收入 2898.8 亿元，创意设计服务领域收入 3374.9 亿元，文化传播渠道领域收入 2459.0 亿元，上述四个核心领域细分产业共计收入 12882.2 亿元，占全市规模以上文化企业收入总量的 90.7%。从上述数据可以看出，文化创意产业正成为北京市的支柱产业，在新旧动能转换中彰显生机活力，而这个成绩与政策的推动是分不开的[②]。

（一）政策发展：顶层设计规划先行

2014 年，北京市政府印发《北京市文化创意产业功能区建设发展规划

---

① 朱雪梅，等. 广州旧城更新的文化传承与再造［M］. 北京：社会科学文献出版社，2021：33—49.

② 李治堂，张露丹. 文化产业蓝皮书：北京文化产业发展报告（2021）［M］. 北京：社会科学文献出版社，2022：1—24.

（2014—2020年）》和《北京市文化创意产业提升规划（2014—2020年）》，这是统筹北京市文化创意产业功能区规划建设的纲领性文件，对指导北京市各区县文化创意产业发展意义重大。12月，国家文化产业创新实验区正式揭牌，建设文化产业改革探索区、文化经济政策先行区、产业融合发展示范区成为制度创新的着力点，为全国文化产业创新发展提供了示范。2016年，《北京市"十三五"时期文化创意产业发展规划》出台，各区因"区"制宜，制定了不同的促进本区文化创意产业发展的相关政策。例如，海淀区着力推动文化与科技的融合，加强创意设计的发展，重点培育区域特色文化。石景山区制定了《"十三五"时期文化创意产业发展规划》，制定了"做精一轴，做强两核，做美两带"发展战略。朝阳区则重点发展文化创意产业实验区等。2017年，政策措施持续发力，北京市文化创意产业继续增长。市政府印发《关于保护利用老旧厂房拓展文化空间的指导意见》的通知，提出保护利用好老旧厂房，建设新型城市文化空间，发展文化创意产业，推动城市风貌提升和产业升级。而且，通过利用老旧厂房、批发市场改造，累计完成占地面积达40万平方米的21个文化园区的建设工作，引进并孵化了包括"开心麻花"在内的文创企业。

（二）政策提速：细化措施高效推进

为了健全文化投融资体系，北京建立了涵盖投资基金、融资担保、融资租赁、小额贷款等一整套联动的融资服务体系，成立了北京文化产权交易中心，并在华夏银行、北京银行等银行中设立了专门的文创事业部与文创支行。另外，全市继续完善文创产业功能区建设，在30家文化创意产业集聚区的基础上，创新性提出建设文化创意产业20个功能区。2018年，北京市委、市政府印发《关于推进文化创意产业创新发展的意见》，北京市文化局印发《关于推动北京市文化文物单位文化创意产品开发试点工作的实施意见》，聚焦文化科技融合、内容版权转化两个方向提出九大重点领域具体措施。2020年，《关于新时代繁荣兴盛首都文化的意见》出台，4月，《北京市推进全国文化中心建设中长期规划（2019—2035年）》正式发布，《规划》和《意见》明确了北京市建设全国文化中心的方向、任务、规划、路径，对未来5—15年北京文化创意产业发展具有重要的指导意义。另外，聚焦数字文化产业，北京在市级层面发布了《中关村国家自主创新示范区数字经济引领发展行动计划（2020—2022年）》《关于印发〈北京经济技术开发区视听产业政策〉和〈北京经济技术开发区游戏产业政策〉的通知》。数字文化产业的发展，将成为北京文化创意产业发展的新引擎，对发挥中关村相关科技园区技术优势、应对疫情防控常态化、推动北京文化创意产业高质量发展具有非常重要的价值和意义。

三、大运河国家文化公园：联动发展推进活化传承

跨越8省（直辖市）35市的中国大运河，是中华文化和中华文明的承载者，分布着27处世界遗产河道和58个世界遗产点及各地不同的风土人情。包括京杭大运河、隋唐大运河、浙东运河3个部分，是沟通京津、燕赵、齐鲁、中原、淮扬、吴越六大文化高地的文化走廊。

（一）强化组织领导及跨区跨部联动协调

为推动大运河文化创造性转化和创新性发展，建设大运河文化带、生态带、旅游带，中宣部牵头成立了国家文化公园建设工作领导小组，国家发改委报请国务院同意牵头成立了大运河文化保护传承利用工作省部际联席会议工作机制，沿线8省（市）均成立了由党委、政府负责同志担任组长的工作领导小组。同时，各有关部门和地方建立了通水通航、空间管控、生态环境问题整治等专项工作机制，各方协调机制健全、高效。另外，国家发改委会同有关部门编制了大运河文化遗产保护展示、河道水系治理管护、生态环境保护修复、文化和旅游融合发展4个专项规划，指导沿线8省（市）编制出台了8个分省实施规划，形成"四梁八柱"的规划体系，完善了顶层设计。并牵头编制出台了《大运河文化保护传承利用"十四五"实施方案》，推动规划引领与落实。另外，近两年，中央安排预算内投资超过10亿元，支持了23个大运河国家文化公园项目建设，稳步加大项目的支持力度。

（二）重点工程联合谋划助推产业融合

围绕保护传承、研究发掘、环境配套、文旅融合、数字再现5个重点工程，大运河国家文化公园沿线名城名镇保护修复、文化旅游融合发展、生态环境保护提升和通水通航等重大工程项目谋划建设取得良好进展。2019年1月，江苏省成立了全国首个大运河产业发展基金——江苏省大运河文化旅游发展基金会，重点支持大运河国家文化公园建设和文旅融合发展。通过政府出资和倡议，撬动社会资本200亿元。2020年1月，全国首部大运河文化带建设地方性法规——《江苏省人民代表大会常务委员会关于促进大运河文化带建设的决定》正式施行；2021年7月，"行走大运河"全民健身健步走活动开展，线上、线下参与者超过百万人次。2022年4月底，京杭大运河实现百年以来首次全线通水。同时，借助WCCO世界运河历史文化城市合作组织等平台，大运河沿线省市在宣传推介等方面协作发展，在运河旅游线路等方面共同谋划和联合推介，实现了以大运河文化为引领带动区域经济社会发展的目标。如今，大运河国家文化公园初步形成大运河通航、文化创意、旅游、绿色生态、休闲健康等多种业态，产业融合逐步加深①。

---

① 刘敏，张晓莉. 国家文化公园：从文化保护传承利用到区域协调发展［J/OL］. 开发研究. 2022-07-06. https://kns.cnki.net/kcms/detail/62.1005.C.20220706.1425.002. html.

参考文献

［1］国家发展和改革委员会．国家新型城镇化报告（2019）［M］．北京：人民出版社，2020.

［2］国家发展和改革委员会．国家新型城镇化报告（2020-2021）［M］．北京：人民出版社，2022.

［3］丛书编写组．推进以人为核心的新型城镇化［M］．北京：中国市场出版社，中国计划出版社，2020.

［4］陈丽华，张卫国．中国新型城镇化包容性发展的路径选择［J］．世界农业，2015（8）.

［5］李具恒，张美玲．新型城镇化的逻辑：发于人口归于人本［J］．西北人口，2017（6）.

［6］付高生．新型城镇化战略的理论蕴涵［J］．社科纵横，2021（5）.

［7］许晓红．新型城镇化发展动力的作用机制与协同策略——以福建省为例［J］．闽南师范大学学报（哲学社会科学版），2020（2）.

［8］杨飞虎，王晓艺．我国新型城镇化包容性发展的制度创新与模式选择研究［J］．江西社会科学，2020（2）.

［9］陈亚军．《国家新型城镇化规划（2014—2020年）》确定的目标任务顺利完成［J］．宏观经济管理，2021（11）.

［10］张梦瑶．中国特色新型城镇化高质量发展的实践路径探析——基于新发展理念视角［J］．当代经济管理，2021（9）.

［11］朱健，徐雷，王辉．人口城镇化发展与城乡人口老龄化的互动关

系［J］.经济地理，2018（10）.

［12］李永庆.中国新型城镇化必须提升人的城镇能力［J］.改革与战略，2014（3）.

［13］刘菊香.人的城镇化理论逻辑与实践路径［J］.商业经济研究，2016（02）.

［14］毛远超，等.对河北省人的城镇化发展进程的研究［J］.农村经济与科技，2017（18）.

［15］林宝.中国老年人口城镇化滞后问题研究——基于国际比较的视角［J］.中国人口科学，2018（3）.

［16］孟向京，姜凯迪.城镇化和乡城转移对未来中国城乡人口年龄结构的影响［J］.人口研究，2018（2）.

［17］史丽萍.美国城镇化发展的启示［J］.产业与科技论坛，2015（4）.

［18］刘吉双，衣保中.日本城镇化"绿色发展"新动力方向研究［J］.现代日本经济，2015（6）.

［19］冯武勇，郭朝飞.日本城镇化的得失［J］.决策信息，2013（5）.

［20］张慧省.美国城镇化发展对中国新型城镇化推进的启示［J］.世界农业，2017（3）.

［21］周健，邓晶晶.推进以人为核心的新型城镇化的评价指标体系、实现机制和对策研究［J］.社科纵横，2020（12）.

［22］范建双，高骞，周琳.城乡人口老龄化对城镇化的双边效应［J］.中国人口科学，2020（2）.

［23］彭荣胜，卢俊阳.人的现代化视域下我国城镇化高质量发展问题研究［J］.信阳师范学院学报（哲学社会科学版），2021（6）.

［24］刘治彦，余永华.以新型城镇化建设促进城乡高质量发展的路径研究［J］.企业经济，2021（10）.

［25］杨萍，徐鹏杰.以人为核心的新型城镇化能缩小我国地区收入差距吗［J］.财经科学，2021（11）.

［26］肖辉英. 德国的城市化、人口流动与经济发展［J］. 世界历史，1997（5）.

［27］纪晓岚. 英国城市化历史过程分析与启示［J］. 华东理工大学学报（社会科学版），2004（2）.

［28］万博，张兴国. 和谐之城：德国小城镇建设经验与启示［J］. 小城镇建设，2010（11）.

［29］周彦珍，李杨. 英国、法国、德国城镇化发展模式［J］. 世界农业，2013（12）.

［30］李辉，张佳音. 新知新觉：把握推进新型城镇化的着力点［N］. 人民日报，2020-04-28（09）.

［31］《国家新型城镇化规划（2014—2020年）》（国务院公报2014年第9号），2014-03.

［32］《国务院关于深入推进新型城镇化建设的若干意见》（国发〔2016〕8号），2016-02.

［33］《国家发展改革委关于印发"十四五"新型城镇化实施方案的通知》（发改规划〔2022〕960号），2022-06.

［34］《国家发展改革委关于实施2018年推进新型城镇化建设重点任务的通知》（发改规划〔2018〕406号），2018-03.

［35］《国家发展改革委关于印发〈2019年新型城镇化建设重点任务〉的通知》（发改规划〔2019〕617号），2019-03.

［36］《国家发展改革委关于印发〈2020年新型城镇化建设和城乡融合发展重点任务〉的通知》（发改规划〔2020〕532号），2020-04.

［37］《国家发展改革委关于印发〈2021年新型城镇化和城乡融合发展重点任务〉的通知》（发改规划〔2021〕493号），2021-04.

［38］《国家发展改革委关于印发〈2022年新型城镇化和城乡融合发展重点任务〉的通知》（发改规划〔2022〕371号），2022-03.

［39］《关于信贷支持县城城镇化补短板强弱项的通知》（发改规划〔2020〕1278号），2020-08.

［40］《国务院办公厅关于印发推动1亿非户籍人口在城市落户方案的通知》（国办发〔2016〕72号），2016-10.

［41］《国务院关于实施支持农业转移人口市民化若干财政政策的通知》（国发〔2016〕44号），2016-08.

［42］方创琳. 以都市圈为鼎支撑中国城市群高质量发展［J］. 张江科技评论，2020（6）.

［43］潘昭宇，等. 加快构建都市圈多层次轨道交通体系［J］. 宏观经济管理，2020（11）.

［44］陆军. 中国城市群战略演进的内在逻辑与转型挑战［J］. 人民论坛，2021（25）.

［45］方创琳. 新发展格局下的中国城市群与都市圈建设［J］. 经济地理，2021，41（04）.

［46］杨雪锋. 城市精细化管理理论与实践［M］. 北京：中国建筑工业出版社，中国城市出版社，2020.

［47］清华大学中国新型城镇化研究院. 中国都市圈发展报告2021［M］. 北京：清华大学出版社，2021.

［48］黄昌勇，等. 中国城市文化报告2018—2019（长三角卷）［M］. 上海：同济大学出版社，2020.

［49］李桂平. 城市空间——社会创新与城市竞争力研究［M］. 北京：光明日报出版社，2021.

［50］中国科学技术信息研究所. 国家创新型城市创新能力评价报告［M］. 北京：科学技术文献出版社，2021.

［51］周蓉. 日本新型工业化对中国的启示［J］. 法制与社会，2006（19）.

［52］单卓然，黄亚平. "新型城镇化"概念内涵、目标内容、规划策略及认知误区解析［J］. 城市规划学刊，2013（2）.

［53］赵子龙，等. 桂西地区特色农业产业化发展对县域经济增长的影响——基于因子分析—面板数据模型的实证研究［J］. 南方农业学报，

2015，46（10）.

[54] 沈欣，陈博蔚，杜欢政. 上海市垃圾分类经验以及对长三角地区的启示 [J]. 再生资源与循环经济，2020，13（9）.

[55] 宋义仲. 绿色建造进展及体系构建——以山东省为例 [J]. 施工企业管理，2021（12）.

[56] 孙岩，胡茗，张备. 政策工具视角下上海生活垃圾分类政策文本量化 [J]. 资源科学，2021，43（11）.

[57] 李治堂，张露丹. 北京文化产业发展总报告（2021）[J]. 文化产业蓝皮书，2021.

[58] 陈舒婷，等. 中国县域陆路交通优势度格局演化及经济效应 [J]. 地理学报，2022，77（08）.

[59] 刘敏，张晓莉. 国家文化公园：从文化保护传承利用到区域协调发展 [J]. 开发研究，2022（3）.

[60] 刘建伟. 绿色发展与生态文明 [M]. 西安：西安电子科技大学出版社，2020.

[61] 杨发庭. 新时代生态文明建设与绿色发展 [M]. 北京：中国社会科学出版社，2021.

[62] 蒋金荷，马露露. 中国城市绿色低碳转型路径差异性研究 [M]. 北京：中国社会科学出版社，2021.

[63] 张建锋. 数字治理：数字时代的治理现代化 [M]. 北京：电子工业出版社，2021.

[64] 金江军. 智慧城市：大数据、互联网时代的城市治理 [M]. 北京：电子工业出版社，2021.

[65] 齐骥. 城市文化更新：如何焕发城市魅力 [M]. 北京：知识产权出版社，2021.

[66] 朱雪梅，吴斯潼，王曼琦. 广州旧城更新的文化传承与再造 [M]. 北京：社会科学文献出版社，2021.

[67] 国际欧亚科学院中国科学中心，中国市长协会，中国城市规划

学会.中国城市状况报告 2020/2021 可持续城镇化与高质量转型〔M〕.北京：中国建筑工业出版社，2021.

［68］张明斗.中国韧性城市建设研究〔M〕.北京：人民出版社，2022.

［69］《文化部关于鼓励和引导民间资本进入文化领域的实施意见》（文产发〔2012〕17号），2012-06.

［70］《历史文化名城名镇名村保护规划编制要求（试行）》（建规〔2012〕195号），2012-11.

［71］《住房城乡建设部办公厅关于开展国家智慧城市试点工作的通知》（建办科〔2012〕42号），2012-11.

［72］《文化部关于印发〈文化部"十二五"时期公共文化服务体系建设实施纲要〉的通知》（文公共发〔2013〕3号），2013-01.

［73］《文化部关于印发〈全国公共图书馆事业发展"十二五"规划〉的通知》（文公共发〔2013〕8号），2013-01.

［74］《国务院办公厅关于转发发展改革委住房城乡建设部绿色建筑行动方案的通知》（国办发〔2013〕1号），2013-01.

［75］《国务院关于印发循环经济发展战略及近期行动计划的通知》（国发〔2013〕5号），2013-01.

［76］《国务院办公厅关于做好城市排水防涝设施建设工作的通知》（国办发〔2013〕23号），2013-04.

［77］《住房城乡建设部关于印发"十二五"绿色建筑和绿色生态城区发展规划的通知》（国务院公报2013年第19号），2013-04.

［78］《住房城乡建设部 文化部 财政部关于做好2013年中国传统村落保护发展工作的通知》（建村〔2013〕102号），2013-07.

［79］《国务院关于加强城市基础设施建设的意见》（国发〔2013〕36号），2013-09.

［80］《住房城乡建设部关于印发传统村落保护发展规划编制基本要求（试行）的通知》（建村〔2013〕130号），2013-09.

［81］《国务院关于印发大气污染防治行动计划的通知》（国发〔2013〕37号），2013-09.

［82］《国家发展改革委关于组织开展循环经济示范城市（县）创建工作的通知》（发改环资〔2013〕1720号），2013-09.

［83］《国务院关于推进文化创意和设计服务与相关产业融合发展的若干意见》（国发〔2014〕10号），2014-03.

［84］《国家发展改革委关于开展低碳社区试点工作的通知》（发改气候〔2014〕489号），2014-03.

［85］《住房城乡建设部 工业和信息化部关于印发〈绿色建材评价标识管理办法〉的通知》（建科〔2014〕75号），2014-05.

［86］《国务院关于进一步推进户籍制度改革的意见》（国发〔2014〕25号），2014-07.

［87］《国务院关于促进旅游业改革发展的若干意见》（国发〔2014〕31号），2014-08.

［88］《历史文化名城名镇名村街区保护规划编制审批办法》（住房和城乡建设部令第20号），2014-10.

［89］《住房城乡建设部 民政部 财政部关于做好住房救助有关工作的通知》（建保〔2014〕160号），2014-11.

［90］《关于新能源汽车充电设施建设奖励的通知》（财建〔2014〕692号），2014-11.

［91］《国务院关于创新重点领域投融资机制鼓励社会投资的指导意见》（国发〔2014〕60号），2014-11.

［92］《国务院办公厅关于印发能源发展战略行动计划（2014-2020年）的通知》（国办发〔2014〕31号），2014-11.

［93］《住房城乡建设部关于印发〈绿色工业建筑评价技术细则〉的通知》（建科〔2015〕28号），2015-02.

［94］《中共中央 国务院关于加快推进生态文明建设的意见》（国务院公报2015年第14号），2015-04.

［95］《国务院关于印发水污染防治行动计划的通知》（国发〔2015〕17号），2015-04.

［96］《国务院办公厅转发文化部等部门关于做好政府向社会力量购买公共文化服务工作意见的通知》（国办发〔2015〕37号），2015-05.

［97］《中共中央 国务院印发〈生态文明体制改革总体方案〉》（国务院公报2015年第28号），2015-09.

［98］《国务院办公厅关于推进海绵城市建设的指导意见》（国办发〔2015〕75号），2015-10.

［99］《关于印发〈电动汽车充电基础设施发展指南（2015-2020年）〉的通知》（发改能源〔2015〕1454号），2015-10.

［100］《国务院办公厅关于加快电动汽车充电基础设施建设的指导意见》（国办发〔2015〕73号），2015-10.

［101］《环境保护部关于加快推动生活方式绿色化的实施意见》（环发〔2015〕135号），2015-10.

［102］《关于"十三五"新能源汽车充电基础设施奖励政策及加强新能源汽车推广应用的通知》（财建〔2016〕7号），2016-01.

［103］《关于进一步加强城市规划建设管理工作的若干意见》（国务院公报2016年第7号），2016-02.

［104］《印发关于促进绿色消费的指导意见的通知》（发改环资〔2016〕353号），2016-02.

［105］《中共中央 国务院印发〈国家创新驱动发展战略纲要〉》（国务院公报2016年第15号），2016-05.

［106］《国务院办公厅转发文化部等部门关于推动文化文物单位文化创意产品开发若干意见的通知》（国办发〔2016〕36号），2016-05.

［107］《国务院关于印发土壤污染防治行动计划的通知》（国发〔2016〕31号），2016-05.

［108］《中共中央 国务院关于深化投融资体制改革的意见》（中发〔2016〕18号），2016-07.

[109]《中共中央办公厅 国务院办公厅印发〈关于改革社会组织管理制度促进社会组织健康有序发展的意见〉》（国务院公报2016年第25号），2016-08.

[110]《住房城乡建设部办公厅关于印发〈历史文化街区划定和历史建筑确定工作方案〉的通知》（建办规函〔2016〕681号），2016-08.

[111]《国家发展改革委 住房城乡建设部关于开展重大市政工程领域政府和社会资本合作（PPP）创新工作的通知》（发改投资〔2016〕2068号），2016-10.

[112]《国务院关于印发"十三五"控制温室气体排放工作方案的通知》（国发〔2016〕61号），2016-10.

[113]《国务院关于印发"十三五"国家战略性新兴产业发展规划的通知》（国发〔2016〕67号），2016-11.

[114]《住房城乡建设部关于印发城乡建设抗震防灾"十三五"规划的通知》（建质〔2016〕256号），2016-11.

[115]《中共中央 国务院关于推进防灾减灾救灾体制机制改革的意见》（中发〔2016〕35号），2016-12.

[116]《科技部 国家发展改革委关于印发建设创新型城市工作指引的通知》（国科发创〔2016〕370号），2016-12.

[117]《国务院关于印发"十三五"国家信息化规划的通知》（国发〔2016〕73号），2016-12.

[118]《工业和信息化部 财政部关于推进工业文化发展的指导意见》（工信部联产业〔2016〕446号），2016-12.

[119]《国家发展改革委 住房城乡建设部关于印发〈"十三五"全国城镇生活垃圾无害化处理设施建设规划〉的通知》（发改环资〔2016〕2851号），2016-12.

[120]《国务院办公厅关于印发国家突发事件应急体系建设"十三五"规划的通知》（国办发〔2017〕2号），2017-01.

[121]《科技部创新发展司 国家发展改革委高技术产业司关于进一步

做好2017年创新型城市建设有关工作的通知》（国科创函〔2017〕3号），2017-01.

［122］《国务院关于印发"十三五"节能减排综合工作方案的通知》（国发〔2016〕74号），2017-01.

［123］《国家发展改革委 国家开发银行关于开发性金融支持特色小（城）镇建设促进脱贫攻坚的意见》（发改规划〔2017〕102号），2017-01.

［124］《国务院关于印发全国国土规划纲要（2016—2030年）的通知》（国发〔2017〕3号），2017-02.

［125］《国家发展改革委 住房城乡建设部关于进一步做好重大市政工程领域政府和社会资本合作（PPP）创新工作的通知》（发改投资〔2017〕328号），2017-02.

［126］《城市设计管理办法》（中华人民共和国住房和城乡建设部令第35号），2017-03.

［127］《国家旅游局办公室关于印发"十三五"全国旅游公共服务规划的通知》（旅办发〔2016〕345号），2017-03.

［128］《关于促进交通运输与旅游融合发展的若干意见》（交规划发〔2017〕24号），2017-03.

［129］《国家旅游局办公室关于印发"十三五"全国旅游信息化规划的通知》（旅办发〔2016〕346号），2017-03.

［130］《国务院办公厅关于转发国家发展改革委 住房城乡建设部生活垃圾分类制度实施方案的通知》（国办发〔2017〕26号），2017-03.

［131］《文化部关于推动数字文化产业创新发展的指导意见》（文产发〔2017〕8号），2017-04.

［132］《关于印发〈国家环境保护标准"十三五"发展规划〉的通知》（环科技〔2017〕49号），2017-04.

［133］《国务院关于印发新一代人工智能发展规划的通知》（国发〔2017〕35号），2017-07.

［134］《文化部关于印发〈文化部"十三五"时期公共数字文化建设

规划〉的通知》（文公共发〔2017〕18号），2017-07.

〔135〕《国务院办公厅关于加快推进农业供给侧结构性改革大力发展粮食产业经济的意见》（国办发〔2017〕78号），2017-09.

〔136〕《住房城乡建设部关于加强历史建筑保护与利用工作的通知》（建规〔2017〕212号），2017-09.

〔137〕《农业农村部 中国邮政储蓄银行关于加强农业产业化领域金融合作 助推实施乡村振兴战略的意见》（农经发〔2018〕3号），2018-05.

〔138〕《国家发展改革委办公厅关于建立特色小镇和特色小城镇高质量发展机制的通知》（发改办规划〔2018〕1041号），2018-08.

〔139〕《乡村振兴战略规划（2018—2022年）》（国务院公报2018年第29号），2018-09.

〔140〕《工业和信息化部关于印发〈国家工业遗产管理暂行办法〉的通知》（工信部产业〔2018〕232号），2018-11.

〔141〕《国家发展改革委办公厅关于总结推广第二批国家新型城镇化综合试点阶段性成果的通知》（发改办规划〔2018〕1453号），2018-11.

〔142〕《国务院办公厅关于印发"无废城市"建设试点工作方案的通知》（国办发〔2018〕128号），2018-12.

〔143〕《区块链信息服务管理规定》（国家互联网信息办公室令第3号），2019-01.

〔144〕《住房和城乡建设部关于在城乡人居环境建设和整治中开展美好环境与幸福生活共同缔造活动的指导意见》（建村〔2019〕19号），2019-03.

〔145〕《国务院办公厅关于推进养老服务发展的意见》（国办发〔2019〕5号），2019-04.

〔146〕《文化和旅游部办公厅关于印发〈公共数字文化工程融合创新发展实施方案〉的通知》（办公共发〔2019〕63号），2019-04.

〔147〕《关于进一步扩大养老服务供给促进养老服务消费的实施意见》（民发〔2019〕88号），2019-05.

[148]《文化和旅游部办公厅 国家文物局办公室关于印发〈公共文化服务领域基层政务公开标准指引〉的通知》（办办发〔2019〕139号），2019-10.

[149]《中共中央办公厅 国务院办公厅印发〈关于在国土空间规划中统筹划定落实三条控制线的指导意见〉》（国务院公报2019年第32号），2019-11.

[150]《关于开展国家城乡融合发展试验区工作的通知》（发改规划〔2019〕1947号），2019-12.

[151]《国家发改委办公厅、住建部办公厅关于做好县城排水防涝建设有关工作的通知》（发改办投资〔2020〕17号），2020-01.

[152]《关于推动返乡入乡创业高质量发展的意见》（发改就业〔2020〕104号），2020-01.

[153]《住房和城乡建设部关于2020年全国城市排水防涝安全及重要易涝点整治责任人名单的通告》（建城函〔2020〕38号），2020-03.

[154]《住房和城乡建设部 国家发展改革委关于进一步加强城市与建筑风貌管理的通知》（建科〔2020〕38号），2020-04.

[155]《关于印发公共卫生防控救治能力建设方案的通知》（发改社会〔2020〕735号），2020-05.

[156]《关于印发〈关于完善废旧家电回收处理体系推动家电更新消费的实施方案〉的通知》（发改产业〔2020〕752号），2020-05.

[157]《关于印发〈推动老工业城市工业遗产保护利用实施方案〉的通知》（发改振兴〔2020〕839号），2020-06.

[158]《关于加快实施老年人居家适老化改造工程的指导意见》（民发〔2020〕86号），2020-07.

[159]《国务院办公厅关于全面推进城镇老旧小区改造工作的指导意见》（国办发〔2020〕23号），2020-07.

[160]《住房和城乡建设部等部门关于开展城市居住社区建设补短板行动的意见》（建科规〔2020〕7号），2020-08.

［161］《国务院办公厅转发国家发展改革委关于促进特色小镇规范健康发展意见的通知》（国办发〔2020〕33号），2020-09.

［162］《文化和旅游部 国家发展改革委 教育部 工业和信息化部 公安部 财政部 交通运输部 农业农村部 商务部 市场监管总局关于深化"互联网+旅游"推动旅游业高质量发展的意见》（文旅资源发〔2020〕81号），2020-11.

［163］《文化和旅游部关于推动数字文化产业高质量发展的意见》（文旅产业发〔2020〕78号），2020-11.

［164］《国务院办公厅转发国家发展改革委等部门关于加快推进快递包装绿色转型意见的通知》（国办函〔2020〕115号），2020-11.

［165］《关于推动物业服务企业发展居家社区养老服务的意见》（建房〔2020〕92号），2020-12.

［166］《关于开展示范性全国老年友好型社区创建工作的通知》（国卫老龄发〔2020〕23号），2020-12.

［167］《住房和城乡建设部办公厅关于进一步加强历史文化街区和历史建筑保护工作的通知》（建办科〔2021〕2号），2021-01.

［168］《住房和城乡建设部关于印发绿色建筑标识管理办法的通知》（建标规〔2021〕1号），2021-01.

［169］《市场监管总局 商务部 文化和旅游部关于以标准化促进餐饮节约反对餐饮浪费的意见》（国市监标技发〔2021〕7号），2021-01.

［170］《商务部办公厅关于推动电子商务企业绿色发展工作的通知》（商办电函〔2021〕4号），2021-01.

［171］《国务院关于加快建立健全绿色低碳循环发展经济体系的指导意见》（国发〔2021〕4号），2021-02.

［172］《文化和旅游部 国家发展改革委 财政部关于推动公共文化服务高质量发展的意见》（文旅公共发〔2021〕21号），2021-03.

［173］《文化和旅游部关于印发〈"十四五"文化和旅游发展规划〉的通知》（文旅政法发〔2021〕40号），2021-04.

［174］《国务院办公厅关于加强城市内涝治理的实施意见》（国办发〔2021〕11号），2021-04.

［175］《科技部 国家发展改革委 工业和信息化部 人民银行 银保监会 证监会关于印发〈长三角G60科创走廊建设方案〉的通知》（国科发规〔2020〕287号），2021-04.

［176］《财政部办公厅 住房城乡建设部办公厅 水利部办公厅关于开展系统化全域推进海绵城市建设示范工作的通知》（财办建〔2021〕35号），2021-04.

［177］《关于印发〈文化保护传承利用工程实施方案〉的通知》（发改社会〔2021〕581号），2021-04.

［178］《国务院办公厅转发国家发展改革委等部门关于推动城市停车设施发展意见的通知》（国办函〔2021〕46号），2021-05.

［179］《住房和城乡建设部等15部门关于加强县城绿色低碳建设的意见》（建村〔2021〕45号），2021-05.

［180］《关于印发〈推进工业文化发展实施方案（2021-2025年）〉的通知》（工信部联政法〔2021〕54号），2021-05.

［181］《文化和旅游部关于印发〈"十四五"文化产业发展规划〉的通知》（文旅产业发〔2021〕42号），2021-05.

［182］《关于印发〈"十四五"优质高效医疗卫生服务体系建设实施方案〉的通知》（发改社会〔2021〕893号），2021-06.

［183］《国家发展改革委关于进一步做好基础设施领域不动产投资信托基金（REITs）试点工作的通知》（发改投资〔2021〕958号），2021-06.

［184］《关于加快推动区块链技术应用和产业发展的指导意见》（工信部联信发〔2021〕62号），2021-06.

［185］《文化和旅游部关于印发〈"十四五"公共文化服务体系建设规划〉的通知》（文旅公共发〔2021〕64号），2021-06.

［186］《住房和城乡建设部关于在实施城市更新行动中防止大拆大建问题的通知》（建科〔2021〕63号），2021-08.

［187］《关于印发〈关于进一步推动文化文物单位文化创意产品开发的若干措施〉的通知》（文旅资源发〔2021〕85号），2021-08.

［188］《关于印发全国特色小镇规范健康发展导则的通知》（发改规划〔2021〕1383号），2021-09.

［189］《关于推进儿童友好城市建设的指导意见》（发改社会〔2021〕1380号），2021-10.

［190］《关于推进体育公园建设的指导意见》（发改社会〔2021〕1497号），2021-10.

［191］《交通运输部办公厅 国家发展改革委办公厅关于印发〈绿色出行创建行动考核评价标准〉的通知》（交办运函〔2021〕1664号），2021-10.

［192］《住房和城乡建设部办公厅 国家发展改革委办公厅 水利部办公厅 工业和信息化部办公厅关于加强城市节水工作的指导意见》（建办城〔2021〕51号），2021-12.

［193］《住房和城乡建设部办公厅关于印发完整居住社区建设指南的通知》（建办科〔2021〕55号），2021-12.

［194］《国务院办公厅关于印发要素市场化配置综合改革试点总体方案的通知》（国办发〔2021〕51号），2022-01.

［195］《国家发展改革委等部门关于印发〈促进绿色消费实施方案〉的通知》（发改就业〔2022〕107号），2022-01.

［196］《国务院关于印发"十四五"国家老龄事业发展和养老服务体系规划的通知》（国发〔2021〕35号），2022-02.

［197］《住房和城乡建设部关于印发"十四五"建筑节能与绿色建筑发展规划的通知》（建标〔2022〕24号），2022-03.

［198］《住房和城乡建设部办公厅关于进一步明确海绵城市建设工作有关要求的通知》（建办城〔2022〕17号），2022-04.

［199］《国家减灾委员会关于印发〈"十四五"国家综合防灾减灾规划〉的通知》（国减发〔2022〕1号），2022-07.

［200］中国自然资源报编辑部．自然资源2021速写［N］.中国自然资源报，2022-01-01（02）.

［201］杨舒．我国多措并举严守耕地红线［N］.光明日报，2022-06-26（03）.

［202］熊琦，等．新时期我国主要城市群交通发展建议［C］.2022世界交通运输大会（WTC2022）论文集（运输规划与交叉学科篇），2022.

［203］中国共产党中央委员会．坚定不移沿着中国特色社会主义道路前进 为全面建成小康社会而奋斗［EB/OL］.2012-11-08. http：//cpc.people.com.cn/n/2012/1118/c64094-19612151.html.

［204］中国共产党中央委员会．中共中央关于全面深化改革若干重大问题的决定［EB/OL］.2013-11-12. http：//www.gov.cn/jrzg/2013-11/15/content_2528179.html.

［205］国务院．中华人民共和国国民经济和社会发展第十三个五年规划纲要［EB/OL］.2016-03-17. http：//www.gov.cn/xinwen/2016-03/17/content_5054992.html.

［206］中国共产党中央委员会．决胜全面建成小康社会夺取新时代中国特色社会主义伟大胜利［EB/OL］.2017-10-18. http：//www.gov.cn/zhuanti/2017-10/27/content_5234876.html.

［207］中共中央，国务院．国家积极应对人口老龄化中长期规划［EB/OL］.2019-11-21. http：//www.gov.cn/xinwen/2019-11/23/content_5454778.html.

［208］陈明星，叶超．新型城镇化建设成效显著［EB/OL］.2020-09-18. http：//www.rmlt.com.cn/2020/0918/593728.shtml.

［209］国家税务总局办公厅．税制改革行稳致远 推动经济高质量发展——"十三五"时期深化税制改革综述［EB/OL］.2020-10-21. http：//www.chinatax.gov.cn/chinatax/n810219/n810724/c5157621/content.html.

［210］国务院．中华人民共和国国民经济和社会发展第十四个五年规划和2035年远景目标纲要［EB/OL］.2021-03-13. http：//www.gov.cn/xinwen/2021-03/13/content_5592681.html.

［211］自然资源部. 关于2020年度国家级开发区土地集约利用监测统计情况的通报［EB/OL］. 2021-01-07. http：//gi. mnr. gov. cn/202101/t20210112_2597883.html.

［212］财政部. "十三五"税制改革取得积极进展［EB/OL］. 2021-03-04. http：//tj. mof. gov. cn/zt4/jianguanshixiang/202103/t20210304_3665661.htm.

［213］《新型城镇化》杂志官方网站. 新型城镇化试点示范等地区典型做法第十六期：推动都市圈同城化发展［EB/OL］. 2021-12-11. http：//www.xxczhzz.com/chengshifazhan/1520.html.

［214］数据局. 《2021年中国19大城市群数鉴》巨量引擎［EB/OL］. 2022-01-02. https：//www.163.com/dy /article/GSNN05RJ0511B3 FV.html.

［215］住房和城乡建设部. 发展保障性租赁住房 可复制可推广经验清单（第二批）［EB/OL］. 2022-02-07. https：//www.mohurd.gov.cn/xinwen/gzdt/202202/20220207_764422.html.

［216］曲哲涵. 中国这十年：强化资金和政策保障 推动高质量发展［EB/OL］. 2022-05-18. http：//www. gov. cn/xinwen/2022-05-18/content_5690906.htm.

［217］尹稚. 瞭望丨展望新型城镇化［EB/OL］. 2022-05-21. http：//www.xxczhzz.com/chengshifazhan/4777.html.

［218］交通运输部. 2021年交通运输行业发展统计公报［EB/OL］. 2022-05-25. https：//xxgk. mot. gov. cn/2020/jigou/zhghs/202205/t20220524_3656659.html.

［219］刘志强. 2021年交通运输行业发展统计公报发布 综合立体交通网络加快完善［EB/OL］. 2022-05-26. http：//tech. china. com. cn/wl/20220526/387879.shtml.

［220］张辛欣. 制造业实力进一步壮大，信息通信实现迭代跨越——"中国这十年"系列主题新闻发布会聚焦工业和信息化发展成就［EB/

OL].2022-06-14.http：//www.gov.cn/xinwen/2022-06/14/content_5695620.htm.

［221］陆娅楠.中国这十年：中国式现代化建设取得新的历史性成就［EB/OL].2022-06-29.http：//www.gov.cn/xinwen/2022-06/29/content_5698321.htm.

［222］王彩娜.侯永志：十年跃升 以人为核心的城镇化成果全民共享［EB/OL].2022-07-07.

［223］李秀中.6大国家级都市圈出炉 谁的实力最强？［EB/OL].2022-08-25.https：//www.yicai.com/news/101517932.html.

［224］高蕾、董博婷.做好社会建设的兜底性、基础性工作——"中国这十年"系列主题新闻发布会聚焦新时代民政工作有关情况［EB/OL].2022-09-09.http：//www.gov.cn/xinwen/2022-09/09/content_5709090.htm.

［225］王优玲.共建大美城乡 同圆安居梦想——"中国这十年"系列主题新闻发布会聚焦新时代住房和城乡建设发展成就［EB/OL].2022-09-15.http：//www.gov.cn/xinwen/2022-09/15/content_5709861.htm.

［226］王立彬.坚守"三条控制线"服务高质量发展——"中国这十年"系列主题新闻发布会聚焦新时代自然资源事业的发展与成就［EB/OL].2022-09-20.http：//www.gov.cn/xinwen/2022-09/20/content_5710681.htm.

［227］国家统计局.深入贯彻落实新发展理念 交通通信实现跨越式发展——党的十八大以来经济社会发展成就系列报告之六［EB/OL].2022-09-21.http：//www.stats.gov.cn/xxgk/jd/sjjd2020/202209/t20220921_1888529.html.

［228］国家统计局.新型城镇化建设扎实推进 城市发展质量稳步提升——党的十八大以来经济社会发展成就系列报告之十二［EB/OL].2022-09-29.http：//www.stats.gov.cn/xxgk/jd/sjjd2020/202209/t20220929_1888803.html.

［229］国家统计局.居民收入水平较快增长 生活质量取得显著提

高——党的十八大以来经济社会发展成就系列报告之十九［EB/OL］. 2022-10-11. http：//www. stats. gov. cn/xxgk/jd/sjjd2020/202210/t20221011_ 1889192.html.

　　［230］肖超伟. 推动区域协调发展 实现中国式城市群现代化［EB/ OL］. 2022-10-27. https：//finance. eastmoney. com/a/202210272541438431. html.

后　记

2012—2022年，这十年中国新型城镇化建设取得重大历史性成就。深入推进以人为核心的新型城镇化战略，城镇化水平和质量不断跃升，农业转移人口市民化成效显著，城镇化空间布局持续优化，综合承载能力明显提升，人民群众的获得感、幸福感、安全感随之不断增强，为我国全面建成小康社会、开启全面建设社会主义现代化国家新征程提供了强大动力和坚实支撑。

我国经济社会的快速发展为城镇化建设提供强劲支撑，党中央、国务院高度重视新型城镇化工作，推出一系列规划和政策，不断完善的顶层设计为新型城镇化发展之路指明了方向。2012年，党的十八大报告中八次提到了城镇化，中央经济工作会议指出，城镇化是我国现代化建设的历史任务，是扩大内需的最大潜力所在，要积极引导城镇化健康发展；2014年，《国家新型城镇化规划（2014—2020年）》是中央颁布实施的第一个城镇化规划；2022年，《"十四五"新型城镇化实施方案》更加明确了"十四五"时期深入推进以人为核心的新型城镇化战略的目标任务和政策举措。

本书通过回顾我国十年新型城镇化发展之路（2012—2022年），系统梳理我国新型城镇化发展顶层设计的规划政策，深入调研我国各地区新型城镇化发展的具体实践，全面展示我国十年来新型城镇化发展成果。自选题确立以来，主创研究人员先后学习查阅从中央到地方的新型城镇化相关规划、政策文件1500余份，整理吸收来自专业书籍（50余本）、核心期刊论文（150余篇）、报纸文章（280余篇）等体现新型城镇化及其发展成果的理论文献资料共计5600万字，深入新型城镇化发展成果显著的省、市、区、镇、乡实地调研50余次，总结分析全国典型省市地区案例300余个，为撰写工作奠定坚实基础。本书历时3年成书20余万字，在撰写期间，主创研究人员克服新冠疫情带来的种种科研不利因素与困难，确保了研究的系统性、翔实性和实践性。

本书共分为七章，每章四节，共计二十八节，具体内容包括：

第一章"以人为核心的新型城镇化建设"，从树立"以人为本"发展理念、推进户籍制度改革、完善社会保障体系、积极应对人口老龄化四个方面展示农业转移人口市民化成果。

第二章"推进产城融合高质量发展"，通过优化城镇化空间布局形态、强化交通运输网络支撑和提升城市可持续发展能力，全国形成以城市群、都市圈为依托促进大中小城市和小城镇协调发展的格局，为"十四五"期间都市圈引领城市群、城市群带动区域高质量发展奠定良好基础。

第三章"深化城镇化住房制度改革"，在优化土地利用结构、城镇化住房制度改革创新、城镇化资金保障机制等重点领域和关键环节体制机制改革得到深化完善，创建了有利于城镇化健康发展的制度环境。

第四章"构建城乡融合发展新格局"，从优化城乡融合发展模式、统筹城乡要素资源配置、全面实施乡村振兴战略和突出特色小镇发展优势四个方面展示城乡一体化发展成果。

第五章"加强生态保护与绿色发展"，把生态文明理念全面融入城镇化进程，优化城市的生态布局，加快环境综合整治，从绿色能源、绿色建筑、绿色交通三大重点领域着手，促进产业园区循环化改造，开展绿色生活的创建行动，稳步有序推进"双碳"目标。

第六章"推进新型城市建设与治理"，从保障市民生活安心、强化城市治理效力和提升科技赋能水平等方面展示新型城市建设与治理成果。

第七章"推动历史传承与文化再生"，从文化资源保护传承、提升城市品位魅力、鼓励城市文化创新发展等方面促进历史文化遗产的活化利用，推动城市文化产业多元融合发展，城市彰显人文魅力。

　　本书出版得到辽宁社会科学院对新型城镇化重点课题的专项支持，得到辽宁社会科学院党组对城市经济学重点学科的鼎力支持与厚爱。感谢辽宁社会科学院和院党组为哲学社会科学研究创造良好的科研环境、提供广阔的科研平台和配套充足的科研资金支持！在撰写过程中，本书多次得到辽宁社会科学院副院长梁启东研究员的倾情关爱与深入指导，梁院长利用科研人员集中日多次亲临城市发展研究所，以座谈交流的方式对本书"新型城镇化"主题从宏观政策到微观实践予以深入指导，主创研究人员受益匪浅，深表感谢！本书是在辽宁社会科学院城市发展研究所韩红所长、沈忻昕副所长及全所同事的帮助下完成的。特别感谢沈忻昕副所长牵头组建课题组，排万难、调资源、亲运作、助协调，全方位统筹把控课题的资料搜集、实地调研、座谈研讨等工作，三年来先后组织主创研究人员召开调研会、讨论会和改稿会共计50余次，反复斟酌修改，为全书的圆满收官付出大量的时间和精力。本书第一章和第四章由葛俊忠撰写；第二章和第三章由舒波撰写；第五章、第六章和第七章由李苗苗撰写。感谢辽宁人民出版社编辑老师对本书编辑出版付出的辛勤劳动。在编撰过程中，本书研究参考了大量的国内外文献资料，借鉴引用了许多国内外专家学者的研究成果，在此一并表示由衷的感谢。

　　囿于研究水平和时间，书中不足之处，恳请诸位读者予以批评斧正。

城市发展研究所课题组

2022年10月